Staatsschutz

Herausgegeben von
Dietmar Willoweit

FELIX MEINER VERLAG

INHALT

AUFKLÄRUNG ISSN 0178-7128, Jahrgang 7, Heft 2, 1992. ISBN 3-7873-1110-6
Interdisziplinäre Halbjahresschrift zur Erforschung des 18. Jahrhunderts und seiner Wirkungsgeschichte.
In Verbindung mit der Deutschen Gesellschaft für die Erforschung des 18. Jahrhunderts herausgegeben von Günter Birtsch, Karl Eibl, Klaus Gerteis, Norbert Hinske, Rudolf Vierhaus.

Redaktion: Prof. Dr. Klaus Gerteis, Universität Trier, Fachbereich III — Neuere Geschichte, 54286 Trier, Telefon (06 51) 201-22 00

© Felix Meiner Verlag GmbH, Hamburg 1994. Printed in Germany. — Gedruckt mit Unterstützung der Deutschen Forschungsgemeinschaft.

EINLEITUNG

Dieses Heft ist einem Thema gewidmet, das auch der Herausgeber nicht auf einen Begriff zu bringen vermag, der den Zeitgenossen geläufig gewesen wäre. Das Rechts- und Staatsdenken hatte die Fragen, um die es hier geht, noch nicht abstrahierend und generalisierend erfaßt. Daher konnte es auch noch keinen Sprachgebrauch geben, der die einschlägigen Sachprobleme hätte zusammenfassen können. „Staatsschutz" ist also als eine nur wissenschaftliche Kategorie zu begreifen, nicht als politische Leitvokabel ihrer Zeit. Daß den Schlüsselbegriffen einer Epoche besondere Bedeutung zukommt, wie der modernen Geschichtswissenschaft sehr bewußt ist, schließt das andere nicht aus: die Entstehung einer Problemlage, die sich erst viel später in bezeichnenden Termini kristallisiert. Eine derartige geschichtliche Konstellation aber muß es in der Aufklärungsepoche gegeben haben, wäre anders doch die Entstehung von Institutionen wie der „Polizeihofstelle" Kaiser Josefs II. und der politischen Polizeien seit der napoleonischen Ära nicht erklärlich. Mit Hilfe der Formel „Staatsschutz" soll der Versuch unternommen werden, die Wurzeln einer seitdem von der modernen Staatlichkeit nicht mehr ablösbaren historischen Erscheinung aufzuhellen. Dabei geht es vor allem darum, jene einzelnen Aspekte, die zur Genese des Gesamtphänomens beigetragen haben, nebeneinanderzustellen, ihren Zusammenhang zu verdeutlichen und dem Wandel der alteuropäischen Schutzinstrumente im Zeichen einer neu verstandenen Staatlichkeit nachzugehen.

· Die Beiträge dieses Heftes versuchen in erster Linie also Antworten zu finden, indem sie die einzelnen Aktionsfelder und Teilbereiche des Staatsschutzes im 18. Jahrhundert beobachten und analysieren: die Schutzmechanismen der alten Reichsordnung ebenso wie jene des Territorialstaates unter den Bedingungen des Absolutismus; die Zensur und das crimen laesae maiestatis; schließlich die Gesetzgebung Brandenburg-Preußens unter Friedrich dem Großen, soweit diese — aus heutiger Sicht — staatsschützenden Charakter hatte. Hier sind Zuordnungen und Bewertungen ex post unvermeidlich, um Grenzphänomene erkennbar zu machen. Die allgemeinen Rahmenbedingungen der Epoche, den Wandel des Polizeibegriffs und damit gleichsam auch des „Staatsschutzdenkens" veranschaulicht der umfassender angelegte Beitrag von Pierangelo Schiera.

Dem „Polizeistaat" alter Prägung, welcher mit „guter Policey" das Gemeinwohl als eigenes Programm zu realisieren trachtete, war der Sicherheitsgedanke gleichsam immanent. Von „Staatsschutz" hier zu reden, scheint insofern verfehlt, als der Staat zugleich immer das Ganze der ständisch geordneten Gesellschaft umfaßt und daher immer nur zugleich mit dieser Schutzobjekt sein kann. Indessen wecken die Beiträge dieses Heftes Zweifel, ob es die Verengung des Polizeibegriffs gewesen ist, die den Gedanken, Gefahren vom Staat abzuwehren, nachhaltig gefördert hat. Eher scheint eine Kontinuität zwischen der Gemeinwohlorientierung des Obrigkeitsstaates, später des absolutistischen Fürstenstaates und dem Politikverständnis der Aufklärungsepoche zu bestehen. Ist der Staat

Aufklärung 7/2 © Felix Meiner Verlag, 1994, ISSN 0178-7128

und sein Handeln Gegenstand einer „Staatswissenschaft" (Schiera), beruht Politik daher nicht auf Meinung und Dezision, sondern auf Erkenntnis, dann muß die Staatsanstalt selbst zwangsläufig gegen Unverstand und Beunruhigung geschützt werden. Die bis dahin bekannten Sicherheitsmechanismen können problemlos dem durch Wissenschaft neu legitimierten Staat dienstbar gemacht werden. Das leuchtet für die Bücherzensur, die ehedem vor allem dem Frieden zwischen den Konfessionen dienen sollte, ebenso ein (Siemann) wie für das Majestätsverbrechen, welches schon während des ganzen 18. Jahrhunderts die Funktion hatte, eher den Staat als die Person des Herrschers zu schützen (Schnabel-Schüle); auch in der preußischen Gesetzgebung ging es niemals um die Sicherheit des Monarchen, sondern stets um die Wahrung des gemeinen Wohls (Fijal/Jost).

Die ursprüngliche Aufgabe des Zensurwesens, die allgemeinverbindliche Religion zu schützen, Fundamentalkritik an ihr auszuschließen und Gewalt zwischen den Anhängern verschiedener Konfessionen zu verhindern, läßt vermuten, daß im späten 18. Jahrhundert den Staatsschutzmechanismen ähnliche Funktionen zugewachsen sind. Da nicht mehr die Religion, sondern die Institution des säkularen Staates als allgemeinverbindliche Grundlage des politischen Gemeinwesens akzeptiert werden mußte, bedurfte eben der weltliche Machtapparat jenes vollkommenen Schutzes, den man zuvor Religion und Kirche hatte angedeihen lassen. Erscheint eine solche Schlußfolgerung, welche die Beiträge dieses Heftes jedenfalls nahelegen, diskussionswürdig, dann wird zugleich ein Stück Kontinuität zwischen alteuropäischer und moderner Welt sichtbar.

Parallel zu den in diesem Heft zusammengefaßten Arbeiten ist eine Studie von Roman Schnur über „Staatssicherheit. Ein Aspekt der Französischen Revolution" erschienen (in: Verfassung und Verwaltung. Festschrift für Kurt G. A. Jeserich zum 90. Geburtstag, hrsg. von Helmut Neuhaus, Köln 1994, S. 125–143). Der Beitrag von Roman Schnur arbeitet ein Stück blutiger Realgeschichte des Themas heraus und darf als wesentliche Ergänzung des vorliegenden Heftes gelesen werden.

Dietmar Willoweit

ABHANDLUNGEN

Wolfram Siemann

Der Schutz von 'Staat' und Verfassung im 18. Jahrhundert
Ein Beitrag zur Gesetzgebung, Policeywissenschaft und Publizistik

Über Staatsschutz im 18. Jahrhundert zu sprechen mutet an wie ein Versuch, Perspektiven der modernen Geschichte in unhistorischer Weise auf die Frühe Neuzeit zu übertragen. Zieht man die verdienstvolle 'Deutsche Verwaltungsgeschichte' zu Rate, sucht man für die Zeit vom Spätmittelalter bis zum Ende des Reiches (1806) denn auch vergeblich nach Stichworten wie „Staats-" oder „Verfassungsschutz"[1]. Andererseits ist seit den Forschungen von Otto Hintze, Gerhard Oestreich und der gewichtigen Bilanz der 'Deutschen Verwaltungsgeschichte' unbestritten, daß die Epochen zwischen dem 15. und 18. Jahrhundert in Deutschland den Entwicklungsweg frühmoderner Staatsbildung mit konzentrierter Landeshoheit und Tendenz zu geschlossenem Territorium und Rechtssystem bezeichnen.[2] Zu den wesentlichen Merkmalen der Staatsintegration im fürstenstaatlichen Absolutismus gehörten die Sicherheit nach außen, geschützt durch das stehende Heer, sowie die Zusammenfassung des wirtschaftlichen Geschehens eines Landes als eines Ganzen, wie es erstmals seit dem späten 17. Jahrhundert erfolgte.[3] Mußte sich innerhalb dieses Prozesses der Staatsintegration nicht notwendig als Pendant die (letztlich nach einer staatlichen Praxis rufende) Idee entwickeln, eben jenen neuen Organismus in seiner Substanz auch gegen Gefährdungen innerer Gegner zu schützen? Diese Frage ist so naheliegend, daß es verwundert, warum sie nicht einmal konsequent für die entscheidende Umbruchphase des 18. Jahrhunderts geprüft worden ist. Abwegig ist sie keineswegs, und bezeichnenderweise versuchte ein Abgeordneter des sächsischen Landtages unter dem Eindruck revolutionärer Unruhen in Deutschland erstmals im Jahre 1835, in den Rechtstraditionen des Alten Reiches nach denjenigen Bestimmungen zu forschen, welche der „Aufrechthaltung der öffentlichen Sicherheit, Ruhe und gesetzlichen Ordnung" dienten; er meinte damit den Schutz der inneren Sicherheit vor Tumult und Aufruhr.[4] Das war ein zeitpolitisch veranlaßter Versuch.

---

[1] Vgl. Kurt G. A. Jeserich, Hans Pohl u. Georg-Christoph von Unruh (Hg.), Deutsche Verwaltungsgeschichte, Bd. 1, Stuttgart 1983, sowie Registerband 1988.

[2] Vgl. Dietmar Willoweit, Deutsche Verfassungsgeschichte. Vom Frankenreich bis zur Teilung Deutschlands, München ²1992, bes. § 17–18, S. 109–120, § 23, S. 152–157.

[3] Vgl. ebd., S. 156.

[4] Vgl. George Friedrich Wiesand, Von Aufrechthaltung der öffentlichen Sicherheit, Ruhe und gesetzlichen Ordnung zu Verhütung von Tumult und Aufruhr, Leipzig 1835. Wiesand untersucht

Aufklärung 7/2 © Felix Meiner Verlag, 1994, ISSN 0178-7128

In wissenschaftlicher Auseinandersetzung hat es bisher allein Friedrich Christian Schroeder unternommen, das Problem des 'Staatsschutzes' in weiter historischer Dimension zu untersuchen, und zwar speziell für das Gebiet des Strafrechts.[5]

Freilich drängt sich sogleich die Frage auf, was denn als 'Staat' zu gelten habe, der zu verteidigen oder, wie im 18. Jahrhundert zunehmend genauer mit der Betonung des Innenaspekts formuliert wurde: dessen 'Verfassung' zu schützen sei. Und vor wem der Staat zu schützen sei.

'Staatsschutz' entwickelte sich seit den revolutionären Erhebungen nach 1789 in Europa zu einem Thema, das mindestens drei Dimensionen darbot: 1. die organisierte Institution, 2. das hoheitliche Handeln (den Vollzug) und 3. den — publizistisch erörterten und rechtlich normierten — Aufgabenbereich dieses spezifischen Handelns. Freilich lagen die Wurzeln tiefer, und 'Staatsschutz' lediglich als Antwort der vorkonstitutionellen Regierungen auf revolutionäre Erschütterungen zu deuten greift zu kurz. Vielmehr drängt sich die Frage auf, ob nicht bereits zur Staatsbildung in den frühneuzeitlichen fürstlichen Territorien, aber selbst auch gegenüber dem vielgestaltigen Organismus des Heiligen Römischen Reiches Idee und Vollzug eines 'Staatsschutzes' wesensmäßig hinzugehörten.

Die folgenden Unterscheidungen, vor welchen Kräften und Bestrebungen welcher 'Staat' zu schützen sei, sollen die Bandbreite des Spektrums verdeutlichen:
— das Römisch-deutsche Reich vor abtrünnigen Gliedern beziehungsweise vor seinem verfassungswidrig handelnden Oberhaupt (zum Beispiel Versuch der Annexion Bayerns 1778, Fürstenbund 1785, Friede von Campoformio 1797);
— das Römisch-deutsche Reich vor seinen publizistischen Kritikern (Zensur);
— der Territorialstaat vor inneren Opponenten, welche sich dem Weg zum Absolutismus (in deren Begriffswelt: 'Despotismus') zu widersetzen versuchten; das mochten sein die Stände, Kirche, intellektuelle Kritiker;
— der Territorialstaat vor inneren politischen (geheimen) Gesellschaften, welche den Staats- beziehungsweise Verfassungsumsturz anstrebten.
Entsprechend vielfältig sind die Quellen, denen Hinweise zu entnehmen sind:
— Quellen zum Reichsrecht, wie Abschiede, Reichspoliceyordnungen, Wahlkapitulationen;
— Reichspublizistik aus der Hand kundiger Juristen, die sich seit dem 17. Jahrhundert der verfassungsrechtlichen Probleme des Reiches annahmen[6];
— territoriale Strafrechtsnormierungen und Kodifikationen überhaupt (zum Beispiel ALR);

die reichsrechtlichen Bestimmungen nach vier Zeitperioden: 1. Von Karl dem Großen bis 1495 (Allg. Landfrieden), 2. von 1495 bis 1663 (Ende des Siebenjährigen Krieges), 3. von 1663 bis 1806 (Ende des Reiches), 4. von 1806 bis 8.6.1815 (Gründung des Deutschen Bundes) und 5. von 1815 bis zur Jetztzeit (1835). Die gesamte Abhandlung stellt sich dar als eine in enzyklopädischen Dimensionen historisch argumentierende „Erörterung der Rechtsfrage: Ist eine Gemeinde verbunden, den einem Mitgliede derselben von Tumultuanten verursachten Schaden zu ersetzen?"; vgl. zu den reichsrechtlichen Bestimmungen S. 62–252.

[5] Vgl. Friedrich-Christian Schroeder, Der Schutz von Staat und Verfassung im Strafrecht. Eine systematische Darstellung, entwickelt aus der Rechtsgeschichte und Rechtsvergleichung (Münchener Universitätsschriften. Reihe der Juristischen Fakultät, Bd. 9), München 1970.

[6] Vgl. Willoweit, Verfassungsgeschichte, S. 148.

— Definitionen im Bereich der 'Policeywissenschaft' bis hin zur Eingrenzung einer 'hohen Policey';
— zeitgenössische Flugschriftenpublizistik im Themenfeld von Kaiser, Landesfürst und Reich.

Die bedeutendsten begrifflichen Klärungen erfolgten im Bereich des Strafrechts, das die Vorstellung vom inneren Angriff auf den 'Staat als ganzen' (Hochverrat) abzutrennen lernte vom Angriff unter Zuhilfenahme eines äußeren Feindes (Landesverrat) und vom Angriff auf den Monarchen (Majestätsbeleidigung). Die Trennung der Majestätsbeleidigung vom Staatsverbrechen ist geradezu eine Errungenschaft des 18. Jahrhunderts, wobei sich gegen Ende des Jahrhunderts das Staatsverbrechen noch präzisierte und die 'Verfassung' als Schutzobjekt verstärkt herausgestellt wurde.[7]

I. Schutz der Reichsverfassung

Die Garantie des Allgemeinen Landfriedens von 1495 bedeutete den ersten Schritt auf dem Weg, im Rahmen des Römisch-Deutschen Reiches 'innere Sicherheit' herzustellen. Bereits dieser verbot, Untertanen zu verführen, sie gegen ihren Herren aufzuwiegeln oder die wegen Verbrechen Geflohenen im Land zu dulden. Diese elementare Aufgabe wurde aber schon wenig später und noch vor der ersten Welle innerer Unruhen durch Reformation und Bauernkrieg präzisiert. Indem der Reichsabschied von Trier und Köln des Jahres 1512 sich dem Erhalt und der Vermehrung des Reiches widmete, definierte er zugleich drei schutzbedürftige Wirkungsfelder: 1. den Schutz des Papstes, der Römischen Kirche und der Glaubenseinheit, 2. den Schutz des Reiches vor dem 'äußeren Feind', wobei der Gedanke an die Türken der naheliegende, aber keineswegs der einzige war („Und ob jemand, wer der, oder die wären, ausserhalb deß Reichs [...]").[8] Diese ausdrückliche Blickrichtung nach außen impliziert zugleich, daß die 3. definierte Schutzfunktion den hier noch nicht expressis verbis genannten, aber zweifellos eingegrenzten 'inneren Feind' im Visier hatte, den auszumachen eine wichtige Voraussetzung für die Entwicklung eines inneren Staatsschutzes darstellte. Der Paragraph schützte den „Römischen Kayser", das „Heilige Reich" als Ganzes sowie dessen Glieder in ihren „Ehren, Freyheiten, Rechten und Gerechtigkeiten" vor Aufwieglern und deren Helfern und Anhängern.[9] Indem zugleich die rechtlichen Normen berufen wurden, stellte der 'Staatsschutz' auf Reichsebene bereits in seiner Entstehungsphase zugleich einen Schutz der Verfassung dar. Die

---

7 Vgl. Schroeder, Schutz von Staat und Verfassung, S. 31–50.
8 Abgedruckt in: Neue und vollständigere Sammlung der Reichs-Abschiede. In vier Teilen, Frankfurt am Main 1747, Teil 2, S. 137 (im folgenden abgekürzt als „Neue Sammlung der Reichsabschiede"). Dieser Aspekt des auswärtigen Feindes wurde in späteren Reichsabschieden wiederholt, etwa 1566 im Reichsabschied vom Augsburger Reichstag, der die Wiedergewinnung der „durch fremde Potentaten" entzogenen „Ständ, Land und Güter" bekräftigte; Neue Sammlung der Reichsabschiede, Teil 3, S. 231.
9 Neue Sammlung der Reichsabschiede, Teil 2, S. 137.

Integrität des Reiches insgesamt („oder Theilung im H.Reich machen") wurde garantiert und der gemeinschaftlichen Hilfe anvertraut.

Darüber hinaus verpflichteten der Landfriede, die Reichsexekutionsordnung und der Reichsabschied von 1654 in den Worten Johann Jakob Mosers jeden Landesherren innerhalb seines eigenen Territoriums, „daß die allgemeine Ruhe und Sicherheit erhalten, und weder von Einheimischen noch Auswärtigen gestöret werde".[10] Die Sorge für die innere Sicherheit galt ihm als „ein der Landeshoheit des Regentens anklebendes Recht", verbürgte gleichsam die Staatsqualität. Hier handelte es sich im wesentlichen um Angelegenheiten der „gemeinen Sicherheit", also Sicherheit der Straßen, Schutz der Reisenden vor Vagabunden. Freilich hatten bereits die Bauernkriege die Obrigkeiten mit der Erscheinung eines 'inneren Feindes' konfrontiert, der politischen Aufruhr machte, den 'Staat' bedrohte und gegen den es sich zum Zweck des Staatsschutzes zusammenzuschließen galt. „Gegen innerliche und auswärtige Gewalt Schuz und Hülffe zu fordern und zu erwarten" kam jedem Reichsstand in seiner Eigenschaft als Mitglied des „Teutschen Reiches" zu.[11] Das entsprach alten Reichsabschieden, als nach den Aufständen der Bauern in Schwaben, Franken und Thüringen gegen Adel und Geistlichkeit der Reichstag zu Speyer 1526 einen Artikel über Selbsthilfe in den Abschied aufgenommen hatte, der 1529 in Speyer und 1530 in Augsburg bekräftigt wurde. Dieses auch in den Wahlkapitulationen verbürgte Recht zu Selbsthilfe durfte sich allerdings nur gegen Untertanen richten, nicht aber bei Händeln zwischen Reichsständen untereinander oder zwischen Reichsständen und niederem Adel um Regalien gelten.[12]

Der Staatsschutz mußte folgerichtig auf zwei Ebenen geschehen, derjenigen des Reiches und der Einzelstaaten. Diese doppelte Staatsqualität war den Reichspublizisten gegen Ende des Reiches besonders klar bewußt, als sie über dessen Wesen nachdachten und — wie etwa Pütter — von „zusammengesetzten Staatskörpern, deren einzelne Glieder wieder eigne besondere Staaten ausmachen", sprachen und gar eine „doppelte Staatengeschichte" konstatierten.[13]

II. 'Bücherpolicey' als Verfassungsschutz in Reich und Gliedern

Wie nahm sich das Reich konkret des Verfassungsschutzes an? Die letzte Wahlkapitulation Kaiser Franz II. im Jahre 1792 bilanzierte noch einmal „Pflichten des Kaisers in Ansehung der Policeyverwaltung im Reiche", und unter den fünf Hauptmaterien rangierte die „Bücherpolicey" an erster Stelle! Hierzu schärfte die Wahlkapitulation einerseits traditionsgemäß extensiv den Schutz in Religions-

---

[10] Johann Jacob Moser, Landes-Hoheit in Policey-Sachen (= Neues teutsches Staatsrecht, Bd. 16,6), Frankfurt, Leipzig 1773, S. 349.

[11] Johann Jacob Moser, Landeshoheit in Militär-Sachen (= Neues teutsches Staatsrecht, Bd. 16,3), Frankfurt, Leipzig 1773, S. 12.

[12] Vgl. Johann Jacob Moser, Von der Landeshoheit derer Teutschen Reichsstände überhaupt (= Neues teutsches Staatsrecht, Bd. 14), Frankfurt, Leipzig 1773, S. 329.

[13] Vgl. Johann Stephan Pütter, Teutsche Reichsgeschichte, Göttingen ³1793, S. 4.

sachen ein, zusätzlich aber verbot sie auch Schriften, „wodurch der Umsturz der gegenwärtigen Verfassung, oder die Störung der öffentlichen Ruhe befördert wird".[14] Sie knüpfte hier an eine Tradition an, die seit dem 16. Jahrhundert in den reichsrechtlichen Proklamationen wirksam war: Die größte Gefahr für die Reichsverfassung ging nach dem Zeugnis der Rechtsmanifestationen abgesehen von kriegerischen oder aufständischen Bewegungen vom unzensierten gedruckten Bild und Wort aus. Die Bücherzensur war demgemäß auch eine vordringlich den Kaiser, aber auch die Reichsstände beschäftigende Aufgabe.[15]

Bereits seit dem 16. Jahrhundert, genau gesagt seit dem Edikt Karls V. vom 8. Mai 1521 zur Unterdrückung der Schriften Martin Luthers, nahmen sich kaiserliche Verordnungen, Reichsabschiede und Reichspolizeiordnungen regelmäßig der Kontrolle der Druckereien und der Zensur der Bücher, Kupferstiche und bildenden Kunst an. Dabei war das Motiv, die Religion und die Einheit des Glaubens vor Schmähschriften zu schützen, ursprünglich vorherrschend, doch von Anfang an handelte es sich gleichfalls um Schutz des Reiches, seiner Verfassung und des Kaisers. Schon das erwähnte Edikt gegen Luther ermahnte unter Androhung der Reichsacht zur „vermeidung der peene criminis lese maiestatis".[16] Überhaupt ist hervorzuheben, daß die religiöse und politische Streitschriftenliteratur der Schmäh-, Famosschriften und Libelli insgesamt als Reichsangelegenheit begriffen wurde. Die Reichspolizeiordnung von 1548 hob diesen Themenbereich als einen ihrer Aufgabenfelder eigens hervor.[17] Beachtenswert im vorliegenden Rahmen sind besonders solche Bestimmungen, welche die politische — innere — Ordnung und Verfassung im Zusammenhang mit Druckschriften zu schützen strebten. Hier fand das kaiserliche Edikt Karls VI. vom 18. Juli 1715 bisher herausragende Beachtung, weil es expressis verbis Staatsschutzzwecke formulierte, indem es vorschrieb, daß „auch niemand einige gegen die Staatsregierung und Grundgeseze des heiligen römischen Reichs angesehene Lehren aufbringen" dürfe.[18] Es verzeichnete neben den üblichen Glaubensangelegenheiten nun auch „gemeinnützige Rechts- und Staatssachen" und warnte vor Zank, Mißtrauen, Entfernung der Gemüter, „auch wohl gar Unfriede und Empörungen". Insbesondere zielte das Edikt auf die „Herausgebung verboter, Glaubens- und Staatssachen angehender Lehren, Bücher und Lästerschriften oder Lehrgesäze".

---

14 Vgl. Günther Heinrich von Berg (Hg.), Die Wahl-Capitulation Kaiser Franz II. [1792] in systematischer Ordnung, Göttingen 1794, S. 98; die übrigen vier Materien waren Förderung von Handel, Münzwesen, Post sowie Exekution reichsgerichtlicher Urteile.

15 Vgl. hierzu grundlegend Ulrich Eisenhardt, Die kaiserliche Aufsicht über Buchdruck, Buchhandel und Presse im Heiligen Römischen Reich Deutscher Nation (1496–1806) (Studien und Quellen zur Geschichte des deutschen Verfassungsrechts, Reihe A, Bd. 3), Karlsruhe 1970.

16 Vgl. Deutsche Reichstagsakten. Jüngere Reihe, Bd. 2, Gotha 1896; das Edikt Karls V. vom 8.5.1521 „wider Martin Luther Bücher vnd lere seyne anhenger Enthalter vnd nachvolger vnnd Etlich annder schmeliche schrifften" S. 640–659, das Zitat S. 654.

17 Vgl. Reichspolizeiordnung von 1548 in: Neue Sammlung der Reichsabschiede (wie Anm. 8), Teil 2, S. 604.

18 Text bei Carl Friedrich Gerstlacher (Hg.), Handbuch der teutschen Reichsgeseze, 11 Bde., Karlsruhe 1786–93, Bd. 9, S. 1203–1207; vgl. dazu auch Eisenhardt, Kaiserliche Aufsicht, S. 40 f.

Die genaueren Einzelheiten zur Zensur sind hier nicht weiter zu betrachten. Wichtig ist hauptsächlich der Zweck: der Staats- und Verfassungsschutz.

Auch dieser wurde im Zusammenhang mit der Bücherzensur früher formuliert als bisher gemeinhin beachtet. Bereits der Abschied des Kreistags zu Erfurt von 1567 lenkte das Augenmerk auf Schmähschriften, Gemälde, aufrührerische Traktate und „fliegende Zeitungen", welche „zu wider Unserer Vorfahren, Unserer und des Heiligen Reichs derwegen nothwendiglichen publicirten Satzungen und Ordnungen" sich äußerten. Auch hier wurde bereits die Rechtsordnung verteidigt, mit Bezug auf das Reichsrecht, und auch die soziale Dimension war den Gesetzesvätern bewußt, indem sie vor dem Verkauf auf Märkten warnten, wo jene verpönten Schriften gutherzigen Leuten „und sonderlich dem gemeinen Mann" zugeschoben würden. Der Tatbestand der Majestätsbeleidigung wurde überdies separat angesprochen, indem „die Obrigkeiten, zugleich auch andere Churfürsten, Fürsten und Ständ, ja auch Unsere Kayserliche Person selbst angetastet" würden. In Erinnerung an die zurückliegende Epoche fürchtete man zu Recht, „daß dardurch ein solch Mißtrauen und Verhetzung zwischen allerseits hohen und niedern Ständen erwecket, welches wol unversehentliche Empörung, und viel Unheyls verursachen möchte." [19] Damit sollte der Gefahr vor innerem Aufruhr mit sozialen Triebkräften vorgebeugt werden. Ein Kreistagsabschied hatte zwar nur rechtliche Wirkung innerhalb der Grenzen des Kreisgebietes, dem die beschlußfassenden versammelten Stände eines Reichskreises angehörten. Mitunter bestätigte aber der Kaiser einen solchen Abschied als Zusammenfassung aller Beschlüsse auf Bitten der Stände. Der Erfurter Kreistagsabschied konnte jedoch als geltendes Recht für das ganze Reich angesehen werden, weil er dem einzigen jemals abgehaltenen allgemeinen Konvent sämtlicher zehn Reichskreise entstammte. [20] Da die einzelnen Reichskreise sich gerade dieser Problematik noch einmal gesondert und intensiver als die vorausgegangenen Reichstagsabschiede annahmen, wird man daraus folgern können, daß das Bedürfnis nach Kontrolle herrschaftskritischer Schriften auf der regionalen Ebene der entstehenden Territorien noch ungleich größer war.

Die Reichspolizeiordnung von 1577 klagte denn auch, daß alle vorausgegangenen Schutzmaßnahmen wirkungslos geblieben seien, „daß ob denselben Satzungen gar nichts gehalten, sondern daß solche schmähliche Bücher, Schriften, Gemälds und Gemächts [Abgüsse und Geschnitztes], je länger, je mehr gedicht, gedruckt, gemacht, feyl gehabt, und ausgebreitet werden". [21]

Die Probleme mit der Kontrolle versuchte der Kaiser durch die bei der Buchmesse etablierte Frankfurter Bücherkommission seit dem späten 16. Jahrhundert zu bewältigen. Diese Kontrollbehörde bestand bis zum Jahre 1806. [22] Moser

19 Kreistagsabschied von Erfurt 1567 in: Neue Sammlung der Reichsabschiede (wie Anm. 8), Teil 2, § 60/61, S. 273.

20 Vgl. Eisenhardt, Kaiserliche Aufsicht, S. 32 f., bes. Anm. 48 u. 49.

21 Reichspolizeiordnung von 1577, Titel 35, § 1, in: Neue Sammlung der Reichsabschiede (wie Anm. 8), Teil 3, S. 395; bereits die Reichspolizeiordnung von 1548 hatte die Wirkungslosigkeit beklagt, vgl. ebd., Teil 2, § 1, S. 604.

22 Vgl. dazu ausführlich Eisenhardt, Kaiserliche Aufsicht, S. 64–90, 111–113, 123 f.

wunderte sich freilich noch im Jahre 1773 darüber, daß selbst die allerneuesten Reichsgrundgesetze fast nichts zum Schutz des Kreises oder landesherrlichen Territoriums enthielten. Der Grund liege darin, daß die allerwenigsten Reichsstände einschließlich der Kurfürsten und Fürsten imstande seien, „sich und ihre Lande auch nur gegen eine kaum mittelmäßige innerliche und äußerliche Gewalt mit eigenen Kräften zu schüzen, daß mithin derselben Sicherheit auch durchaus nicht auf eigenen Defensions-Anstalten, sondern auf dem allgemeinen Reichs- und Crays-Schuz, beruhe".[23] Mit anderen Worten: Moser konstatiert 1773 einen Mangel an Staatsschutzorganisation im weitesten Sinne auch gegen eine innere Gewalt. Der innere Staatsbildungsprozeß war offensichtlich noch nicht so weit gediehen, daß sich die kleinen und mittleren Territorien aus eigener Kraft ihren Bestand sichern konnten.[24] Das Bedürfnis nach verstärkter Institutionalisierung des Staatsschutzes war manifest, von Schutz des Staates und seiner Verfassung war bereits vor der Französischen Revolution vielfach die Rede, in idealtypischer Form in den vielen naturrechtlich inspirierten Staatsmodellen nach dem Muster Justis, aber die Mittel dazu wurden noch gesucht. Erst während der Rheinbundära gelang es den mittleren Territorien, hier zu eigenen Instrumenten bis hin zu einer dann so bezeichneten „Hohen" oder „Geheimen Polizei" zu gelangen.[25] Moser konstatierte freilich auch die Schwäche des Reichs in militärischer Hinsicht, der nur „ein stark armirter Reichsstand" zu entgehen vermochte.[26] Er wünschte sich praktisch in konzertierter paralleler Aktion die Stärkung des Staatsschutzes nach innen auf Reichs- und Gliedstaatenebene, vor allem aber ein zeitgemäßes Reichsgesetz, „dadurch das unschäzbare Kleinod der in denen Reichs-Staats-Handlungen und Urkunden so oft vorkommenden *Reichs-Sicherheit, fürnemlich der innerlichen*, wieder vollkommen hergestellet und aufs Zukünftige möglichst bevestiget würden". Das müsse der Inhalt einer modernen Reichsexekutionsordnung sein.[27] Diese im Jahre 1766 veröffentlichten Worte zeigten noch deutliche Spuren von dem desolaten Eindruck, welche die disparaten Interessen der deutschen Höfe seit dem Siebenjährigen Krieg hinterlassen hatten. Die Reichs-

---

23 Moser, Landeshoheit in Militär-Sachen (wie Anm. 11), S. 15.

24 Die „Mikrostruktur der deutschen Territorienwelt vor dem Ende des Alten Reiches" war von einer angeblich durchdringenden Verwaltungstätigkeit des absolutistischen Staates in ihrer noch weitgehend agrarischen Lebenswelt wenig erfaßt, namentlich auf der Ebene des Dorfes und seiner Gemarkung; vgl. Wilhelm Störmer, Territoriale Landesherrschaft und absolutistisches Staatsprogramm. Zur Mikrostruktur des Alten Reiches im 18. Jahrhundert, in: Blätter für deutsche Landesgeschichte 108 (1972), S. 90–104; die Diskrepanz der Realität zur integrierenden Absicht der Territorialstaatslehre ist unverkennbar; vgl. dazu grundlegend Dietmar Willoweit, Rechtsgrundlagen der Territorialgewalt. Landesobrigkeit, Herrschaftsrechte und Territorium in der Rechtswissenschaft der Neuzeit (Forschungen zur deutschen Rechtsgeschichte, Bd. 11), Köln, Wien 1975.

25 Vgl. Wolfram Siemann, „Deutschlands Ruhe, Sicherheit und Ordnung". Die Anfänge der politischen Polizei 1806–1866 (Studien und Texte zur Sozialgeschichte der Literatur, Bd. 14), Tübingen 1985, S. 48–60 zu Bayern und Westfalen in der Rheinbundzeit; speziell zu Württemberg ders., Propaganda um Napoleon in Württemberg. Die Rheinbundära unter König Friedrich I. (1806–1813), in: Zeitschrift für Württembergische Landesgeschichte 47 (1988), S. 359–380.

26 Moser, Landeshoheit in Militär-Sachen (wie Anm. 11), S. 15.

27 Johann Jacob Moser, Teutschland und dessen Staats-Verfassung überhaupt (= Neues teutsches Staatsrecht, Bd. 1), Stuttgart 1766, S. 282.

exekutionsordnung erschien dabei geradezu als das Herz „innerlicher Ruhe
und Sicherheit im Reich".[28]

III. Die Reichsverfassung als Schutz gegen fürstlichen Absolutismus

Eine besondere, interessante Variante des Staatsschutzaspekts fügte Moser seinen Überlegungen hinzu, indem er die Schwäche des Reichs bedachte. Seine Situa-
tionsbeschreibung der Lage im Jahre 1773 ist so plastisch, daß sie im Wortlaut
wiedergegeben sei:

Im Reich ist die Thüre ohnehin schon aus dem Angel, und der Wagen aus dem Gelaiß:
Das Gleich-Gewicht unter denen Reichsständen unter sich hat bereits so stark Noth geli-
ten, daß die Schwachen sich deren Mittleren, und die Mittleren deren Große, offt nicht
länger erwehren können, als es dem Mächtigeren beliebet, stille zu sizen: Dörffte nun
vollends jeder Reichsstand in seinem Lande hausen, wie er wollte, Soldaten und Steuern
aufbringen, so viel als möglich wäre, u.s.w. wie gienge es den mittleren und schwachen
Reichsständen! und was würden vor neue Reichsschlüsse zum Vorschein kommen![29]

Moser rührte hier an den Kern des fürstlichen Absolutismus. Er fragte nach der
Spannung zwischen Landeshoheit und Reichsverfassung oder genauer: nach den
Grenzen der Territorialherrschaft. Er träumte von einer reformierten Reichsverfassung, denn die Lehre von der unumschränkten Landeshoheit und deren wirk-
liche Ausübung hielt er für „Reichs-Verfassungswidrig und schädlich".[30] Ja, die
Sorge um die gefährdete und zugleich schutzbedürftige Reichsverfassung durch-
zog alle Überlegungen Mosers. Er warnte vor „dem gänzlichen Umsturz der ganzen bißherigen Reichs-Verfassung"; deren Lebendigkeit hänge an der Wirksamkeit und Autorität der Reichsgerichte:

Und wie übel würde es manchem Lande und dessen Einwohnern gehen, wann ein Landesherr keinen Kayser und keine Reichs-Gerichte mehr zu scheuen hätte, sondern thun
und lassen könnte, was ihme beliebet![31]

Die „Staats-Verfassung des teutschen Reiches"[32] sollte als Bürge für die Recht-
lichkeit des Einzelstaats wirken, wenn dessen Fürst sich zum 'Tyrannen' oder
'Despoten' aufwerfen würde, wie die Zeitgenossen argumentierten. Die zeitgenössische Reichspublizistik verfolgte diesen Gedanken in der Tat bis in seine letzte
Konsequenz: Sie betrachtete den Landesherrn auf Gesetze und Verfassung des
Reichs verpflichtet. Der hessen-darmstädtische Regierungsrat Johann Maximilian von Günderrode befand dementsprechend im Jahre 1743, wenn der Landesherr die Reichsgesetze verletze und überdies „des Landes Regierungs-Form über
den Hauffen zu werfen" trachte, sich „zu den Reichs-Feinden" schlage, mißbrau-
che er seine Gewalt, „da dessen Landes-Hoheit den Reichs-Gesetzen und dessen

---

28 Ebd., S. 276.
29 Moser, Von der Landeshoheit derer Teutschen Reichsstände (wie Anm. 12), S. 258.
30 Ebd.
31 Ebd., S. 259.
32 Formulierung ebd., S. 273.

Verfassung unterworffen ist, welche der Kayser und das Reich *hauptsächlich zu erhalten hat"*. Die Achtung der Reichsverfassung und der einzelstaatlichen Regierungsform hingen mithin voneinander ab. Günderrode befand für den Konfliktfall, die Untertanen hätten Kaiser und Reich mehr als dem Landesherren zu gehorchen.[33] Die Reichspublizisten erwogen dabei keineswegs realitätsferne Probleme der juristischen Theorie, gab es doch auch im 18. Jahrhundert mehrfach Fälle von Fürstenabsetzung, die aus dem Recht des Reiches, in territoriale Belange einzugreifen, legitimiert und durch die beiden Reichsgerichte entschieden wurden.[34]

In einer noch grundsätzlicheren Weise hatte bereits zu Beginn des 18. Jahrhunderts in dieser Frage eine publizistische Auseinandersetzung stattgefunden, die besonders hervorgehoben werden soll, weil die Frage der rechtsverbürgenden Natur der Reichsverfassung gekoppelt wurde mit der Abwehr staatsfeindlicher Schriften kraft kaiserlicher „Bücherpolicey". Der in österreichischen Diensten stehende Wilhelm Freiherr von Schröder[35] betrachtete die eigentümliche Struktur der Reichsverfassung als zentrales Gut in der Abwehr des fürstlichen Absolutismus. Richtig erinnert er in einer vergleichenden Staatenbetrachtung für Europa, daß 'Teutschland' in „Verfassung und pactis fundamentalibus" von so vielen Publizisten behandelt worden sei, daß sich eine nähere Darlegung erübrige.[36] Er verteidigte die „Capitulationes, transactiones und Recessus", gewissermaßen Severinus de Monzambano alias Pufendorf abwehrend, das seien keineswegs jene „monstrositäten einer Monarchie". Er hatte die Proportion zwischen den Gliedern des Reiches im Blick: „Sie lassen der Majestät ihre Hoheit und auctorität, so bey ihr unentbehrlich ist, aber indem sie dem Volck einige Freyheiten vorbehalten, so mindern sie den Mißbrauch der Oberherrschaft und geben doch dem Pöbel nicht zu viel Freyheit noch ein Messer in die Hand, sich selbst schaden zu zufügen."[37] Schröder kritisierte die Lehren zur Rechtfertigung des fürstlichen ebenso wie des kaiserlichen Absolutismus als verfassungswidrig, und dies eigens mit Bezug auf das erwähnte kaiserliche Edikt von 1715. Das seien

---

[33] Johann Maximilian von Günderrode, Abhandlung des Teutschen Staats-Rechts, Gießen 1743, S. 1216; vgl. zur antiabsolutistischen Wirkung bestehender Verfassungen und zum neuen „Gefährdungsbewußtsein" gegenüber staatlicher Macht Diethelm Klippel, Politische Theorien im Deutschland des 18. Jahrhunderts, in: Rudolf Vierhaus (Hg.), Aufklärung als Prozeß (Aufklärung 2, 1987, Heft 2), S. 57–88, inbes. S. 69–71.

[34] Vgl. Werner Troßbach, Fürstenabsetzungen im 18. Jahrhundert, in: Zeitschrift für Historische Forschung 13 (1986), S. 425–454.

[35] Vgl. ADB Bd. 32 (1891), S. 530–533, freilich mit unklaren Zuordnungen zwischen dem gothaischen Staatsmann und seinem im österreichischen Diensten stehenden Sohn.

[36] Wilhelm Frhr. von Schröder, Vom absoluten Fürstenrecht, Leipzig, Wolfenbüttel 1719, S. 83; diese Erörterung erübrigte sich freilich nicht in der neueren Forschung, wie die vorzügliche Untersuchung zeigt von Bernd Roeck, Reichssystem und Reichsherkommen. Die Diskussion über die Staatlichkeit des Reiches in der politischen Publizistik des 17. und 18. Jahrhunderts (Veröffentlichungen des Instituts für Europäische Geschichte Mainz, Bd. 112), Wiesbaden, Stuttgart 1984; vgl. auch Patrik von zur Mühlen, Die Reichstheorien in der deutschen Historiographie des frühen 18. Jahrhunderts, in: Zeitschrift der Savigny-Stiftung für Rechtsgeschichte, Germanistische Abteilung, 89 (1972), S. 118–146.

[37] Schröder, Vom absoluten Fürstenrecht, S. 132 f.

„des Heiligen Römischen Reiches Gesetz und Ordnungen anzapffende verkehrte neuerliche Lehren, Bücher, Theses und Disputationes, dadurch viele so unzuläßige als tieff-schädliche Neuerungen gegen die teutsche Grund-Feste, folglich Unordnungen in dem teutschen Reich eingeführet worden. Nach diesen Principiis muß Teutschlands Ruhe über den hauffen gehen."[38]

Schröder fand zur Zeit des Siebenjährigen Krieges einen wortgewaltigen Gegner, nämlich einen gleichsam wiederauflebenden Bogislaw von Chemnitz. 1761 erschien eine mit exzessiven Kommentaren überschwemmte deutsche Übersetzung, welche die alte Polemik mit derselben Zielrichtung gegen das verfassungsbrüchige Haus Habsburg richtete. Der anonyme Übersetzer und Herausgeber befand: „Die heutige Verwirrung im Reich ist ungleich ärger als die damalige" zur Zeit des Bogislaw. Dieser schon habe zeigen wollen, wie ungemein häufig die habsburgischen Kaiser „wider die Reichs-Grund-Gesetze gemishandelt, ja wie unzehlich oft sie ihre dem Reich in den Wahl-Capitulationen gethanen eydlichen Zusagen gebrochen, die Gerechtsame und Freyheiten der Reichs-Stände untergraben, und umgestossen, ja das ganze Haupt-Gebäude des Reichs-Systems nach seiner alten Grund-Einrichtung beynahe völlig zu Boden gekehret haben".[39] Die Vertreibung des Hauses Österreich und die Wahl eines neuen Kaisers seien die geeigneten Mittel „zur Wiederherstellung der alten Reichs-Verfassung".[40] Dieses erneute, gar noch auf deutsch popularisierte Auftauchen des Hippolithus a Lapide alias Bogislaw von Chemnitz rief die Kaisertreuen zur Feder, so den kaiserlichen Hof- und Pfalzgrafen und Augsburger Ratskonsulenten und Deputierten in Reichs- und Kreissachen, Johann Friedrich Reichsfreiherrn von Tröltsch, der gleich mit zwei anonymen Schriften antwortete.[41] Der Angriff auf den Kaiser führte zwangsläufig zu einer Disputation über das Wesen der Reichsverfassung, wobei Reichs- und Verfassungsschutz zwangsläufig angesprochen wurden. Eben ihr Wesen als einer „beschränkten Monarchie" und einer „mit einiger Aristocratie vermischten Verfassung" verbürgten Schutz vor Anarchie und Absolutismus. Unverkennbar an diesen Diskussionen war dabei die zeitgenössische Sorge, welche „die ganze Verfassung des Reichs in äußerste Gefahr" gesetzt sah.[42] In dem weisen Ausgleich zwischen übermäßiger Gewalt des Kaisers und der überhandnehmenden Macht der großen weltlichen Fürsten erblickte der Augsburger Ratskonsulent Tröltsch den Vorzug der Reichsverfassung. Er formulierte die Substanz des Reichsverfassungsschutzes in dem Satz: „Die gemä-

[38] Ebd., S. 208 f.

[39] Hippolithus a Lapide, Abriß der Staats-Verfassung, Staats-Verhältniß, und Bedürfniß des Römischen Reichs Deutscher Nation, 3 Bde. in 1, Mainz, Koblenz 1761, Teil 3, S. 42 f., zuerst u. d. T.: Dissertatio de ratione status in Imperio nostro Romano-Germanico authore Hippolitho a Lapide [i. e. Bogislaw Philipp von Chemnitz], o. O. 1640, Freistadt 1647.

[40] Lapide, Abriß, Teil 3, S. 223.

[41] Unpartheyische Gedanken über die Anmerkungen des teutschen Hippolithus a Lapide. Köln 1762; Fortgesezte Unpartheyische Gedanken über die Anmerkungen des teutschen Hippolithus a Lapide, Köln 1763; die Identifikation des Autors Tröltsch ist gesichert durch Christoph Weidlich, Biographische Nachrichten von jetztlebenden Rechtsgelehrten in Deutschland, Bd. 2, Halle 1781.

[42] Vgl. Unpartheyische Gedanken, S. 20.

ßigte Reichs-Regierung, wie sie auf die *Reichs-Grund-Gesetze* gebauet ist, und die Erhaltung des Gleichgewichts im teutschen Reich und des innerlichen Ruhestands ist *der Schutz und die Brustwehr ihrer Verfassung.*[43] Gerade die geistlichen Stände stützten dieses System, da sie frei von „nachtheiligen Vergößerungs-Absichten" seien, wie sie bei den weltlichen Staaten mitunter hervorbrächen.

Unter dem Ansturm der Französischen Revolution von 1789 erhielt die alte Reichsverfassung noch einmal neue Fürsprecher, die von ihr mehr Schutz vor Willkür erhofften als von den modernen 'Konstitutionen'. Es entstand eine kurzzeitige, von Reichspatriotismus genährte Propaganda für die Reichsverfassung.[44] Die Kurmainzische Akademie zu Erfurt hatte dazu im Jahre 1793 aufgerufen, Antworten auf vier Preisfragen zu finden, die aufforderten, eine „populäre" Schrift abzufassen, „wodurch das teutsche Volk von den Vortheilen seiner Vaterländischen Verfassung belehret, und vor den Uebeln gewarnt würde, wozu überspannte Begriffe von ungemessener Freyheit und idealischer Gleichheit führen".[45] Der schließlich ausgezeichnete Preisträger, der Professor der Rechte in Göttingen Günter Heinrich von Berg, betrachtete das Alte Reich bereits mit den Augen des modernen Konstitutionalismus, wenn er postulierte: „Der Kaiser ist der erste Diener der Gesetze, die er nicht allein ändern kann, weil er allein sie nicht geben darf."[46] Eben weil das Reich „ein zusammengesetzter Staat" sei, bestehend aus Wahlreich, Gesetzen, Regeln und Konstitution, sei es bewahrt vor Willkür der Regierung und namentlich seines Oberhaupts.

IV. Der Kaiser als Verfassungsbrecher:
Die Bayerische Erbfolgefrage (1778–79)

Die Vorwürfe des wiederaufgelebten und modernisierten Hippolithus a Lapide, der Kaiser könne als eigentlicher Verfassungsbrecher hervortreten, waren freilich keine pure Polemik, sondern wurden nur wenige Jahre später im Bayerischen Erbfolgekrieg mit der nachfolgenden antikaiserlichen, von Preußens König Friedrich II. geleiteten Front des Fürstenbundes bestätigt. Weitere Beispiele der späten Reichsgeschichte ließen sich anführen, doch soll gerade dieser konkrete Streitfall wegen seiner Dimensionen von Staats- und Verfassungsschutz hervorgehoben werden.[47] Seit dem Siebenjährigen Krieg war der österreichisch-preu-

---

[43] Vgl. Fortgesetzte Unpartheyische Gedanken, S. 39.

[44] Vgl. hierzu auch Michael Stolleis, Reichspublizistik und Reichspatriotismus vom 16. bis zum 18. Jahrhundert, in: Günter Birtsch (Hg.), Patriotismus (Aufklärung 4, 1989, Heft 2), S. 7–23; Karl Otmar von Aretin, Reichspatriotismus, in: ebd., S. 25–36.

[45] Zit. nach der dann erwählten Preisschrift von Günther Heinrich von Berg, Ueber Teutschlands Verfassung und die Erhaltung der öffentlichen Ruhe in Teutschland, Göttingen 1795.

[46] Ebd., S. 57.

[47] Der Fürstenbund und alle mit ihm verbundenen Fragen der Diplomatie und Reichsverfassung bilden — samt zahlreichen Dokumenten — den Schwerpunkt in dem grundlegenden Werk von Karl Otmar Frhr. von Aretin, Heiliges Römisches Reich 1776–1806. Reichsverfassung und Staatssouveränität, 2 Teile (Veröffentlichungen des Instituts für Europäische Geschichte Mainz, Bd. 38), Wiesbaden 1967, bes. Teil 1, S. 164–241.

ßische Dualismus in der Reichspolitik manifest geworden. Mehrere absehbare Erbfälle in der 2. Hälfte des 18. Jahrhunderts bedrohten das innere Gefüge des Reiches und aktualisierten jenen Dualismus. Die regierenden Fürsten in den hohenzollernschen Markgrafschaften Ansbach und Bayreuth, im Kurfürstentum Bayern und in der Kurpfalz hatten keine erbfolgeberechtigten Nachkommen. Tangiert waren die Machtverhältnisse der Häuser Wittelsbach, Hohenzollern und Habsburg. Der Fall Bayerns geriet dabei zu einem „Musterbeispiel dynastischen Länderschachers".[48] Unter verschiedenen Plänen gewann darin das Vorhaben Vorrang, aus kurpfälzisch-bergischem und niederländisch-österreichischem Besitz für den Kurfürsten Karl Theodor ein großes wittelsbachisches Königreich am Niederrhein zu konstruieren, während sich Joseph II. Bayerns bemächtigen sollte. Der Plan war bereits so weit ins Werk gesetzt, daß nach dem Tod des bayerischen Kurfürsten Maximilian III. Joseph am 30. Dezember 1777 schon am 6. Januar 1778 10.000 österreichische Truppen ins Straubinger Land einmarschiert waren.[49] Dieses eigenmächtige diplomatische und militärische Taktieren des Kaisers im Umgang mit einem Reichsstand, überdies noch mit einem Kurfürstentum, war nach allen Maßstäben des Reichsrechts als Bruch der Reichsverfassung zu betrachten. Der Kaiser hatte „gegen seine Rolle als Rechtswahrer verstoßen"[50] und sah sich nun dem preußischen König als einem Schützer der Reichsverfassung gegenüber. Friedrich kam den Plänen der mittleren und kleineren Reichsstände entgegen, sich als dritte Kraft durch eine Assoziation zu stärken. Dieser kleinstaatliche Selbsterhaltungsdrang auf reichspatriotischer Grundlage bildete die Grundlage für die spätere Tendenz zum „Dritten Deutschland" im 19. Jahrhundert. Als Joseph II. den 1779 auf militärischen Druck Friedrichs II. fallengelassenen Tauschplan in den frühen 1780er Jahren wieder aufnahm, entwarf der preußische König die Grundlinien eines Deutschen Fürstenbundes. Formell vereinigten sich die drei kurfürstlichen Höfe Sachsen, Brandenburg und Hannover am 23.7.1785 zu einer Assoziation, die den Reichsverfassungsschutz als ihr oberstes Ziel formulierte: „die constitutionsmäßige Erhaltung des deutschen Reichssystems und der Reichsständischen Gerechtsame nach den Reichsgesetzen und Reichsfriedensschlüssen".[51] Einer Sensation kam es gleich, daß der Kurfürst von Mainz — als Reichskanzler an der Spitze der Reichshierarchie — sich dieser Föderation anschloß. Hinzu trat etwa ein Dutzend kleinerer weltlicher Fürsten. Dieses organisierte „Dritte Deutschland" ermunterte die entstehende öffentliche Meinung, die sich als Kampf politischer Experten darbot und den alten Reichspatriotismus mit neuem Nationalbewußtsein bürgerlich-intellek-

---

48 So Theodor Schieder, Friedrich der Große. Ein Königtum der Widersprüche, Frankfurt a.M., Berlin, Wien 1983, S. 273.

49 Vgl. dazu im einzelnen Karl Otmar Frhr. von Aretin, Bayerns Weg zum souveränen Staat. Landstände und konstitutionelle Monarchie 1714–1818, München 1976, S. 64–119.

50 Vgl. Volker Press, Friedrich der Große als Reichspolitiker, in: Heinz Duchhardt (Hg.), Friedrich der Große, Franken und das Reich (Bayreuther Historische Kolloquien, Bd. 1), Köln, Wien 1968, S. 25–56, S. 49.

51 Zit. nach Schieder, Friedrich der Große, S. 279.

tueller Prägung füllte. Es herrscht Einigkeit, daß Friedrich die reichspatrioti-
schen Kreise „nur zum Vehikel preußischer Großmachtpolitik" benutzte und seine
eigentlichen Ziele „letztlich gegen die Existenzgrundlagen des Reichsverbandes
gerichtet" waren.[52] In der Öffentlichkeit und bei den mittleren und kleinen
Reichsständen hingegen erschien er geradezu als „Gegen-Kaiser",[53] dem wegen
seines Kampfes für die Reichsverfassung die höhere Legitimation zuzukommen
schien. Vorstellungen vom alten Widerstandsrecht der Stände wurden hier viru-
lent.[54] Umrisse einer Reichsreform schienen sich abzuzeichnen, denen die Wort-
führer in der öffentlichen Meinung noch Rückhalt zu geben versuchten. Als
Reformwünsche formulierte eine wohlbeachtete Flugschrift: ordentliche Visitationen des Kammergerichts und Reichshofrats, ein einheitliches Gesetzbuch, eine
beständige Wahlkapitulation, einen tätigeren Reichstag, eine „gute Reichspolizey", eine angemessene „Defensivanstalt", und das alles führe zu „ächtem Reichs-
zusammenhange", zu „gemeinem Vaterlandsgeiste, damit wir endlich sagen dürften: Wir sind eine Nation!"[55] Der Staatsschutz als Sorge um den Bestand des
Reiches als Ganzen verknüpfte sich mit Vorstellungen, die Reichsverfassung aus-
zubauen und zu stärken, kurzum: „dem Reiche mehr Consistenz zu geben" und
eine „Verbesserung der allgemeinen Reichsverfassung" zu erreichen. Als Fern-
ziel winkte das „Ideal einer wohlgeordneten, in genugsamer Freyheit vorwärts
strebenden Bundesrepublik".[56] Und auch die denkbaren Vorbehalte, ob Reichsstände wider den Kaiser Bündnisse eingehen dürften, wurden mit dem Argumente
aus dem Wege geräumt, es handele sich um „ein Vertheidigungsbündniß gegen
zu befürchtende Reichsconstitutionswidrige Uebermacht" und es sei deshalb
ebenso notwendig als gerecht.[57] Die offizielle preußische Darlegung der Beweggründe verband geschickt zwei Rechtsdimensionen: die überkommene, wo mit
der Summe von verletzten — bayerischen — Gerechtsamen argumentiert wurde,
und die moderne, die den Schutz des Verfassungsverbandes als Ganzen zur Grundlage machte.[58] Als außerordentliches Novum erwies sich dabei, daß ein Zeugnis offizieller Politik sich nicht nur den europäischen Mächten und den Reichsständen gegenüber offenbarte, sondern „überhaupt dem Publico".[59] Der Arkan-
bereich der Politik wurde prinzipiell außer Kraft gesetzt und die entstehende
öffentliche Meinung als Richter angerufen. Ihr gegenüber präsentierte sich die

---

52 Vgl. Press, Friedrich der Große, S. 56.
53 Vgl. Aretin, Heiliges Römisches Reich (wie Anm. 47), Teil 1, S. 19—23.
54 Vgl. Rudolf Vierhaus, Land, Staat und Reich in der politischen Vorstellungswelt deutscher
Landstände im 18. Jahrhundert, in: Historische Zeitschrift 223 (1976), S. 40—60.
55 Vgl. Deutschlands Erwartungen vom Fürstenbunde, o.O. 1785, S. 36f.
56 Ebd., S. 50.
57 Bemerkungen bey Gelegenheit des neuesten Fürstenbundes im Deutschen Reiche, Berlin, Leipzig 1786, S. 19f.
58 Vgl. Vorstellung der Beweggründe, welche Seine Majestät den König von Preußen vermüßi-
get haben, sich der Zertrümmerung von Baiern zu widersetzen, o.O. 1778, S. 3, wo festgestellt
wird, es gehe um eine Sache, „die der Gerechtigkeit, den anerkannten Rechten der allernächsten
Lehen- und Allodialerben von Baiern sowohl, als der Sicherheit, der Freyheit und der ganzen Grund-
verfassung des deutschen Reichs, schnurstracks entgegen ist".
59 Ebd., S. 3.

amtliche preußische Denkschrift als Streiterin für „die verletzte Freyheit und deutsche Reichsverfassung", für „die Erhaltung des Systems des deutschen Reiches" und schließlich für „die Erhaltung dieses großen und respectablen Staatskörpers des deutschen Reichs".[60] Das Widerstandsrecht der Reichsstände gegen den Kaiser wurde zum Zweck des Staatsschutzes bemüht, der zugleich Verfassungsschutz bedeutete. Freilich entsprachen die offiziellen Begründungen nicht den tatsächlichen Chancen jenes Fürstenbundes, der den Keim des Zerfalls in sich trug, weil die Existenz zweier Großmächte den Reichsrahmen sprengte. Friedrich II. — selbst ohne kontinentale Verbündete — nutzte die Schutzbedürftigkeit des 'Dritten Deutschlands', um das politische Gewicht Preußens und das Machtgleichgewicht im Reich zu bewahren. Im Horizont des behandelten Themas bleibt dessenungeachtet die Perspektive von Staats- und Verfassungsschutz gewichtig. Die publizistischen Deklamationen und der vorläufige, brüchige Charakter des Fürstenbundes ließen dabei die dringend gewünschte festere institutionelle Grundlage in Gestalt einer Reichsreform weit hinter sich.

V. Verfassungsschutz oder Staatsverrat durch Publizistik und geheime Gesellschaften

Der im Jahre 1778 amtlich formulierte preußische Appell an das „Publicum" rief freilich wie auch andere Liberalisierungen der Pressefreiheit Geister, die alsbald nicht mehr zu zähmen waren, sondern die Frage des Staatsschutzes und Staatsverrats verschärften. Dem 'Staat' fiel es anheim, öffentliche Meinung und geheime Gesellschaften auf ihre Staatsgefährlichkeit hin zu beobachten. Die entstehende Publikationsflut kleiner Broschüren und periodischer Zeitschriften veranlaßte bereits vor der Französischen Revolution von 1789 auch in Deutschland leidenschaftliches Nachdenken und Lamentieren über den Mißbrauch der vielbeschworenen 'Wahrheit' und 'Publizität', die von den Aufklärern als allwissende Richter bezeichnet wurden und deren „Richterstuhl" man sich zu unterwerfen habe.[61] Ein Münchner Titularprofessor und Buchhändler, Johann Baptist Strobl, faßte in einer Flugschrift alle Vorbehalte zusammen gegenüber „dieser Wespenbrut deutscher Journalisten", die unter dem Vorwand der Aufklärung, Publizität und Wahrheit Lüge, Pasquille und neidische Verleumdungen verbreiteten. Die Leser labten ihre schwarzen Seelen an solchen Schandschriften und unterhielten damit „staatsverräterische, katilinarische Gesellschaften".[62] Er

---

[60] Alle Zitate ebd., S. 26 u. 30.

[61] Vgl. Horst Möller, Vernunft und Kritik. Deutsche Aufklärung im 17. und 18. Jahrhundert (edition suhrkamp, Bd. 269), Frankfurt am Main 1986, bes. S. 268–289; Eckhart Hellmuth, Aufklärung und Pressefreiheit. Zur Debatte der Berliner Mittwochsgesellschaft während der Jahre 1783 und 1784, in: Zeitschrift für Historische Forschung 9 (1982), S. 315–345; ders., Zur Diskussion um Presse- und Meinungsfreiheit in England, Frankreich und Preußen im Zeitalter der Französischen Revolution, in: Günter Birtsch (Hg.), Grund- und Freiheitsrechte im Wandel von Gesellschaft und Geschichte. Beiträge zur Geschichte der Grund- und Freiheitsrechte vom Ausgang des Mittelalters bis zur Revolution von 1848, Göttingen 1981, S. 205–226.

[62] Johann Bapist Strobl, Ueber Publizität und Pasquill. Eine Denkschrift, München 1785, S. 2.

warnte den Kurfürsten ausdrücklich vor „Pasquillanten-Komplott"[63] und vor Angriffen auf dessen Person.

Andererseits machten sich gelehrte Schriftsteller nun und verstärkt seit der Französischen Revolution zu Anwälten des Staats- und Verfassungsschutzes. „Der
Strohm der Publicität, im guten und schlimmen Sinn, läßt sich nicht mehr aufhalten", lautete die Prognose eines württembergischen Pfarrers. Reichs- und
Kreisschlüsse verböten ohne jede Wirkung die zum Aufruhr reizenden Schriften.[64] Das „Gift der französischen Propaganda" greife um sich.[65] Aus Frankreich vertriebene Jakobiner sammelten in Deutschland Kräfte, um ihr Werk der
Zerstörung zu erneuern. Der Pfarrer sah „des Reichs Feinde" am Werk, das
„Vaterland" in Gefahr: „Noch bieten biedere Deutsche ihre Kräfte und ihr Leben
gegen *innere* und äußere Feinde, zur Vertheidigung der Religion, ihres Fürsten,
und ihrer bürgerlichen Sicherheit dar."[66] Die „öffentliche Meinung" zähme die
„Laune des Fürsten", und die „Denk-, Preßfreyheit und Publicität" zu unterdrücken sei „Hochverrath an der Würde des Menschen".[67]

Die Grenzen zwischen Staatsförderlichem und Staatsverräterischem wurden
dabei in der Diskussion über den Umfang der Meinungsfreiheit zum Hauptproblem. Die Mängel einer Staatsverfassung, die Unzweckmäßigkeit mancher
Gesetze, die Gebrechen der Justiz mitzuteilen, könne nicht heißen: „wider den
Staat schreiben". Das geschehe nur durch feindselige, beleidigende Art der Darstellung, durch erdichtete Tatsachen oder gar durch Aufruf der Bürger zur Waffengewalt.[68]

VI. Ansatzpunkte territorialer Staatspolizei — als Institution und in der 'Policeywissenschaft'

Mit den Auswirkungen der Französischen Revolution in Deutschland im Bereich
der öffentlichen Meinung wurde die Frage der Zensur auf eine neue Ebene geho-
ben. War die Kontrolle des Gedruckten und Gemalten seit der Erfindung des Buchdrucks frühzeitig Reichsangelegenheit geworden, bot die Zensur auch auf der
Ebene der Territorien die frühesten Ansatzpunkte, Behörden staatsschützenden

---

63 Ebd., S. 107; die Polemik richtete sich namentlich gegen Peter Adolph Winkopps Journal
„Bibliothek für Denker"; insgesamt ist sie zweifellos als Antwort auf die Aktivitäten der Illuminaten zu verstehen, vgl. Richard van Dülmen, Der Geheimbund der Illuminaten. Darstellung, Analyse, Dokumentation, Stuttgart-Bad Cannstatt 1975.
64 [Ernst Heinrich Simon], Publicität, in: Neues Patriotisches Archiv für Deutschland, Bd. 1
(1792), S. 519−527, Zit. S. 519.
65 So in einer späteren Schrift: [Ernst Heinrich Simon], Von der Allgewalt und dem Einflusse
der öffentlichen Meynung in der Beherrschung der Staaten, Germanien [Heilbronn] 1796.
66 Ebd., S. 12.
67 Ebd., S. 21.
68 So der Leipziger Philosophieprofessor Karl Adolph Caesar in seiner Vorrede in: Gustav Sjö-
borg, Über Volksdespotismus. Aus dem Lat. mit Anm. u. angehängten Betrachtungen des Überset-
zers. Nebst einer Vorrede und Untersuchung der Frage: Was heißt wider den Staat, Religion und
gute Sitten schreiben? von Karl Adolph Caesar, Leipzig 1793.

Charakters einzurichten. Je mehr dabei das Augenmerk über Kontrolle der Religion und Sitte hinaus auf das Politische („landesherrliche Gerechtsame") zielte, entwickelten sich diese Institutionen zu Keimzellen einer frühmodernen politischen Polizei. Es fehlt noch an einer wissenschaftlichen Bestandsaufnahme der territorialstaatlichen Gesetzgebung, um das Ausmaß der institutionellen Verfestigung zu ermessen. Seit 1789 erfolgte jedenfalls ein gewaltiger Schub.[69]

Die zeitgenössische Polizeiwissenschaft war diesem Prozeß in ihren Definitionen theoretisch schon vorausgegangen. Die Ausführungen über die Entstehung des frühneuzeitlichen Polizeibegriffs haben zu vielfältigen Differenzierungen geführt, die es gleichwohl noch erlauben, ihn als „Inbegriff der Bezeichnung für den inneren Frieden" und der „öffentlichen Sicherheit, Ruhe und Ordnung" zu betrachten.[70] Zweifellos ging diese „Policey" über den bloßen Wirkungsbereich der inneren Verwaltung hinaus, da sie seit dem 16. Jahrhundert die Befugnis der Obrigkeit einschloß, verbindliche Rechtssätze nicht nur zu erlassen, sondern sie auch zu erzwingen, über die Einhaltung zu wachen und sogar — als eine Form der Rechtspflege — als sogenannte Polizeivergehen mit Strafen zu belegen. Freilich unterschied sich diese 'Policey' von den 'peinlichen Strafen', welche eines förmlichen gerichtlichen Verfahrens nach dem Inquisitionsprozeß bedurften.[71] Die hoheitliche Befugnis dieses „jus politiae", Rechtsnormen zu setzen und zu erzwingen, war fundamental für die Entwicklung der Staatlichkeit in den Territorien. Entsprechend breit gefächert war ihr Gegenstandsbereich, der alles einschloß, was zur „guten Ordnung des Gemeinwesens" gehörte.[72] In den Darstellungen werden denn auch mit Blick auf die zahlreichen Kodifikationen der Polizeiordnungen zu Recht private und öffentliche Materien sämtlicher Lebensbereiche aller Stände enumerativ angeführt.[73]

Hier soll die entgegengesetzte Blickrichtung gewählt und gefragt werden, inwiefern sich in dem Konglomerat der Wohlfahrts- und Sicherheitsaufgaben ein spe-

---

[69] Am Beispiel Württembergs und Badens für den Ausgang des 18. Jahrhunderts behandelt und dokumentiert bei Karlheinz Fuchs, Bürgerliches Räsonnement und Staatsräson. Zensur als Instrument des Despotismus. Dargest. am Beispiel des rheinbündischen Württemberg. 1806–1813 (Göppinger Arbeiten zur Germanistik, Bd. 150), Göppingen 1975.

[70] Vgl. von Unruh, Verwaltungsgeschichte (wie Anm. 1), Bd. 1, S. 405.

[71] Ebd., S. 394; vgl. auch Franz-Ludwig Knemeyer, Polizeibegriffe in Gesetzen des 15. bis 18. Jahrhunderts. Kritische Bemerkungen zur Literatur über die Entwicklung des Polizeibegriffs, in: Archiv des öffentlichen Rechts 92 (1967), S. 153–180, wo zu Recht S. 167–171 die Gleichsetzung des alten Polizeibegriffs mit dem Bereich der 'inneren Verwaltung' abgelehnt wird, da 'Policey' auch bestimmte, über die Verwaltung hinausweisende Justizsachen (zum Beispiel Polizeistrafen) einschloß.

[72] Vgl. auch die klassischen Formulierungen Johann Jacob Mosers, 'Policey' umfasse „diejenigen Landesherrliche Rechte und Pflichten, auch daraus fließende Anstalten, welche die Absicht haben, der Unterthanen äußerliches Betragen im gemeinen Leben in Ordnung zu bringen und zu erhalten, wie auch ihre zeitliche Glückseligkeit zu befördern", „daß es ein landesherrliches Recht und Pflicht seye, das gemeine Beste auf diese oder jene Weise zu befördern, wie auch das, so demselben zuwider ist, zu verhindern, oder abzustellen." In: Moser, Landes-Hoheit in Policey-Sachen (wie Anm. 10), S. 5.

[73] Vgl. dazu grundlegend Michael Stolleis, Geschichte des öffentlichen Rechts in Deutschland. Bd. 1: Reichspublizistik und Policeywissenschaft 1600–1800, München 1988, S. 369–374.

zieller Funktionsbereich ausdifferenzierte, welcher der inneren Sicherheit und hier speziell dem Schutz des Staates und seiner Verfassung diente. Merkwürdigerweise wird dieser Aspekt in den Darstellungen zur Entwicklung frühneuzeitlicher 'Policey' und 'Policeywissenschaft' kaum beachtet. Wenn aber 'Policey' Staatlichkeit stiftete, liegt die Frage nahe, an welchen Punkten die Lehre von der 'Policey' ein Augenmerk für den Schutz eben dieses Staates entwickelte.

Dazu bedurfte es nicht erst jener epochalen Gefährdungen, welche von der Französischen Revolution ausgingen. Bereits Johann Heinrich Gottlob von Justi widmete in seiner Policey-Wissenschaft der „Erhaltung der Ruhe und Verhinderung der Selbsthülfe, Rottirungen und innerlichen Unruhen" eine eigene Abteilung unter der Überschrift: „Von der innerlichen Sicherheit".[74] Er schrieb nicht für einen speziellen Staat, sondern für das Gemeinwesen überhaupt, wenn er „die Ruhe und Sicherheit in der Republik" im Auge hatte. Eben die Erhaltung der innerlichen Ruhe sei „ein hauptsächlicher Gegenstand der Policey". Überdies gehöre es zur 'Policey' als einem besonderen Werkzeug der Staatskunst, Absichten und Gesinnungen der Untertanen gegeneinander und *gegen den Staat* zu beobachten, die entstehenden Partheyen und ihre Bewegungen zu entdecken und in ihrer Geburt zu ersticken". Es sollten „alle *innerliche Unruhen* vermieden und die vorgesetzten Endzwecke der Regierung zu Beförderung der Glückseligkeit des Staats erreichet werden".[75] Nicht erst bei Joseph II. mischten sich Beglückungstendenzen des Fürsten mit der Sorge, die unaufgeklärten Untertanen möchten gegen die praktische Ausführung der wohltätigen Endzwecke rebellieren. Vor dem zeitlichen Erfahrungshorizont von 1759 gingen solche Staatsgefährdungen in den Augen Justis aus von Tumult, Volksauflauf, von den Versammlungen der Freimaurer, der Herrenhuter „und anderer Schwärmer", und dies speziell vermittelt durch aufrührerische Reden und Schriften. Freilich habe die Existenz der stehenden Heere die Neigung der Untertanen zu Empörungen erheblich gemindert.

Die Sorge um die „innerliche Sicherheit" betrachtete Justi als Aufgabe der „Landes-Policey". Er berührte hier eine Frage der Reichspublizistik und Polizeilehren, wie 'Policey' nach unterschiedlichen Handlungsebenen zu bestimmen sei. Sie spiegelte die doppelgliedrige Staatsbildung auf Reichs- sowie auf Territorial- und Kommunalebene wider. 'Reichspolizey' war eher als Desiderat und Torso denn als wirkungsmächtige Realität vorhanden. Bereits der Westfälische Friede ermahnte zur Reform und knüpfte an die letztmalige Reichspolizeiordnung von 1577 an. Die Aufgabe wurde an den kommenden Reichstag verwiesen, aber nicht realisiert. Die Wahlkapitulationen von 1663, 1690 und 1790 wiederholten das Bedürfnis nach einer „verbesserten Reichspolizeyordnung", doch für diese Tatsache fand der gelehrte Pütter nur den lakonischen Kommentar: „Den meisten Reichsständen scheint mehr ihre eigne Landespolizey als eine allgemeine Reichspolizey am Herzen zu liegen."[76] Auch in den Reichspolizei-

---

[74] Vgl. Johann Heinrich Gottlob von Justi, Grundsätze der Policey-Wissenschaft, Göttingen 21759, S. 252.

[75] Ebd., S. 269 f.

[76] Johann Stephan Pütter, Geist des Westphälischen Friedens, Göttingen 1795, S. 525.

ordnungen entdeckt man unter dem Konglomerat der Normierungen nur Rudimente des Staatsschutzes. Immerhin bleibt bemerkenswert, daß die Notwendigkeit eines Schutzes von Kaiser und Reich innerhalb dieser Materie überhaupt gesehen wurde. Das war speziell im Bücherwesen der Fall. Moser betonte die Aufgabe sämtlicher Reichsgesetze, -abschiede, -ordnungen, kaiserlicher Patente und der Tätigkeit der kaiserlichen Frankfurter Bücherkommission, die er — gründlich, wie er arbeitete — aufzählte,[77] alles zu verbieten, „welches der Lehre der christlichen Kirche *und denen Reichsabschieden*, auch Religionsfrieden *zuwider*, oder aufrührisch, oder schmählich wäre". Die unseligen Religionsstreitigkeiten hatten den Schutz gegen Schmähungen in Religionssachen notwendig werden lassen. Das Neuartige im Hinblick auf den Schutz des Reiches hingegen lag in der Formulierung des kaiserlichen Patents vom 18. Juli 1715, ein *„Anzäpfen der Reichsgrundgesetze"*, das heißt einen Angriff darauf zu verhindern.

Für die Entwicklung der Territorien bedeutsamer war die Unterscheidung zwischen 'hoher' und 'niederer' Polizei. Unter dem Einfluß des napoleonischen Protektorats im Rheinbund engte sich der Begriff der 'Hohen Polizei' ein auf das Wirkungsfeld einer politischen ausforschenden Geheimpolizei.[78] Ursprünglich meinte der Begriff jedoch die Polizei der Landesherrn, welche aus „gewissen", nur dem Landesherren vorbehaltenen Gerechtsamen und der Oberaufsicht über die 'niedere' Polizei bestehe. Die 'niedere Policey' hingegen gehöre den „Unterobrigkeiten" (Moser), speziell dem landsässigen Adel und den Städten.[79] Angelegenheiten des Buchdrucks und der Druckereien wurden insbesondere der landesherrlichen Aufsicht zugehörig angesehen, und das ausdrücklich wegen ihrer Bedeutung *für den Staat*, da durch sie „vil gutes, aber auch sehr vil böses, in einem Staat gestifftet werden kann".[80] Das Augenmerk galt dem Staat als Ganzem, nicht dem Stand.

Ein Jahr vor Ausbruch der Französischen Revolution hatte Johann Heinrich Jung (genannt Stilling) unter dem vielgliedrigen Panorama der 'Polizeien' den Bereich eines Staatsschutzes der „Polizey der regierenden Gewalt" zugewiesen, die andernorts auch 'Hohe' oder 'Landes-Policey' hieß. Hier definierte er den Anspruch des Staates auf das Politik- und Polizeimonopol, das jede entgegenwirkende Kraft zu unterdrücken verpflichtet sei.[81] Die Vorboten der Revolution schienen sich anzukündigen, wenn Jung als innere Gefährdungen nicht lediglich übereilte Gesetze und Verordnungen erblickte — wie dem „aufgeklärten Abso-

---

[77] Moser, Landes-Hoheit in Policey-Sachen (wie Anm. 10), S. 64 f.

[78] Vgl. Siemann, „Deutschlands Ruhe, Sicherheit und Ordnung" (wie Anm. 25), S. 57−61.

[79] Die 'niedere Policey' umfasse solche Aufgaben, welche den „mit Land und Leuten abgefundenen nachgebohrenen Herrn, imgleichen Landsassen, Stattmagistraten und anderen Unterobrigkeiten [!] überlassen werden"; Moser, Landes-Hoheit in Policey-Sachen (wie Anm. 10), S. 5. Vgl. dazu auch die Formulierung Störmers, Territoriale Landesherrschaft (wie Anm. 26), S. 90: „Landespolizey, auch Ober- und hohe Polizey, wird als Substrat der Landeshoheit begriffen".

[80] Moser, Landes-Hoheit in Policey-Sachen (wie Anm. 10), S. 64.

[81] Johann Heinrich Jung, Lehrbuch der Staats-Polizey-Wissenschaft, Leipzig 1788, S. 247: „Wenn es also ausgemacht ist, daß die Polizey durchaus keine Kraft im Staat dulten darf, die der regierenden Gewalt entgegen würkt, so ist ihre Pflicht eben so groß, auch auf alle Mittel scharf zu wachen, und im Keim zu ersticken, die jene Kraft erwecken, und befördern können."

lutismus" gemäß, sondern Unruhen, Zusammenrottungen, Ausbrüche „einer Art von Rebellion", die mit Waffengewalt niederzuschlagen seien und bei denen die Polizey „besonders auf die Rädelsführer und Aufwiegler aufmerksam seyn" müsse.[82] Die Spuren der Staatsvertragslehre traten offen zutage, indem Jung den Schutz des Staates höher als den des Monarchen stellte und erwog, daß ein Fürst auch gegen die Interessen des Staates und seiner Bürger handeln konnte. Es war die „sehr schwere Frage: darf denn ein Volk seinen Regenten nicht absezzen, wenn er durchaus und allgemein anerkannt übel regiert?"[83] Jung bejahte dieses im Prinzip, wenn auch mit großen Vorbehalten.[84] Seine „Staats-Policey-Wissenschaft" geriet — wie die Gesetzgebungswissenschaft des späten 18. Jahrhunderts überhaupt — letztlich in den „Zwiespalt zwischen den Gestaltungszielen der kameralistisch-polizeilichen Tradition und dem neueren Bemühen um eine Eindämmung absolutistischer Gesetzgebung".[85]

VII. Staatspolizei unter Joseph II.

Über die institutionellen Ansätze eines Staatsschutzes im Bereich der Zensur, über die Unterscheidungen der alten Polizeiwissenschaft weit hinaus gingen die Bestrebungen des österreichischen Kaisers Josephs II. Zwar hatte er sich vorübergehend an einer Liberalisierung der Pressefreiheit versucht, doch maß er die Freiräume der Meinungs- und Glaubensfreiheit „letztlich am Dienst für das Gemeinwohl oder am 'Vorteil' oder 'Gewinn' für den Staat".[86] Deshalb sind Zweifel an dem Kaiser als „genuin aufgeklärtem Herrscher"[87] spätestens von dem Zeitpunkt angebracht, als er versuchte, die wachsenden Widerstände gegen die Wucht seiner Reformen mit staats- und geheimpolizeilichen Methoden zu kontrollieren und zu unterdrücken.

Sorgen, die eigene Beamtenschaft könne sich bei der Durchführung seiner Verordnungen als unzuverlässig erweisen, veranlaßten ihn, ein gegen die Untertanen und die Beamten in gleicher Weise dienliches Organ einzurichten — die Kernzelle einer zentralen polizeilichen Überwachungsbehörde. Die maßgebliche organisatorische Kraft entwickelte dabei Johann Anton Graf von Pergen, vom Kaiser 1782 zum „Staatsminister in inneren Geschäften" ernannt. Er legte die organisatorische Grundlage für die dann später im Jahre 1793 errichtete berüchtigte Polizeihofstelle, kurzum für „jenes berüchtigte System polizeilicher Über-

---

82 Ebd., S. 248.
83 Ebd., S. 226.
84 Das sei ein „sehr selten" eintretendes Recht, zumal es problematisch sei, ob das Volk ein kompetenter Richter sei; Jung zweifelte nicht zuletzt am bäuerlichen Sachverstand.
85 So Reiner Schulze, Policey und Gesetzgebungslehre im 18. Jahrhundert (Schriften zur Rechtsgeschichte, Heft 25), Berlin 1982, S. 149.
86 So Günter Birtsch, Der Idealtyp des aufgeklärten Herrschers. Friedrich der Große, Karl Friedrich von Baden und Joseph II. im Vergleich, in: Günter Birtsch (Hg.), Der Idealtyp des aufgeklärten Herrschers (Aufklärung, Bd. 2, 1987, Heft 1), S. 9—47, S. 19.
87 Ebd., S. 47.

wachung und Bevormundung [...], das dem Staate Franz' II. seine Signatur gegeben hat".[88]

Bezeichnenderweise begannen die Maßnahmen bei denjenigen Foren, welche von den Vertretern aufklärerischer Postulate bevorzugt wurden: bei der öffentlichen Meinung und den entstehenden gesellig-politischen Vereinen, die durch die nun angebahnte Repressionspolitik als Geheimgesellschaften in den Untergrund gedrückt wurden. Den ersten Schritt in diese Richtung unternahm der Kaiser im Dezember 1785 mit seinem Patent gegen die Freimaurer. Es ermächtigte die Polizeibehörden, die Aktivitäten aller Logen zu überwachen und deren offizielle Registrierung zu verlangen.[89]

Pergen errichtete in allen Kronländern staatliche Polizeiverwaltungen, indem er in den Hauptstädten der Provinzen zwischen 1785 und 1787 staatliche Polizeidirektionen begründete und diese je mit einem geschulten Polizeikommissar besetzte. Dieser war dem Landeschef (Statthalter) unmittelbar untergeben, konnte aber in Sachen der „geheimen Polizei" auch direkt mit Pergen korrespondieren.

Im Jahr der Revolution hatte Pergen sämtliche Polizeikompetenzen in seiner Hand zusammengeführt und regierte de facto von einem Polizeiministerium aus. Innerhalb weniger Jahre hatte er das ganze Reich mit „einem dichten Netz polizeilicher Einrichtungen" überzogen.[90] Das Ministerialbüro an der Spitze, unterstützt von der Wiener Polizeioberdirektion, befehligte nunmehr alle Polizeidirektionen in den Provinzialhauptstädten und hatte einen Zugriff bis in die Kleinstädte, auf Märkte und auf das flache Land.

Die Geburtsstunde einer modernen Geheimpolizei lag im Jahre 1786; als ihre Geburtsurkunde hat eine von Pergen an die Landesgouverneure gerichtete „Geheime Instrukzion" zu gelten, in welcher die Untergebenen mit den Zwecken und Mitteln einer geheimen Polizei vertraut gemacht wurden.[91] Als allgemeine Richtschnur schickte sie in aufgeklärt-absolutistischer Manier voraus:

Nur durch gut eingeleitete Polizey-Anstalten kann die innere Ruhe, Sicherheit und Wohlfahrt des Staates gegründet werden. Je weitschichtiger eine Monarchie ist, desto mehr liegt daran, solche Polizey-Anstalten einzuführen, die einförmig, zusammenhängend und dadurch tauglich seyen, die Übersehung im Ganzen und allen Theilen beständig zu erhalten.

Die Tendenzen dieser Instruktion waren ambivalent, indem sie wohlfahrtspolizeiliche Absichten älterer Kameralistik verbanden mit etwas völlig Neuartigem, das dieses Dokument zur Geburtsurkunde der modernen politischen Geheimpolizei macht, wie sie später zunächst unter dem Wohlfahrtsausschuß der Jakobi-

---

[88] So Friedrich Walter, Die Österreichische Zentralverwaltung, Abt. II, Bd. 1,2,1, Wien 1950, S. 54.

[89] Vgl. grundlegend zur Josephinischen Polizei Ernst Wangermann, From Joseph II to the Jacobin Trials. Government Policy and Public Opinion in the Habsburg Dominions in the Period of the French Revolution. Oxford 1959 (dt. Ausgabe Wien, Frankfurt, Zürich 1966), hier S. 37–44.

[90] Walter, Zentralverwaltung, Abt. II, Bd. 1,2,1, S. 62.

[91] Abgedruckt bei August Fournier, Kaiser Joseph II. und der „geheime Dienst". Ein Beitrag zur Geschichte der österreichischen Polizei, in: ders., Historische Studien und Skizzen, 3. Reihe, Wien, Leipzig 1912, S. 1–16.

ner und unter Napoleons mächtigem Minister Fouché tätig war. Darüber hinaus kann die Instruktion gewissermaßen als heuristisches Instrumentarium dienen, um aus ihren Merkmalen die Grundzüge einer entstehenden politischen Polizei der deutschen Bundesstaaten nach 1815 zu entwickeln.[92] Als solche Merkmale kristallisierten sich heraus:[93]

— Schutz des Staates als Ganzen (Gegenhandlung: Staatsverrat);
— Ausrichtung der geheimen Polizei gegen das Landesinnere und die eigene Bevölkerung; Beobachtung der 'Volksstimmung';
— Erfassung der Bevölkerung als geschlossenen — nicht mehr ständisch gegliederten — Untertanenverband: als Staatsvolk;
— darin Eingrenzung eines nun auch so bezeichneten 'inneren Feindes', auch 'Staatsfeind' genannt;
— Institutionalisierungstendenz und Abhebung von der gewöhnlichen Exekutivpolizei, erkennbar im Verständnis als speziellem 'Dienst' mit eigenem Stab (Konfidenten), eigenen Techniken (zum Beispiel Verdächtigtenkarteien) und Methoden (zum Beispiel präventivem, ausforschendem statt exekutivem Vorgehen), die Schulung und besondere Fähigkeiten voraussetzten.

Es ist hervorzuheben, daß die wesentlichen Formen dieser politischen Geheimpolizei noch drei Jahre *vor* Ausbruch der Französischen Revolution festlagen. So sehr die langfristigen Wirkungen der Revolution später in der Habsburgermonarchie, in den Rheinbundstaaten und den Ländern des Deutschen Bundes den staatspolizeilichen Reaktionen eine neue Qualität verliehen, gehörte doch jenes Geschöpf von 1786 mehr dem mit naturrechtlichen Ideen von der Staatswohlfahrt verbrämten Absolutismus an. Eine wichtige Errungenschaft der Aufklärung hatte *diese* Art der Staatspolizei abgestreift: die Vorstellung von der befreienden, rechtssichernden Wirkung der öffentlichen Meinung. Aber auch die ältere, in der deutschen Reichspublizistik und Rechtstradition verankerte Ansicht war verdrängt, daß Staat zugleich auch immer Rechtsordnung sei, die in Despotismus und Anarchie pervertieren könne, so daß wahrhafter Staatsschutz stets auch Schutz der rechtlichen Verfassung eines Gemeinwesens bedeute. Man kann auch in dem Verzicht auf diese beiden Elemente ein Stück Modernität erkennen, mit der der bürokratische Etatismus auf dem Gebiet der politischen Polizei bereits die älteren Traditionen des Reichsrechts und der Aufklärung hinter sich gelassen hatte. Fortan stellte sich unter allen Systemen mit Konstitutionen das Problem — im Deutschen Bund seit 1815 —, wie ein aus dem Rechtssystem gelöster Geheimer Dienst überhaupt in den Staat einzubinden und zu kontrollieren sei. Rechtsstaatlich argumentierende Liberale des Vormärz neigten deshalb dahin, auf eine geheime — 'Hohe' — Polizei jeglicher Art zu verzichten, es sei denn, sie diene zugleich dem Staats- und Verfassungsschutz, mithin der Verteidigung des Rechtsstaats:

---

[92] Vgl. hierzu die Interpretation der „Geheimen Instrukzion" bei Siemann, „Deutschlands Ruhe, Sicherheit und Ordnung" (wie Anm. 25), S. 42–48.
[93] Das folgende ebd., S. 45.

„Die höhere Polizei also tritt in Wirksamkeit, wo die Existenz des Staats, die Erhaltung seiner Verfassung, das Ansehn der Gesetze und die Sicherheit des Oberhauptes und der Behörden des Staats gefährdet ist.[94]

Ohne daß es dem gelehrten Autor bewußt gewesen sein mußte, trafen sich in seinem rechtsstaatlich gebändigten Begriff von Staatspolizei jene Traditionen des älteren Reichsrechts und der politischen Aufklärung. Die realisierte etatistische Variante Josephs II., Fouchés, der Rheinbundfürsten und der nachfolgenden repressiven Bundespolitik hingegen erfüllte die Liberalen mit der Erfahrung neuartiger 'Polizeistaatlichkeit', welche allumfassende geheime Überwachung und Kontrolle meinte, den ursprünglichen Charakter einer 'Wohlfahrtspolizei' abgestreift hatte.

Der Beitrag untersucht für das Heilige Römische Reich und die entstehenden modernen Territorialstaaten jene frühneuzeitlichen Traditionen, welche den Schutz des 'Staates' und seiner Verfassung gewährleisten sollten. Das Reich entwickelte bereits während der Reformationszeit das Bild von einem 'inneren Feind' mit verfassungswidrigen Absichten und wurde gegen ihn besonders auf dem Feld der 'Bücherpolicey' tätig, während das Fehlen wirkungsvoller Institutionen des Reichsverfassungsschutzes — auch gegenüber fürstlichem Absolutismus — vielfach beklagt wurde. Allerdings konnte der Kaiser selbst als Verfassungsbrecher hervortreten, wie der Konflikt um die Bayerische Erbfolgefrage 1778/79 sichtbar machte. Die entstehende 'öffentliche Meinung' im letzten Drittel des 18. Jahrhunderts verschärfte angesichts neuer 'geheimer Gesellschaften' die Frage nach Staatsschutz und Staatsverrat. Die Territorien bildeten am frühesten Behörden staatsschützenden Charakters, die sich in Auseinandersetzung mit der Französischen Revolution von 1789 zu Keimzellen einer frühmodernen 'politischen Polizei' entwickelten, ein Vorgang, den die zeitgenössische 'Policey-Wissenschaft' theoretisch (etwa J. H. G. von Justi) schon vorweggenommen hatte. Neuartige Strukturen gegen den angeblichen 'inneren Feind', der sich vereinsmäßig organisierte und das Politikmonopol des absolutistischen Staats anzweifelte, entwickelte Joseph II. in Österreich, indem er die Traditionen des älteren Reichsrechts und der politischen Aufklärung im Bereich des Staatsschutzes zugunsten etatistischer Effektivität zurückdrängte und damit die Grundlagen der modernen 'politischen Polizei' legte.

With respect to the Holy Roman Empire and the modern territorial states which were developing this article investigates those early modern traditions which were supposed to guarantee the protection of the 'state' and of its constitution. Already during the Reformation the Empire had developed the concept of an 'internal

---

94 Vgl. C[arl] F[riedrich] W[ilhelm] Grävell, Ueber höhere, geheime und Sicherheits-Polizei, Sondershausen, Nordhausen 1820, S. 157; der ältere — im vorliegenden Aufsatz mit Moser charakterisierte — Gebrauch von 'hoher' Polizei als 'Landespolizei' war Grävell nicht mehr geläufig, da er 1820 meinte, das Wort habe „erst seit wenigen Jahren Eingang gefunden", ebd., S. 145.

enemy' with anticonstitutional intentions and especially fought against it in censuring books, while the lack of effective institutions for the protection of the constitution was often complained of, even with respect to princely absolutism. Even the Emperor himself could adopt the role of a violator of the constitution, as was demonstrated by the conflict in 1778/79 concerning the Bavarian succession. The 'public opinion' which was developing in the last third of the 18th century made the question of protection of the state and of treason against the state more pressing, given the existence of 'secret societies'. The territories were the first to set up entities for the protection of the state, which in the wake of the French Revolution of 1789 became germs of the early modern 'political police', whereby this had already been theoretically presaged by the 'police science' of the time, for example by J. H. G. von Justi. Joseph II. of Austria developed new safeguards against the supposed 'interior enemy' which was organizing itself into societies and brought the political monopoly of the absolutistic state into question. He did this by suppressing the traditions of the older Empire law and of political enlightenment in the realm of state security, and did so for the benefit of state effectiveness, thus laying a foundation for the modern 'political police'.

Prof. Dr. Wolfram Siemann, Neuere und Neueste
Geschichte, Universität Trier, D-54286 Trier

Maiestatem minuere est de dignitate aut amplitudine aut potestate populi aut eorum, quibus populus potestatem dedit, aliquid derogare.

Cicero, *De iuventute* II, 17

HELGA SCHNABEL-SCHÜLE

Das Majestätsverbrechen als Herrschaftsschutz und Herrschaftskritik

„Das Majestätsverbrechen ist ein Symbol der Macht; im römischen Recht gehört
es dem Volk und seinen Beamten, das ist die Republik. Von den Merowingern
bis zu den Staufern gehört es den Herrschern, das ist die absolute Monarchie;
und von Karl IV. an gehört es einer Zahl von Landesfürsten, das ist das heilige
römische Reich deutscher Nation [...]. "[1] Mit diesem Diktum skizzierte zu
Beginn des 20. Jahrhunderts ein Autor ebenso grob wie zutreffend das Majestätsverbrechen als Instrument des zum Staatsschutz eingesetzten Strafrechts.[2]
Demnach ist das Majestätsverbrechen ein politisches Delikt und als solches, ob
von der Täterseite oder von der strafverfolgenden Seite aus betrachtet, immer
nur im Rekurs auf die historische und politische Situation, in die es eingebettet
ist, zu verstehen und vor allem zu bewerten. Darüber hinaus erscheinen Majestätsverbrechen und Herrschaft aufs engste miteinander verknüpft, der historische Blick auf dieses Delikt läßt daher immer Rückschlüsse auf Ausübung wie
auch Akzeptanz von Herrschaft zu. So wie die Ahndung der Majestätsverbrechen einiges über das herrschaftliche Selbstverständnis verrät, so geben die Delinquenten durch ihre Tat den Blick auf den Charakter der Herrschaftsausübung
frei. Die Delinquenten übten durch ihre Tat Kritik an der spezifischen Form,
in der sie Herrschaft erfuhren, die sanktionierenden Instanzen mußten demon-
strieren, wie sie diese Äußerungen bewerteten und wie sie mit dem kritischen
Potential in der jeweiligen Gesellschaft umgingen. Dabei endet die politische
Dimension der Majestätsverbrechen natürlich nicht mit dem Heiligen Römischen
Reich, vielmehr lassen sich die Linien bis ins 20. Jahrhundert hinein ziehen. Die
spektakulärste Spielart des Majestätsverbrechen waren dabei seit jeher die
Anschläge auf die Person des Herrschers, die nicht selten weitreichende politische Auswirkungen hatten. Die Ermordung des russischen Zaren Peter III. stellte
im Siebenjährigen Krieg die Weichen völlig anders und führte schließlich zum
preußischen Sieg mit den bekannten langfristigen Auswirkungen.[3] Der Anschlag
auf Erzherzog Franz Ferdinand in Sarajewo am 28. Juni 1914 wurde bekannt-

---

[1] Otto Kellner, Das Majestätsverbrechen im deutschen Reich bis zur Mitte des 14. Jahrhunderts,
Halle 1911, S. 67.
[2] Wolfgang Piepenstock, Staatsschutz, in: Handlexikon zur Rechtswissenschaft, hg. von Axel
Görlitz, München 1972, S. 442–447, hier S. 442.
[3] Johannes Kunisch, Der Ausgang des Siebenjährigen Krieges, in: Zeitschrift für historische Forschung 2 (1975) S. 173–222.

Aufklärung 7/2   © Felix Meiner Verlag, 1994, ISSN 0178-7128

lich zum Anlaß für den 1. Weltkrieg, während die langfristige politische Bedeutung der Schüsse auf John F. Kennedy am 22. November 1963 in Dallas immer noch in der Diskussion ist.

Auf der anderen Seite haben auch die Bezichtigungen von Personen, ein Majestätsverbrechen begangen zu haben, als Mittel, um sie politisch zu desavouieren, Tradition. So wurde in der Weimarer Republik Reichspräsident Friedrich Ebert von politischen Kontrahenten des Landesverrates bezichtigt.[4] Ende des 17. Jahrhunderts erstatteten wissenschaftliche und persönliche Gegner Anzeige wegen Hochverrat gegen Christian Thomasius, mit dem Erfolg, daß dieser seine Lehrtätigkeit quittierte und von Leipzig an die Universität Halle wechselte.[5]

Mit all dem sind freilich nur einzelne Aspekte des Delikts angesprochen, denn unter dem Begriff des Majestätsverbrechens sind unterschiedliche Straftatbestände zusammengefaßt, mit der Folge, daß kaum ein anderes Delikt begrifflich so schwer zu fassen ist. Weder eine genaue Abgrenzung der verschiedenen unter diesen Begriff fallenden Straftatbestände noch eine genaue Festlegung der anzuwendenden prozeßrechtlichen Vorschriften können stringent dargelegt und in ihrem geschichtlichen Wandel analysiert werden.

Der für die Strafrechtsgeschichte der Frühen Neuzeit so wirkungsmächtige Jurist Benedikt Carpzov hatte das *crimen laesae maiestatis* als das schlimmste Verbrechen bezeichnet, das Menschen begehen könnten, schließe es doch — da die Herrschaft von Gott eingesetzt sei — *Gotteslästerung* ein; *Vatermord*, weil der Herrscher auch pater patriae sei, *Betrug*, weil das Delikt einen Treubruch darstelle, und schließlich sei es auch ein *Verbrechen wider die Natur*, weil keine Herde ihren Hirten angreife.[6] Trotz dieser theoretischen Weite des Majestätsverbrechens hat man sich dem Phänomen bislang nahezu ausschließlich von der normativ-theoretischen Ebene genähert. Quellen und Belege, die über das Majestätsverbrechen als *konkrete Erscheinung abweichenden Verhaltens* Auskunft zu geben vermocht hätten, wurden indes kaum einmal berücksichtigt.[7]

Obwohl die strafrechtliche Praxis ausgeblendet wurde, herrschte aber weitgehende Einmütigkeit darüber, daß die fehlende klare Begrifflichkeit der theoretisch-legislatorischen Ebene in der Praxis Anlaß zu großer Härte und rigider Strafverfolgung und Strafzumessung gegeben habe,[8] und gewiß bargen die dargelegten

---

[4] Siehe dazu Michael Miltenberg, Der Vorwurf des Landesverrats gegen Reichspräsident Friedrich Ebert (Heidelberger Forum 62), Heidelberg 1989.

[5] Klaus Luig, Thomasius, Christian, in: Handwörterbuch zur deutschen Rechtsgeschichte Lfg. 33 [Bd. 5], Berlin 1991, Sp. 186—195, hier Sp. 186. — Vgl. ZEIT-Magazin Nr. 15, 3. April 1992, S. 58.

[6] Benedikt Carpzov, Practicae novae imperialis Saxonicae rerum criminalium, Wittenberg [1677], Pars 1 Quaestio 41 De poena laesae majestatis, S. 245 f.

[7] Die maschinenschriftliche Bonner Dissertation von Wolfgang Otte aus dem Jahre 1951, die nach Angaben Rehbachs „die historische Kriminologie des crimen laesae majestatis" untersucht, konnte ich leider nicht einsehen. — Bernd Rehbach, Der Entwurf eines Kriminalgesetzbuches von Karl Theodor Dalberg aus dem Jahre 1792 (Schriften zur Rechtsgeschichte 38), Berlin 1983, S. 133 Fußnote 3.

[8] So Eberhard Schmidt, Einführung in die Geschichte der deutschen Strafrechtspflege, Göttingen [3]1983, S. 181 f. — Christian Baltzer, Die geschichtlichen Grundlagen der privilegierten Behandlung politischer Straftäter im Reichsstrafgesetzbuch von 1871 (Bonner rechtswissenschaftliche Abhandlungen 69), Bonn 1966, S. 34. — Claus Ulrich Schminck, Hochverrat, in: Handwörterbuch zur deutschen Rechtsgeschichte Bd. 2, Berlin 1978, Sp. 179—186, hier Sp. 180.

Voraussetzungen diese Gefahr in sich. „Es genügt, daß das Verbrechen der Majestätsbeleidigung unklar ist, um die Regierung zum Despotismus entarten zu lassen", hatte auch Montesquieu kommentiert.[9] Gerade daher erscheint es aber wichtig, den Umgang mit dieser strukturellen Gefahr anhand der Praxis zu überprüfen. Vor allem unter der leitenden Fragestellung des vorliegenden Bandes scheint es geboten, das Schwergewicht der Betrachtung in das 18. Jahrhundert zu legen. In diesem Jahrhundert begann phasenverschoben die Person des Herrschers, auf den das *crimen laesae maiestatis* ursprünglich zugeschnitten war, in den Hintergrund zu treten, während sich gleichzeitig das Hauptaugenmerk auf die Sicherung des Staates zu richten begann.[10]

Meine Überlegungen zur Praxis des Majestätsverbrechens basieren dabei schwerpunktmäßig auf Erhebungen zum Herzogtum Württemberg.[11] Die aufgezeigten Trends wurden aber bei stichprobenartigen Erhebungen für andere Territorien durchaus bestätigt.

I. Zur geschichtlichen Entwicklung des Straftatbestandes sowie der strafprozessualen Sonderregelungen des Majestätsverbrechens

Die gesetzliche Regelung der Majestätsverbrechen in der Frühen Neuzeit knüpfte an Bestimmungen des römischen Rechts an, wobei nicht vergessen werden darf, daß *das* römische Recht eine Sammlung von gesetzlichen Regelungen darstellt, die in höchst verschiedenen historischen Kontexten entstanden sind.[12] Den Ausgang nahm die Regelung der Majestätsverbrechen von dem Bemühen, Handlungen zu sanktionieren, die dazu geeignet waren, die Macht Roms gegenüber äußeren Gegnern zu gefährden.[13] Unter Sulla wurden aber bereits innenpolitische Delikte als Majestätsverbrechen deklariert.[14] Im Corpus Iuris Civilis (Digesten 48,4) wird zwischen Angriffen auf den *populus romanus* und die *res publica* unterschieden. Erstere sind gleichzusetzen mit Angriffen auf den Staat, letztere mit Angriffen auf die Verfassung. Geschütztes Rechtsgut war die *maiestas populi*. Erst unter dem Prinzipat trat die Verlagerung des geschützten Rechtsgutes auf die *maiestas* des Herrschers ein, die den eigentlichen Anknüpfungspunkt der Tra-

---

9 Montesquieu, De l'esprit des lois (Buch XII Kap. 7), hg. von J. Brethe de la Gressaye, Bd. 2, Paris 1955, S. 118.

10 Heinz Holzhauer, Crimen laesae maiestatis (Majestätsverbrechen), in: Handwörterbuch zur deutschen Rechtsgeschichte Bd. 1, Berlin 1971, Sp. 648−651, hier Sp. 650.

11 Sie sind entstanden im Rahmen einer größeren Untersuchung zur Strafgerichtsbarkeit im Herzogtum Württemberg, Helga Schnabel-Schüle, Von Fall zu Fall. Bedingungen und Auswirkungen des Systems strafrechtlicher Sanktionen im frühneuzeitlichen Württemberg, Habilitationsschrift Tübingen 1990.

12 Friedrich-Christian Schroeder, Der Schutz von Staat und Verfassung im Strafrecht (Münchener Universitätsschriften, Reihe der Juristischen Fakultät 9), München 1970, S. 13.

13 Die Lex Appuleia um 101 v. Chr. ordnete die Bestrafung der Soldaten an, die in den Kämpfen gegen die Cimbern und Teutonen geflohen waren; die Lex Varia um 90 v. Chr. erklärte die Aufreizung von Bundesgenossen zum Krieg gegen Rom zum Majestätsverbrechen, Schroeder, Schutz, S. 15.

14 So in der Lex Cornelia aus dem Jahre 81 v. Chr.

ditionslinie zum Majestätsverbrechen der Frühen Neuzeit darstellt. Konkreter Bezugspunkt war die Constitution Kaiser Theodosius des Großen *Si quis imperatori maledixerit* aus dem Jahre 393 n. Chr., die ebenso in das Corpus Iuris aufgenommen wurde[15] wie die bereits vier Jahre später unter seinen minderjährigen Söhnen Honorius und Arkadius ergangene *Lex Arcardia*. Sie verfügte die Strafbarkeit bereits des Versuchs und aller vorbereitenden Handlungen, vor allem aber setzte sie fest, daß die Kinder von Majestätsverbrechern von allen Ämtern, vom Kriegsdienst und von jeder Art des Vermögenserwerbs auszuschließen seien.[16] Die Tradition der harten Bestrafung der Majestätsverbrechen schien damit bereits im römischen Recht anzusetzen. Dabei wird übersehen, daß schon die römische Rechtspraxis die Härte der legislatorischen Bestimmungen gemildert hatte.[17] Ausdrücklich wurde die Ignorierung des Delikts bei entsprechender Würdigung der Umstände nicht nur für zulässig, sondern für honorierungswürdig erklärt, und auch wenn der Fall strafrechtlich behandelt wurde, war er nicht selten mehr Vergehen als Verbrechen und das Strafmaß dementsprechend gering.[18]

Bezeichnenderweise führte Montesquieu in seinem *L'esprit des lois* gerade die Kaisersöhne Arkardius und Honorius als Beweise dafür an, daß über die Majestätsverbrechen auch großmütig hinweggesehen werden konnte, denn vor allem die Beleidigung der Person des Herrschers oder der Regierung mit Worten hätten schon diese beiden der Nachsicht für wert gehalten. Als Beleg zitiert Montesquieu aus der *Lex Arcadia*: „Hat er [der Delinquent] aus Leichtsinn geredet, muß man ihn verachten; geschah es aus Unverstand, muß man ihn beklagen; ist es eine Beleidigung, muß man ihm verzeihen. So werdet ihr die Sache auf sich beruhen lassen und uns davon Kenntnis geben, damit wir die Worte nach den Personen beurteilen und wohl abwägen, ob wir sie dem Richterspruch unterstellen oder übersehen sollen."[19]

Wichtig für die Traditionslinie des römischen Rechts hin zur Frühen Neuzeit ist zudem, daß als schwerwiegendste Verfehlung im Rahmen der Majestätsverbrechen in der römischen Rechtspraxis ganz eindeutig die Gemeinschaft mit dem Landesfeind galt, während der Ungehorsam nie im selben Maße als Staatsverbrechen angesehen wurde.[20]

Im *mittelalterlichen Recht* bestimmte weitgehend das Lehnsrecht Regelung und Ahndung der Tatbestände, die das römische Recht unter die Majestätsverbrechen rechnete. Damit gesellte sich zum Majestätsverbrechen der Tatbestand der *Untreue* sowie des *Verrats*. Einen Meilenstein auf dem Weg zur *frühneuzeitlichen* straf-

---

15 Constitutionen 9,7,1, Schröder, Schutz, S. 17.

16 Theodor Mommsen, Römisches Strafrecht (Systematisches Handbuch der deutschen Rechtswissenschaft 1,4), Leipzig 1899, S. 589.

17 Die für die verschiedenen Gattungen des Majestätsdelikts vorgesehene Strafe war in aller Regel die Todesstrafe in verschiedenen Exekutionsformen (Schwert, Feuer, Galgen) wie auch Relegation und Deportation, Schroeder, Schutz, S. 18 f.

18 Mommsen, Strafrecht, S. 589.

19 Constitutionen 9,7. Montesquieu, De l'esprit des lois, Buch XII Kap. 8 (wie Anm. 9), S. 120.

20 Mommsen, Strafrecht, S. 560. Diese Beobachtung muß für die Regierungszeiten despotischer Herrscher differenziert werden. Siehe die Beispiele für die uferlose Ausdehnung des Straftatbestandes unter der Regierung despotischer Herrscher bei Schroeder, Schutz, S. 16 f.

gesetzlichen Regelung des Komplexes der Majestätsverbrechen stellt die Goldene Bulle von 1356 dar. Sie übernahm in Kapitel XXIV fast wörtlich die *Lex Arcadia* und dehnte den strafrechtlichen Schutz erstmals vom Kaiser auf andere Fürsten, genauer die Kurfürsten aus. Diese Linie zog am Beginn der Frühen Neuzeit die Bambergische Halsgerichtsordnung weiter. Art. 132 regelte Majestätsverbrechen, die auf das Reichsoberhaupt zielten, während in Art. 133 mit der Eingangsformulierung „Wer sunst seinen herren mit Worten oder Wercken lester [...]" erstmalig alle Fürsten und Herren in den Straftatbestand des *crimen laesae maiestatis* einbezogen wurden. Diese Voraussetzung war für das Reich und die Territorien notwendig, damit die Ahndung der Majestätsverbrechen überhaupt als Instrument des Herrschaftsschutzes eingesetzt werden konnte. Eine Beschränkung auf Kaiser und Kurfürsten hätte in der Frühen Neuzeit das Majestätsverbrechen als Instrument des Herrschaftsschutzes untauglich gemacht. Die Tatsache, daß durch diese Formulierung die Landesherren gleichzeitig auf eine Stufe mit allen anderen Herren gestellt wurden, wird gemeinhin als Grund dafür angesehen, daß die Carolina als strafrechtliches Reichsgesetz 1532 diese Materie ungeregelt ließ,[21] obwohl sie in Art. 218 in anderem Zusammenhang die Geltung des *crimen laesae maiestatis* voraussetzte.[22] Man kann diese Auslassung der Carolina aber auch dahingehend interpretieren, daß die Regelung des Majestätsverbrechens eindeutig in den Bereich der Territorien verwiesen wurde, da der Schutz der Territorialherrschaft effektiv wohl nur durch innerterritoriale Bestimmungen geregelt werden konnte. Die territorialen Landrechte des 16. Jahrhunderts regelten denn auch, soweit sie einen strafrechtlichen Teil beinhalteten, das Majestätsverbrechen — und zwar in enger Verbindung mit dem Delikt der Gotteslästerung. Ganz eindeutig ist in Landrechten des 16. und 17. Jahrhunderts der Dekalog die Grundlage der Verbrechenssystematik.[23] Das Majestätsverbrechen wurde hier demnach in eine Systematik eingepaßt, aus der es erst im 18. Jahrhundert wieder herausgenommen wurde. Erst als der Herrschaftsschutz zum Staatsschutz wurde, nachdem der Herrscher nicht mehr als *Verkörperung*, sondern als *Inhaber* der Herrschaftsrechte verstanden wurde, war der Weg für eine Neuordnung der Staatsverbrechen frei. Der Schutz des Staates und der persönliche Schutz des Herrschers entwickelten sich im 18. Jahrhundert in der Theorie wie in der Praxis auseinander.

Die Carolina kannte nun zwar kein umfassendes *crimen laesae maiestatis*, gleichwohl haben etliche ihrer Artikel die Praxis des Majestätsverbrechens in der Frühen Neuzeit bestimmt.

Die Aufnahme des Tatbestandes der *Verräterei* in die Carolina im Art. 124 ist die erste quellenmäßig zu fassende Definition dieses Aspekts des Majestätsver-

---

[21] Johannes Martin Ritter, Verrat und Untreue an Volk, Reich und Staat, Berlin 1942, S. 157. — Schröder, Schutz, S. 23 f.

[22] Es geht dort um Aufhebung der Vermögenskonfiskation von Tätern, die zum Tode verurteilt wurden.

[23] Hellmuth von Weber, Der Dekalog als Grundlage der Verbrechenssystematik, in: Festschrift für Wilhelm Sauer zu seinem 70. Geburtstag, Berlin 1949, S. 44—70. Siehe auch Thomas Würtenberger, Zum strafrechtlichen Schutz von Fürst und Staat im Landrecht von Baden-Durlach (1622/1654), in: Festschrift für Eberhard Schmidt zum 70. Geburtstag, Göttingen 1961, S. 54—69.

verbrechens;[24] dabei ist die Anknüpfung an die mittelalterliche Rechtstradition unverkennbar. Gegenüber dem einfachen, ans mittelalterliche Lehnsrecht angelehnten Treubruch spezialisierte sich der Begriff der *Verräterei* aber früh dahin, daß die dem Opfer geschuldete Treue dadurch gebrochen wurde, daß der Täter zu einem feindlichen Dritten ein Verhältnis begründete und damit das Opfer an diesen Dritten verriet.[25] Nach der Carolina konnte die Verräterei zwar auch gegenüber Personen begangen werden, die keine Herrschaftsbefugnisse ausübten, die Strafe fiel in einem solchen Fall aber deutlich milder aus. Somit wurde der *Verräterei*tatbestand der Carolina zum Vorläufer des Straftatbestandes des *Landesverrats*, der erst in der neueren Rechtsgeschichte begrifflich als bestimmter Delikttyp begegnet.

Daneben regelte die Carolina jenseits der *Verräterei* das Majestätsdelikt indirekt durch die Definition selbständiger Delikttatbestände für Münzfälschung (Art. 111), Gefangenenbefreiung (Art. 180), Aufruhr (Art. 127) und Landfriedensbruch (Art. 129), wodurch der Straftatbestand des Majestätsverbrechens erstmalig eingeschränkt wurde. Diese strikte Trennung wurde allerdings in der Praxis nicht immer berücksichtigt,[26] vielmehr begannen, unterstützt durch die juristische Literatur der Folgezeit, diese Sondertatbestände wieder mit dem Majestätsverbrechen zu verschmelzen.[27] Damit wurde indirekt aber auch der Landfriedensbruch Bestandteil des Majestätsverbrechens.[28] Denn hier bot sich der Ansatzpunkt, die Bedrohung der Ruhe und öffentlichen Sicherheit des Gemeinwesens strafrechtlich zu verfolgen. So begann sich ein neuer Straftatbestand auszubilden, der am Ende des 18. Jahrhunderts das Majestätsverbrechen verdrängte.[29] Gleichzeitig entwickelten sich damit Bewertungsmaßstäbe für die Schwere eines Majestätsverbrechens hinsichtlich der Bedrohung der öffentlichen Ordnung und damit nach dem der Gesellschaft zugefügten Schaden.[30]

---

[24] Friedrich Schaffstein, Die allgemeinen Lehren von Verbrechen in ihrer Entwicklung durch die Wissenschaft des gemeinen Strafrechts, Berlin 1930, ND Aalen 1973, S, 112 ff.

[25] Holzhauer, Landesverrat (wie Anm. 10), Sp. 1424.

[26] Rehbach, Entwurf (wie Anm. 7), S. 133.

[27] Schroeder, Schutz (wie Anm. 12), S. 26.

[28] Dies ist schon im Mittelalter angelegt, denn das crimen laesae maiestatis spielte beim Mainzer Reichslandfrieden von 1235 wie auch beim Reichslandfrieden von 1467 eine zentrale Rolle. Siehe Winfried Trusen, Strafprozeß und Rezeption in: Peter Landau, Friedrich-Christian Schroeder (Hg.), Strafrecht, Strafprozeß und Rezeption (Juristische Abhandlungen XIX), Frankfurt am Main 1984, S. 29–118, hier S. 72 ff.

[29] Im Kriminalgesetzbuch von Toskana von 1786 wurden die Majestätsverbrechen abgeschafft (§ 62), aber alle Angriffe gegen Sicherheit, Freiheit und Ruhe der Regierung als öffentliche Gewalttätigkeit deklariert. Siehe Dieter Oehler, Wurzel, Wandel und Wert der strafrechtlichen Legalordnung (Münsterische Beiträge zur Rechts- und Staatswissenschaft, Bd. 1) [Berlin] 1950, S. 110 f. Nach Art. 149 des Preußischen Allgemeinen Landrechts wurde die Strafe für alle Verbrechen dann verschärft, wenn die Umstände der Tat die öffentliche Sicherheit, Ruhe und Ordnung gefährdeten. Thomas Würtenberger, Das System der Rechtsgüterordnung in der deutschen Strafgesetzgebung seit 1532 (Strafrechtliche Abhandlungen 326), Breslau, Neukirch 1933, S. 198.

[30] Dennoch wurde zumindest in der juristischen Theorie der animus hostilis als maßgeblich für das Majestätsverbrechen angesehen und nicht allein auf den gesellschaftlichen Schaden abgehoben. In der Folgezeit wurde dieser Aspekt dann aber zum vorherrschenden, Cesare Beccaria, Über Verbrechen und Strafen, nach der Ausgabe von 1766 übersetzt und hg. von Wilhelm Alff, Frankfurt am Main 1966, S. 64 f.

Weitaus wichtiger als die Übernahme der materiell-rechtlichen Bestimmungen aus dem römischen Recht war die der prozeßrechtlichen. Es bestand eine Reihe von strafprozessualen Sondervorschriften, die im Gemeinen Recht als sogenannte *Singularitäten* große Bedeutung erhielten. Ihr Ursprung verweist auf den engen Zusammenhang zwischen Majestätsverbrechen und den Delikten der Gotteslästerung beziehungsweise der Häresie. Arcadius und Honorius erklärten die Häresie zum *crimen publicum* und rückten sie in engen Zusammenhang mit dem *crimen laesae maiestatis*.[31] Papst Innozenz III. wendete in seiner Ketzerdekretale von 1199 die gegen die Majestätsverbrecher erlassenen Kaisergesetze durch Analogieschluß auf die Häretiker an, mit der strafprozessualen Folge, daß künftig zunehmend bei der Bestrafung des Majestätsverbrechens Inquisitionsprozeß und Folter angewendet wurden.[32]

Zu den *Singularitäten* gehörten neben dem Wegfall einschränkender Bestimmungen für die Anwendung der Folter unter anderem die Gleichsetzung von Versuch und vollendeter Tat sowie mit Mitwisserschaft und Tatbeteiligung, die Zulassung von in normalen Verfahren nicht zugelassenen Zeugen, die Einschränkung der Verteidigungsrechte der Angeklagten, das heißt also die Möglichkeit eines von der Norm abweichenden Verfahrens. Die italienischen Strafrechtswissenschaftler des 16. Jahrhunderts tradierten diese Sonderregelungen und wirkten damit als Vorbild für die deutsche Strafrechtswissenschaft des 17. Jahrhunderts, insbesondere für Benedikt Carpzov, der die Lehre von den *Singularitäten* übernahm,[33] sich dabei in weiten Teilen an die Ausführungen Tiberios Decianos anlehnend.[34] Trotz der unbestrittenen Bedeutung Carpzovs für die Strafgerichtspraxis der Frühen Neuzeit durch seinen unverkennbaren Einfluß vor allem auf die Konsilien der deutschen Juristenfakultäten wurde seine Auffassung von den *Singularitäten* nicht uneingeschränkt übernommen.[35] Die juristische Literatur der Folgezeit referierte diese Lehre mehr, ohne sich ihr dezidiert anzuschließen,[36] bis schließlich am Ende des 18. Jahrhunderts Johann Christian von Quistorp die Forderung nach der Abschaffung der *Singularitäten* in den program-

31 Trusen, Strafprozeß (wie Anm. 28), S. 45.

32 Dazu vor allem die Bestimmung Kaiser Heinrichs VII. aus dem Jahre 1312, daß künftig bei crimen laesae maiestatis der Inquisitionsprozeß anzuwenden sei. Trusen, Strafprozeß (wie Anm. 28), S. 70. — Aus der aufgezeigten Verbindung erklärt sich, daß bei der Abschaffung der Folter im letzten Drittel des 18. Jahrhunderts das Majestätsverbrechen fast immer ausgeklammert wurde.

33 „Proceditur in hoc crimine summarie & de plano, sine strepitu & figura judicii". Carpzov, Practicae (wie Anm. 6), S. 246.

34 Ritter, Verrat (wie Anm. 21), S. 212. — Tiberius Decianus (1509–1582), sein Hauptwerk „Tractatus criminalis" — erst nach seinem Tod 1590 von seinem Sohn herausgegeben — entwickelt erstmals allgemeine Lehren vom Verbrechen. Der erste Teil des Werks gilt als erster wirklicher Allgemeiner Teil des Strafrechts. Schmidt, Strafrechtspflege (wie Anm. 8), S. 150, vgl. Ritter, Verrat (wie Anm. 21), S. 212.

35 Die juristische Literatur vor Carpzov stand der Lehre von den Singularitäten zurückhaltend gegenüber, siehe z.B. Heinrich Bocer, De crimine Majestatis, Tübingen 1608, S. 34 ff. Dieses Werk wurde auch nach dem Erscheinen von Carpzovs Practicae novae in den Gutachten der Juristenfakultät häufig zitiert, ebenso das fast zeitgleich mit Carpzovs Practicae novae erschienene Werk Caspar Ziegler, De juribus majestatis tractatus academicus, Wittenberg 1681, S. 37 ff.

36 So z.B. Christian Friedrich Georg Meister, Principia iuris criminalis Germaniae communis, Frankfurt, Leipzig 1755, hier benutzt die 6. Auflage von 1781, 328, S. 207.

matischen Satz faßte: „Diese Singularia, die bloß in den Meynungen einiger Rechtsgelehrter ihren Grund haben und durch Gesetze nicht bestätiget werden, sind billig als unstatthaft zu verwerfen."[37]

Die genaue Ausdifferenzierung der einzelnen Straftatbestände im Rahmen des umfassenden Straftatbestandes des Majestätsverbrechens in den Kodifikationen des 18. Jahrhunderts wurde bereits häufig behandelt.[38] Deswegen seien hier lediglich einige bemerkenswerte Aspekte herausgehoben. Auf den engen Zusammenhang zwischen Gotteslästerung und Majestätsverbrechen verweist auch die Stellung des *crimen laesae maiestatis* in der Legalordnung. Das erste Gesetzbuch, das nicht mit den Religionsdelikten einsetzte, war der Bayerische *Codex criminalis* von 1751.[39] Die drei preußischen Landrechte von 1620, 1685 und 1721 ordneten trotz inhaltlicher Weiterentwicklung die Delikte übereinstimmend an. Alle drei setzten an erste Stelle das *Laster der beleidigten Majestät*, das sowohl die Beleidigung der göttlichen als auch der weltlichen Majestät umfaßte. Die Anordnung aller weiteren Delikte orientierte sich am Dekalog.[40] Ein Wandel der Legalordnung war erst durch die Einwirkung der Aufklärung auf den Strafrechtsstoff möglich.[41] Erst zu dieser Zeit verloren die Delikte gegen die Religion ihre systembeherrschende Stellung, indem die Staatsverbrechen an ihre Stelle traten.[42]

Erstmals stehen sie in der *Josephina* von 1787 an der Spitze der Legalordnung. Eine genauere begriffliche Unterscheidung der unter den Begriff des Majestätsverbrechens zu subsumierenden Tatbestände brachte erst das Preußische Allgemeine Landrecht. Es ordnete die *Staatsverbrechen*, wie der Oberbegriff nun hieß, in vier Gruppen: *Hochverrat* zielte dabei auf die *gewaltsame Umwälzung der Verfassung eines Staates oder gegen das Leben oder die Freiheit seines Oberhaupts*, *Landesverrat* hingegen bedeutete, den Staat *gegen fremde Mächte in äußere Gefahr und Unsicherheit* zu setzen. Als *Verbrechen gegen die innere Ruhe und Sicherheit des Staates* galten Angriffe auf die Staatsautorität ohne verräterische Absicht, an letzter Stelle rangierten die *Verletzungen der Ehrfurcht gegen den Staat*, das *crimen maiestatis in specie*, das nun Majestätsbeleidigung genannt wurde.[43] Obwohl diese begriffliche Trennung nur in Preußen und erst spät im 18. Jahrhundert vollzogen wurde, kann man der Gerichtspraxis auch anderer Territorien entnehmen, daß diese begriffliche Trennung in der Praxis schon weitaus früher und auch außerhalb Preußens vollzogen wurde, ohne aber eben Niederschlag in normativen Quellen zu finden.

---

[37] Johann Christian von Quistorp, dessen Ausführungen über die Verwerflichkeit der Singularitäten am häufigsten zitiert werden, bietet die deutsche Übersetzung von Meisters Ausführungen, ohne ihn als Beleg anzuführen. Johann Christian von Quistorp, Grundsätze des deutschen Peinlichen Rechts, 1. Teil, Rostock und Leipzig 1794, § 155, S. 226 Anmerkung g, siehe dazu Rehbach, Entwurf (wie Anm. 7), S. 136.

[38] Eingehend bei Schroeder, Schutz (wie Anm. 12), S. 31 ff.

[39] Oehler, Wurzel (wie Anm. 29), S. 93.

[40] Ebd., S. 90 f.

[41] Ebd., S. 95.

[42] Würtenberger, System (wie Anm. 29), S. 163 f.

[43] Holzhauer, Landesverrat (wie Anm. 25), Sp. 1427.

II. Das Majestätsverbrechen in der Praxis: einfache Untertanen als Täter

Häufigstes Delikt war die Beleidigung des Herrschers mit Worten, wobei mit einiger Sicherheit die Fälle, die sich in den Akten niedergeschlagen haben, nur einen verschwindend kleinen Teil der wirklich vorgekommenen Beleidigungen ausmachten. Herrschaftskritik war ein Gesellschaftsspiel mit vielen Beteiligten, das nur die Gefahr in sich barg, daß einer der Beteiligten irgendwann einmal das Spiel beendete und sich bemüßigt fühlte, die Obrigkeit zu informieren. Dies war immer dann der Fall, wenn ein sozialer Konflikt entstanden war, in dessen Rahmen man sich in eine bessere Position bringen konnte, wenn man einen Kontrahenten der Majestätsbeleidigung bezichtigte. Nahezu allen aktenkundig gewordenen Fällen von Majestätsbeleidigung liegt dieses Muster zugrunde.

Für die Frühe Neuzeit ergab sich die dem Delikt zugrundeliegende Rechtsnorm aus dem biblischen Gebot des unbedingten Gehorsams gegenüber der von Gott eingesetzten Obrigkeit.[44] Widersetzliches Verhalten, in welcher Form es sich auch äußerte, stellte einen Angriff auf die göttliche Ordnung dar. Demnach war der Übergang von Gotteslästerung zur Majestätsbeleidigung fließend. Wer ständig gotteslästerliche Reden von sich gab, wer Gott in Frage stellte, dem waren gesellschaftliche Normen nicht mehr zu vermitteln. Es gab neben den christlichen Normen kein Mittel, die Untertanen zu konformem Verhalten zu bewegen. Wer die Grundlagen nicht anerkannte, war in seinem gesamten Verhalten unberechenbar. Paarten sich daher gotteslästerliche Reden mit Angriffen auf den Herrscher, waren die zu erwartenden Strafen weitaus härter, als wenn allein ein Majestätsverbrechen zu strafen gewesen wäre. Äußerungen wie „Wann einer einmal todt sey, so fühle man nichts mehr und seye alles aus, der Athem des Menschen sey seine Seel und wann der Atem auß, so sey alles aus"[45] oder „Es sey kein Teufel und Hölle, man mache die Leuthe nur fürchtend damit"[46] wie auch „Es ist kein Gott und kein Teufel, Gott ist im Geist; Himmel und Erde, Sonn und Mond, Laub und Gras seien nicht erschaffen worden, sondern kämen von sich selbst",[47] allesamt ausgesprochen von kleinen Handwerksleuten im ersten Drittel des 18. Jahrhunderts, denen man Unmutsäußerungen gegenüber dem weltlichen Herrscher mit dem Hinweis auf die zu erwartende göttliche Strafe für ihr Verhalten nachhaltig untersagen wollte, offenbaren das gefährliche Potential, das Ruhe und Ordnung im Gemeinwesen ernstlich zu bedrohen schien. Die Rechtsnormen wurden auch im 18. Jahrhundert religiös vermittelt. Während sich im 18. Jahrhundert die Systematik der Staatsverbrechen 'säkularisierte', blieb die Normenvermittlung weiterhin religiös gebunden.[48]

---

44 Röm. 13,1 f.

45 Hauptstaatsarchiv Stuttgart, A 209, Büschel 2077.

46 Ebd.

47 Hauptstaatsarchiv Stuttgart, A 309, Büschel 181. Vgl. auch das Beispiel bei Winfried Schulze, Deutsche Geschichte im 16. Jahrhundert 1500–1618, Frankfurt am Main 1987, S. 269.

48 Im „aufgeklärten" Preußen brachte Friedrich II., dessen säkulare Herrschaftsauffassung sprichwörtlich ist, diesen Sachverhalt 1779 folgendermaßen auf den Begriff: „Die Schulmeister müssen

Die gerichtliche Praxis vermittelt insgesamt den Eindruck, daß das Delikt der Majestätsbeleidigung wie kein anderes dem Herrscher Gelegenheit bot, seine landesväterliche Milde unter Beweis zu stellen. Hilfestellung dazu bekam er auch von den juristischen Autoren, die das *crimen laesae maiestatis* erörterten. Denn Montesquieu war keineswegs der erste, der die oben zitierten Stellen der *Lex Arcadia* bei der Behandlung des Majestätsverbrechens würdigte. Alle juristischen Schriftsteller der Frühen Neuzeit haben ihre Überlegungen dazu angestellt mit dem Ergebnis, daß sie eine Bestrafung dann für überflüssig hielten, wenn die Auswirkungen des zu ahndenden Verhaltens geringfügig waren.[49] Eine Beleidigung des Herrschers mit Worten wurde denn auch, das zeigt die Praxis deutlich, mit landesherrlicher Großmut behandelt. Falls die völlige Straffreiheit deswegen nicht als angemessene Sanktion erschien, weil zum Beispiel eine größere Öffentlichkeit die Äußerungen mitgehört hatte, wurden solche Fälle in aller Regel mit einer milden Polizeistrafe, Geldbuße oder kurzen Arreststrafe geahndet.[50] Die Ermessensspielräume, die „exceptionelle Verfahrensregelung"[51], bargen somit einerseits die Gefahr der Willkür, andererseits boten sie die Chance, angemessene, das heißt auf den Einzelfall und die jeweiligen Tatumstände abgestellte Strafen zu verhängen beziehungsweise überhaupt von der Strafverfolgung abzusehen. Nur wenn bei einem Majestätsverbrechen mehr als eine Person beteiligt zu sein schien, wurde der Fall mit größerer Sorgfalt behandelt. In einem Fall hatte sich ein württembergischer Untertan, als er erfuhr, daß sich in einem benachbarten hohenzollernschen Ort fremde Wildbretschützen aufhielten, gegenüber Einwohnern dieses Orts zu dem Kommentar hinreißen lassen, er habe gehört, daß diese Schützen von Wien geschickt worden seien, und es sei ihm recht, daß sie alles niederschössen, „wann sie nur den Euren [Landesherrn] auch niederschießen, wir wollten den unsrigen auch bald herunter klöpfen".[52] Die Sache wurde zunächst als Hochverrat eingestuft und der Delinquent einem eingehenden Verhör unterzogen, in dem man in regelmäßigen Abständen die Frage wiederholte, welche Personen er mit dem Pronomen „wir" gemeint habe. Schließlich konnte er durch seine Aussagen, wie vor allem die Tübinger Juristenfakultät durch die feinsinnige Argumentation ihres Gutachtens darlegte, glaubhaft machen, daß er die Worte „ex animi levitate, simplicitate atque incogitantia" ausgesprochen habe.[53] Zunächst aber witterten die Oberbehörden und auch der Herzog ein

---

sich Mühe geben, daß die Leute Attachement zur Religion behalten, und sie so weit bringen, daß sie nicht stehlen und morden" (Friedrich II. an Minister Zedlitz 5. September 1779), Friedrich der Große, hg. von Otto Bardong (Ausgewähle Quellen zur deutschen Geschichte der Neuzeit, Freiherr vom Stein-Gedächtnisausgabe, Bd. 22), Darmstadt 1982, S. 505. Das preußische General-Land-Schulreglement von 1763 sah als Unterrichtsmaterial für den Lese- und Schreibunterricht nach wie vor lediglich den Katechismus und das Neue Testament vor (§ 6 und § 19), ebd. S. 428 und S. 434 f.

[49] Siehe Anm. 34.

[50] Das bestätigen auch Befunde aus dem Kurfürstentum Bayern, wo diffamierende Reden über den Kurfürsten mit ein- bis zweitägigen Arreststrafen geahndet wurden, Hauptstaatsarchiv München, Kurfürstlicher Hofrat, 417, fol. 157 und 269 (Juni 1678) und Kurfürstlicher Hofrat, 442, fol. 260 und 293 (1684).

[51] Kellner, Majestätsverbrechen (wie Anm. 1), S. 71.

[52] Hauptstaatsarchiv Stuttgart, A 209, Büschel 189.

[53] Ebd., Gutachten der Juristenfakultät vom 7. August 1712.

Komplott und versuchten, die potentielle Gefahr sofort zu beseitigen, ehe es zu einer größeren Aufruhrbewegung kommen konnte. Der in der Carolina ausgesonderte Straftatbestand des Aufruhrs wurde demnach zur Bewertung der Gefährlichkeit eines Majestätsverbrechens mitherangezogen.[54]

Den häufigen Verzicht auf Strafverfolgung beziehungsweise die Verhängung von geringfügigen Polizeistrafen allein als Ausfluß landesherrlicher Milde zu bewerten, würde indes zu kurz greifen. Man muß auf der anderen Seite beachten, daß der Inhalt der Beleidigungen durch den Verzicht auf ein Strafverfahren nicht hinterfragt zu werden brauchte. Die Formulierung daß es „zu Evitirung alles Eclats rätlicher sein dörfte, über die ganze Sache den Vorhang zu ziehen",[55] kann in diesem Zusammenhang als symptomatisch gelten. Es gab keine Auseinandersetzung darüber, ob in den Vorwürfen gegen den Herrscher ein berechtigter Unwille zum Ausdruck kam.

Oft aber standen die Inhalte von Majestätsbeleidigungen in sehr enger Beziehung zur aktuellen innen- und außenpolitischen Situation des Territoriums, in dem sie begangen wurden. So wundert es nicht, daß im 18. Jahrhundert häufiger Gegenstand der Majestätsbeleidigungen die Praxis der Truppenaushebungen beziehungsweise der Handel mit Soldaten war. „Spitzbub, Schacherer, Seelenverkäufer" waren die wiederkehrenden Äußerungen von Untertanen in Territorien wie Hessen-Kassel und vor allem Württemberg, in denen die Praxis des Soldatenhandels tief in das soziale und politische Leben hineinwirkte.[56] In Württemberg kam erschwerend hinzu, daß seit dem 2. Drittel des 18. Jahrhunderts katholische Herzöge das einheitlich protestantische Land regierten. Dieses Faktum wurde bezeichnenderweise von den Untertanen fast immer als Erklärung für das Verhalten der Herzöge angeführt. Als beispielhaft dafür kann die Äußerung eines Vaters gelten, dessen Sohn man unter Carl Eugen, dem zweiten katholischen Herrscher, nachts zum Militärdienst geholt hatte: „Wann es also hergeht, daß man einem die Kinder hinwegnehmt, so wird's übel lauten. Mein Herr hat mir meinen Sohn genommen, nicht anderst also wie ein Schelm und Dieb, er wird's nicht besser machen als sein Vater und ist eben kein Glück, allweil so catholische Leut im Land seynd."[57] Oder im Zusammenhang mit kritischen Äußerungen über die desolate Finanzlage des Herzogs lautete der Vorwurf in einem anderen Fall: „Die Obrigkeit hat den völligen Fluch ins Land gesetzt und Gerechtigkeit und Segen hinausgejagt."[58] Die Strategie der strafverfolgenden Behörden bestand in solchen Fällen stets darin, die Angelegenheit zu beschränken. Die Einleitung eines peinlichen Prozesses verbunden mit der Einholung von juristischen Gutachten

---

54 Die Einbeziehung des Aufruhrs in die Majestätsverbrechen kennt schon der Klagspiegel von 1493 sowie die Wormser Reformation von 1498. Trusen, Strafprozeß (wie Anm. 28), S. 75.

55 Stellungnahme des Oberrats vom 23. Januar 1758 in einem Fall von Majestätsbeleidigung, der nicht weiter verfolgt wurde, Hauptstaatsarchiv Stuttgart, Büschel 1800.

56 Hans-Joachim Harder, Militärgeschichtliches Handbuch Baden-Württemberg, Stuttgart u.a. 1987, S. 42 ff.; siehe auch Gerhard Oestreich, Zur Heeresverfassung der deutschen Territorien von 1500 bis 1800, in: ders., Geist und Gestalt des frühmodernen Staates, Berlin 1969, S. 290–310, hier S. 307.

57 Hauptstaatsarchiv Stuttgart, A 209, Büschel 1588.

58 Hauptstaatsarchiv Stuttgart, A 209, Büschel 1452.

hätte eine eingehende Erörterung der vorgebrachten Anschuldigungen hinsichtlich ihres Wahrheitsgehaltes zur Folge gehabt. Dies konnte nicht im Interesse des Landesherrn liegen. Straffreiheit schaffte Wohlwollen bei den Delinquenten, und die Erleichterung darüber, daß sie glimpflich davongekommen waren, wird ihre Bereitschaft, ihre Anschuldigungen zu wiederholen, merklich gedämpft haben. Die *Singularitäten* der strafrechtlichen Verfolgung der Majestätsverbrechen wirkten sich damit zugunsten der Delinquenten aus. Die Landesherren benutzten die Möglichkeit, einen Fall ohne ein ordentliches Verfahren zu entscheiden, nicht dazu, willkürlich harte Strafen zu verhängen.

Die Handhabung des Majestätsverbrechens als Herrschaftsschutz funktionierte weitaus subtiler. Denn die Kehrseite der landesherrlichen Milde bestand darin, daß durch das Herunterspielen den Äußerungen der Untertanen die Spitze genommen wurde. Ein Untertan sollte und konnte über die Handlungen seines Landesherrn kein Urteil fällen, damit wurde das Urteilsvermögen der breiten Bevölkerung grundlegend in Frage gestellt. Der Dichter Daniel Friedrich Schubart, der später aus bis heute nicht völlig bekannten Gründen als nichtwürttembergischer Untertan durch einen detailliert ausgearbeiteten Plan des Herzogs auf württembergisches Territorium gelockt und auf dem Hohenasperg gefangengesetzt wurde, äußerte sich in einem Brief an einen Freund über das, was ihm zur Last gelegt wurde, folgendermaßen: „Ich bin mir keiner Ausschreitungen bewußt als einiger Dinge, die man hier zu Lande für Staatsfehler hält. Erstlich habe ich einmal in der Post eine Pfeife Tabak geraucht. 2tens im Concert mit einem Fernglas herumgesehen und 3tens legt man mir zur Last, daß ich mit zuviel Feuer in der Gesellschaft rede und mich erfreche zu *urteilen.*"[59]

Auch im Umfeld der Französischen Revolution begegnen bewußte Bagatellisierungen von kritischen Meinungsäußerungen mit Hinweis auf die beschränkte Einsichtsfähigkeit der Delinquenten. Als beispielhaft kann ein Fall aus den Jahren 1797–1802 gelten, bei dem ein württembergischer Schreiber aus seiner oppositionellen Haltung gegenüber dem Herzog keinen Hehl gemacht hatte.[60] Er nannte den Landesherrn einen Spitzbub und Seelenverkäufer, der 6000 Mann ausgehoben, sie ans Messer geliefert und in fremden Sold gegeben habe. Dies, so ließ er zudem verlauten, sei nicht etwa seine persönliche Meinung, „sondern davon sey jeder biedere Wirtemberger [...] überzeugt". Wenn er noch weiter belangt würde, könne er noch viele Männer anführen, die ebenso dächten wie er, und „übrigens sey die Wahrheit zu sagen nie eine Todsünde gewesen". In der juristischen Erörterung des Falls wurde zunächst kein Zweifel daran gelassen, daß diese Äußerungen eine harte Strafe verdient hätten, da „kein Unterthan unter keinerley Umständen berechtigt ist, die Regentenhandlungen seines Landesherrn, von denen er die Beweggründe nicht kennt, zu beurtheilen". Allerdings sei in gewisser Weise verständlich, daß die Drangsale, in die der Kriegszustand die Menschen gebracht habe, solche Äußerungen provoziere. Vor allem, da sie nicht fähig

---

[59] Hauptstaatsarchiv Stuttgart, A 202, Büschel 909. Vgl. Wilfried E. Schoeller, Schubart. Leben und Meinungen eines schwäbischen Rebellen, den die Rache seines Fürsten auf den Asperg brachte, Berlin 1979, S. 62.
[60] Hauptstaatsarchiv Stuttgart, A 309, Büschel 287.

seien einzusehen, warum Württemberg erneut in den Krieg gegen Frankreich eingetreten sei, sähen sie doch, daß andere Mächte durch Separatfriedensschlüsse ihre Länder von den schweren Lasten des Krieges zu befreien versucht hätten. Daß diese Separatfrieden dem Interesse der deutschen Fürsten schwer geschadet hätten und sie langfristig für das Land schädlicher seien als die Fortsetzung des Krieges gegen Frankreich, entzöge sich ihrem Urteilsvermögen. Außerdem hätten die Franzosen nach ihrem erneuten Einfall in Württemberg im Jahre 1800 alles darangesetzt, „das Volk zu überreden, daß die teutsche Fürsten einzig noch für das Interesse Englands gegen Frankreich stritten und der Hinblick auf andere zum Theil benachbarte Länder, welche damals das Glück des Friedens genossen, verursachten, daß ein Theil des Volkes überredet wurde".

Während der Rekurs der urteilenden Instanzen auf das mangelnde Urteilsvermögen der Delinquenten diesen immerhin Straffreiheit oder zumindest eine milde Strafe einbrachte, gab es, in anders gelagerten Fällen, auch die Möglichkeit, die Täter für unzurechnungsfähig zu erklären und sie in Sicherheitsverwahrung zu nehmen. So wollte Joseph II. in den vorbereitenden Diskussionen zur Constitutio Criminalis von 1787 die Majestätsverbrecher straflos lassen und sie dafür in Verwahrung nehmen. In der Gesetzgebungskommission von 1781 äußerte der Monarch: „Die Verbrecher, so sich der beleidigten Majestät schuldig machen, sind als Unsinnige zu behandeln und zu einem unbestimmten Arrest und harter Arbeit bis zu ihrer Besserung [...] anzuhalten." Der Vorschlag wurde für das Majestätsverbrechen zwar verworfen, für das Delikt der Gotteslästerung aber in der Tat in die Josephina aufgenommen.[61]

Als in der Landgrafschaft Hessen-Kassel im Jahre 1789 ein Ziegenhainer Advokat zur Revolution nach Pariser Vorbild aufrief,[62] verhängte der Landesherr zunächst entgegen den weitaus milderen Strafvorschlägen der Behörden eine lebenslange Zuchthausstrafe, ließ sich dann aber doch auf den Vorschlag der Regierung ein, den Delinquenten in ein Hospital einzuliefern, weil man nichts anderes glauben könne, „als daß es bey ihm im Kopf nicht richtig seyn müsse". Zudem habe diese Maßnahme den erfreulichen Nebeneffekt, daß „auch noch das Publicum überzeugt würde, daß in Hessen das, was den Anschein zu einer Aufwiegelung geben könne, nur von Leuten herrührt, die im Kopf nicht richtig seyen".[63]

Dies alles macht auch die Beobachtung verständlich, daß Fälle von Hoch- oder Landesverrat, den beiden schwerwiegendsten Tatbeständen des Majestätsverbrechens, nur von Personen begangen werden konnten, die eine wie auch immer geartete öffentliche Funktion ausübten. Der einfache Untertan schien eines solchen Delikts hingegen nicht deswegen unfähig, weil seine Anhänglichkeit an Staat beziehungsweise Herrscher für unerschütterlich gehalten wurde, sondern vielmehr deswegen, weil sein Urteilsvermögen als beschränkt angesehen wurde und

61 Zit. nach Ritter, Verrat (wie Anm. 21), S. 278.
62 Die Überlieferung des Falles findet sich im Staatsarchiv Marburg, 17 II, Nr. 821, fol. 3 ff., zit. nach Winfried Speitkamp, Die Landgrafschaft Hessen und die Französische Revolution, in: Hessisches Jahrbuch für Landesgeschichte 40 (1990) S. 145 – 167, hier S. 153 ff.
63 Speitkamp, Landgrafschaft, S. 154.

man ihm die Einflußmöglichkeit absprach, das zu bewirken, was den Hoch- oder Landesverrat ausmachte. Diese Unmündigkeitserklärung der Untertanen sicherte ihnen damit implizit ein Recht auf freie Meinungsäußerung zu, ohne daß sie mit ernsthaften strafrechtlichen Folgen hätten rechnen müssen.[64]

III. Das Majestätsverbrechen in der Praxis: öffentliche Personen als Täter

Ganz anders stellte sich hingegen die Sachlage bei *öffentlichen Personen* dar, bei ihnen konnte potentiell jede kritische Äußerung zum Hoch- oder Landesverrat erklärt werden.[65] Dies geschah zwar nicht immer, nicht einmal besonders häufig, aber es geschah immer dann, wenn eine politische, das heißt meist außenpolitische Konstellation hinzutrat, die den Verdacht des Hoch- beziehungsweise Landesverrats erklärlich machte.

Ein Persönlichkeitsschutz von Personen, die ein öffentliches Amt bekleideten, hatte sich in der Frühen Neuzeit noch nicht ausgebildet. Die Indemnität entstand in England zwar mit den Bill of Rights von 1689, während bis dahin Abgeordnete für ihre Äußerungen im Parlament verfolgt werden konnten. Die eigentliche Immunität[66] im Sinne des Schutzes von Abgeordneten gegen Freiheitsentzug und gerichtliche Verfolgung kannte aber erst die Französische Konsulatsverfassung von 1799 und danach die Charte constitutionelle von 1814, nach deren Vorbild diese Bestimmungen auch in die Verfassungen des deutschen Frühkonstitutionalismus Eingang fanden.[67]

Ein bemerkenswerter Fall außenpolitischer Beeinflussung des Rechtsganges eines Majestätsverbrechens ist die Inhaftierung des Staatsrechtlers und württembergischen Landschaftskonsulenten Johann Jakob Moser in den Jahren von 1759 – 1764, die im Zusammenhang mit dem württembergischen Ständekonflikt stand.[68]

---

[64] Als populärstes Beispiel für diese Zusammenhänge kann die Figur des braven Soldaten Svejk gelten, der unter dem Schutzmantel seiner Unzurechnungsfähigkeit, bewußt oder unbewußt, die beißendste Kritik an den gesellschaftlichen Zuständen seiner Zeit wie auch an der Obrigkeit zu äußern vermochte.

[65] Aus Preußen wissen wir im Zusammenhang mit Untersuchungen über das landesherrliche Bestätigunsrecht, daß es bei Fällen von Hoch- und Landesverrat zu Strafverschärfungen durch den Landesherren kam. Auch bei diesen Fällen handelt es sich ausnahmslos um Personen, die ein öffentliches Amt bekleideten oder die zumindest eine öffentliche Funktion ausübten. Vgl. Jürgen Regge, Kabinettsjustiz in Brandenburg-Preußen (Strafrechtliche Abhandlungen, Neue Folge 30), Berlin 1977, S. 161 ff.

[66] Die begriffliche Unterscheidung zwischen Indemnität und Immunität bildete sich erst im Laufe des 19. Jahrhunderts deutlich heraus, Adalbert Erler, Indemnität, in: Handwörterbuch zur deutschen Rechtsgeschichte, Bd. 2 Berlin 1978, Sp. 341–343.

[67] Bayern 1818, Baden 1818, Württemberg 1819. Danach gehörte der Immunitätsartikel allem Anschein nach zum festen Bestand: Sachsen 1831, Preußen 1848, Preußen 1850, Reich 1871, Weimar 1919, vgl. Erler, Indemnität, Sp.343.

[68] Es mutet wie ein Treppenwitz der Geschichte an, daß Johann Jakob Moser sich in seinen zahlreichen Schriften mehrfach zum Problem des Staatsschutzes geäußert und sich in diesem Zusammenhang eindeutig für die Aufrechterhaltung und Stärkung der Reichsverfassung als Schutz gegenüber landesfürstlichem Absolutismus ausgesprochen hat. Siehe dazu den Beitrag von Wolfram Siemann in diesem Band. Genau diese Konstellation wurde Moser selbst zum Verhängnis.

Während die Hintergründe des Ständekonfliktes erst jüngst umfassend aufgearbeitet wurden,[69] hat man sich keine Gedanken über die strafrechtliche Seite des *Falles Moser* gemacht.[70] Die Inhaftierung erschien als bloße landesherrliche Willkürmaßnahme, ein Straftatbestand damit als überhaupt nicht gegeben. Gab es aber wirklich keinen Straftatbestand, der die Inhaftierung — immer geurteilt aus dem strafrechtlichen Denken der damaligen Zeit — gerechtfertigt hätte? Um die Antwort vorwegzunehmen: Moser wurde — strafrechtlich gesprochen — des Landesverrats beschuldigt. Die Weigerung der Landschaft im Siebenjährigen Krieg, erneut Gelder für Truppen zu bewilligen, die der Herzog Österreich zugesichert hatte, bedeutete für den Herzog und vor allem für Österreich eine Begünstigung Preußens.

Am 20. August 1758 erging daher ein Schreiben Kaiser Franz I. an Carl Eugen, in dem der Kaiser darauf drängte, daß die Zeit der nachsichtigen Behandlung Mosers und der Landschaft vorbei sein müsse. Denn damit, daß die Landschaft in ihrer „sträflichen Widersetzlichkeit" beharre, erschwere sie den württembergischen Beitrag zu den Reichs- und Kreistruppen. Damit mache es die Landschaft dem Herzog unmöglich, „dem werthen teutschen Vaterland mit einer wachsenden Zahl von Kriegsvölckern zu Hilfe zu kommen". Der Kopf des Widerstandes sei Moser, der von der preußischen Partei und deren Anhängern angestiftet worden sei. Aus der Weigerung der Landschaft, die vom Herzog geforderte Geldzahlung zu bewilligen, wurde somit der Straftatbestand des Hoch- oder Landesverrats. Moser habe sich, so der Kaiser, „eines Verbrechens gegen das Reich schuldig gemacht, indem er sich von dem in der Empörung befangenen König in Preußen, Churfürsten zu Brandenburg und dessen Anhang zu einem schädlichen Werkzeug [...] hat gebrauchen lassen". Der Kaiser lobte zwar die Zurückhaltung und große Mäßigung des Herzogs in dieser Angelegenheit, warnte aber davor, daß die Landschaft diese Milde mißbrauchen könne. Die Verpflichtungen, die der Herzog gegenüber dem Reich habe, erforderten, „daß derley gefährliche Machinationes vollkommentlich entdecket, sofort die darunter Schuldige behörig bestrafet werden". Nach dieser kaiserlichen Verfügung hätten bei einem gerichtlichen Verfahren Moser und die Landschaft des Landesverrats angeklagt werden müssen. Dies war nur die letzte Konsequenz einer von Wien betriebenen Politik. Österreich drängte auf eine strafrechtliche Verfolgung der Moserschen Angelegenheit. Ausgangspunkt war eine Meuterei anläßlich der Truppenaushebungen in Stuttgart. Eine genaue Untersuchung der Gründe für diese Unruhen sollte, das Ergebnis stand von vornherein fest, ergeben, daß Mitglieder der Landschaft Schuld daran trügen. Eine groß angelegte Untersuchung, so der Reichsvizekanzler Rudolf Graf von Colloredo in seinem Vortrag an den Kaiser[71] in rea-

---

69 Gabriele Haug-Moritz, Württembergischer Ständekonflikt und deutscher Dualismus (Veröffentlichungen der Kommission für geschichtliche Landeskunde in Baden-Württemberg, Reihe B 122), Stuttgart 1992.

70 Dies gilt trotz detaillierter Schilderung der Vorgänge auch für Reinhard Rürup, Johann Jakob Moser (Veröffentlichungen des Instituts für europäische Geschichte Mainz 35, Abteilung Universalgeschichte), Wiesbaden 1965, S. 161 ff.

71 Haus-, Hof- und Staatsarchiv Wien Würtembergica 9, Reichshofkanzlei Vortrag vom 24. Juli 1757. Vgl. Haug-Moritz, Ständekonflikt (wie Anm. 69), S. 101 f.

listischer Würdigung der soziologischen Implikationen eines Strafprozesses, brächte es unweigerlich mit sich, daß der Verdacht auf den einen oder anderen der Minister wie auch auf Angehörige der Stände fallen müsse. Die weiteren Vernehmungen würden zu weiteren Verdachtsmomenten führen, und so ergebe sich der gewünschte große politische Prozeß gleichsam wie von selbst, auf „ungezwungene Art". Das ganze sollte in einen peinlichen Prozeß münden, und die Hauptbeschuldigten sollten schließlich zum Tode verurteilt und umgehend hingerichtet werden. Genau an diesem Punkt aber verschätzte sich Rudolf Graf von Colloredo beträchtlich. Er hielt die Einleitung eines peinlichen Prozesses für den einfachsten Weg, Österreichs Ziele zu verfolgen, aber im Herzogtum Württemberg bestanden nur enge Spielräume für willkürliche Eingriffe in Prozesse, und ein Ergebnis, wie Österreich es sich wünschte, war nur zu erreichen, wenn man das althergebrachte legale strafrechtliche Verfahren umging. Mit den *Singularitäten* des Majestätsverbrechens hätte man dieses Vorgehen in der zweiten Hälfte des 18. Jahrhunderts kaum mehr entschuldigen können, denn dem stand bereits eine Traditionslinie juristischer Autoren entgegen, die die *Singularitäten* verworfen hatten. Der Konflikt mit den Ständen hätte sich unweigerlich ausgeweitet. Wäre es letztlich gar zur Hinrichtung von Angehörigen der Landschaft gekommen, hätte das eine öffentliche Wirkung gehabt, die den österreichischen Intentionen klar entgegengestanden wäre. Indem der Kaiser das Strafverfahren und dessen Ausgang vorzuschreiben versuchte, verletzte er den Augapfel der württembergischen landständischen Verfassung, nämlich das im Tübinger Vertrag von 1514 zugesicherte Recht eines legalen Strafverfahrens für jeden Untertanen.

Der Herzog befand sich demnach in einem Handlungsdilemma. Seine spätere Versicherung, er habe die Untersuchung der Moserschen Sache nur deswegen so lange hinausgeschoben, um Moser zu schonen, muß man durchaus ernst nehmen. Denn wäre es nach der Vorstellung Wiens gegangen, wäre Moser zum Tode zu verurteilen gewesen. Ein Todesurteil war in Württemberg aber nur nach Durchführung eines rechtlichen Verfahrens inklusive der Einschaltung der Juristenfakultät in Tübingen, bei der Schwere des zu bestrafenden Delikts zusätzlich sogar der einer auswärtigen Fakultät, zu erreichen. Damit hätte die Mosersche Sache weitere Kreise gezogen, eine größere Öffentlichkeit wäre hergestellt worden, Konsequenzen, die die Pläne der österreichischen Diplomatie konterkariert hätten. Prekär geworden war die außenpolitische Situation für das zunächst an Preußen orientierte Württemberg durch den Wechsel der Allianzen, vollends unhaltbar wurde sie durch die Reichskriegserklärung gegen Preußen, der der württembergische Reichstagsgesandte bezeichnenderweise nicht zustimmte.[72] Die Umorientierung der herzoglichen Politik vollzog sich in den Jahren 1756/57. Mit der Hinwendung des Herzogs zu Österreich gewannen die sich verdichtenden Spannungen zwischen ihm und der Landschaft, die um Kosten, Aushebungen und Werbungen entstanden, eine außenpolitische Dimension. Die Ablehnung von Geldleistungen durch die Landschaft konnte als propreußische Politik ausgelegt werden. Der Straftatbestand des Landesverrats wurde aber in dem Moment gegen-

---

[72] Ebd., S. 120.

standslos, als Preußen nicht mehr länger als Feind Württembergs anzusehen war und das Mosersche Verhalten wie das der Stände nicht mehr als Feindbegünstigung deklariert werden konnte. Das heißt, die Situation änderte sich 1763 nach dem Friedensschluß grundlegend, was zur Folge hatte, daß Mosers Entlassung nachhaltig betrieben werden konnte.

Am 4. Oktober 1763 wandte sich die gesamte Landschaft in einem umfangreichen Anbringen an den Herzog in der Sache des „nun in das fünfte Jahr auf der Vöstung Hohentwiel ob causam publicam" inhaftierten Moser mit der Bitte um sofortige Freilassung. Der Herzog gebe als Grund für Mosers Verhaftung einige respektlose Ausdrücke in landschaftlichen Schreiben an, deren Verfasser Moser gewesen sei. Der Herzog möge sich aber daran erinnern, daß die Landschaft mehrfach unmißverständlich dargelegt habe, daß solche Eingaben nach reiflicher, verfahrensmäßig festgelegter Vorberatung zustande kämen und deswegen „pro re totius Collegium et Corporis Provincialis anzusehen seien und alle dißfalls vor einen Mann zu stehen" hätten.[73]

Carl Eugen versicherte unterm Datum des 15. Oktober 1763, er habe für die Verhaftung Mosers „nicht nur um eines, sondern um mehrerer factorum willen [...] rechtserhebliche Ursachen" gehabt. Auch sei die Verhaftung nicht willkürlich geschehen, vielmehr sei man mit „erforderlicher Vorerkandtnuß, denen damaligen Umständen, der Sache und seiner Person gemäs verfahren". Die weitere Untersuchung sei allein im Interesse Mosers, zu seiner „aignen Verschonung" ausgesetzt worden. Bei der Verhaftung seien „besondere Umstände" im Spiel gewesen, keineswegs handele es sich um eine Antastung der „Landes-Grundverfassung", das heißt eine Verletzung des Tübinger Vertrags könnten ihm die Stände nicht vorhalten.[74]

Am 30. Juli 1764 strengte die Landschaft eine förmliche Klage gegen den Herzog vor dem Reichshofrat in Wien an. Die Klage bestand insgesamt aus drei Gesuchen, unter anderem sollte Carl Eugen dazu gezwungen werden, den seit nahezu fünf Jahren inhaftierten Johann Jakob Moser freizulassen. Mosers Sohn kommentierte den Erfolg der landschaftlichen Klage beim Reichshofrat in realistischer Einschätzung der außenpolitischen Beeinflussung des Verfahrensausgangs: „So wenig Anno 1759 am Reichshofrat zugunsten der Landschaft und meines Vaters etwas auszurichten gewesen sein würde, so willkommen war im Jahre 1764 dem kaiserlichen Hof die Klage".[75] Moser wurde im September 1764 nach über fünfjähriger Haft entlassen und nahm seine Arbeit als Landschaftskonsulent wieder auf.

Ganz ähnlich gelagert war die zweite politisch begründete Gefangensetzung aus der Regierungszeit Carl Eugens, genauer aus der Zeit des Siebenjährigen Krieges. Der Kommandant Philipp Friedrich von Rieger wurde zu Unrecht des Hochverrats bezichtigt. Sein politischer Gegenspieler Graf Montmartin ließ einen angeblich vom Führer eines vor Württemberg liegenden preußischen Korps an

---

73 Anbringen der gesamten Landschaft, 4. Oktober 1763, Hauptstaatsarchiv Stuttgart, L 6 2.41.5.
74 Herzog an die Landschaft, 15. Oktober 1763, Hauptstaatsarchiv Stuttgart, L 6 2.41.5.
75 August Schmid, Johann Jakob Moser, Stuttgart 1868, S. 369.

Rieger gerichteten Brief anfertigen, worin diesem wie einem Verschworenen Preußens die Mitteilung gemacht wurde, daß das Korps im Begriff sei, in Württemberg einzurücken und im Einverständnis mit den württembergischen Prinzen und den Ständen den Herzog wegen seiner gegen Preußen begangenen Feindseligkeiten vom Thron zu stürzen.[76]

Die Strafe für Hoch- oder Landesverrat war in aller Regel die Festungshaft. Damit bildete sich diese zunächst für Personen höheren Standes vorgesehene Freiheitsstrafe bereits im 18. Jahrhundert als Strafe für politische Delikte heraus,[77] im Gegensatz zu Frankreich, wo erst die Französische Revolution und die Strafgesetzgebung der nachrevolutionären Ära die Abschaffung der Todesstrafe für das Majestätsverbrechen und die Einführung der Festungshaft (détention) für politische Straftäter mit sich brachten.[78]

Das Majestätsverbrechen hatte in der konkreten Praxis vor allem im 18. Jahrhundert erkennbaren Bezug zu außenpolitischen Ereignissen und Konstellationen. Rigide Strafverfolgung kannte man bei Personen, die ein Amt ausübten beziehungsweise die die Öffentlichkeit beeinflussen konnten. Bezeichnenderweise wurde auch bei letzteren mit außenpolitischem Bezug argumentiert und damit der Straftatbestand des Hoch- oder Landesverrats angesprochen. Carl Eugen begründete das gegen Schiller verhängte Schreibverbot damit, daß eine Stelle in seinem Drama *Die Räuber*, wo Spiegelberg den Schweizer Kanton Graubünden als das „Athen der heutigen Gauner" rühmte, Württemberg in Händel mit dem Ausland zu verwickeln drohte.[79] Eine Zensurmaßnahme wurde hier also mit dem Hinweis auf die äußere, nicht auf die innere Sicherheit begründet.[80]

Der einfache Untertan wurde hingegen bis zum Ende des 18. Jahrhunderts alles in allem milde behandelt, zumindest dort, wo *staatlich* gestraft wurde, das heißt wo sich ein festes Verfahren ausgebildet hatte, an dem mehrere Instanzen beteiligt waren. In kleinen Patrimonialherrschaften zum Beispiel standen die Majestätsverbrechen unter anderen Vorzeichen, denn der Charakter der ausgeübten Herrschaft und die Bedingungen und Auswirkungen des Majestätsverbrechens waren untrennbar miteinander verbunden.[81] Hinweise auf zu erwartende Unterschiede gibt Montesquieu: „Wenn in der Monarchie ein satirischer Ausfall gegen den Monarchen geführt wird, steht dieser zu hoch, als daß er davon erreicht

---

[76] Martin Rieger, Zur Geschichte der Familie Rieger, Stuttgart 1980, S. 33.

[77] Im Gegensatz dazu Baltzer, Grundlagen (wie Anm. 8), S. 41: „In Deutschland hatte die Festungshaft bis zum 19. Jahrhundert keine Bedeutung als Strafe für politische Verbrecher".

[78] Baltzer, Grundlagen (wie Anm. 8), S. 39.

[79] In einer Hamburger Zeitung und dann auch in einer Schweizer Wochenschrift waren flammende Proteste gegen diese „fürchterliche Brandmarkung des guten Graubünden" erschienen. Als Herzog Carl Eugen davon erfuhr, empörte er sich darüber, daß Schiller ihn in Händel mit dem Ausland zu verwickeln drohte, und verbot ihm umgehend jede literarische Betätigung. Friedrich Schiller in Selbstzeugnissen, dargestellt von Friedrich Burschell, Hamburg 1958, S. 35.

[80] Vgl. dazu den Hinweis bei Schroeder, Schutz (wie Anm. 12), S. 25.

[81] Es gibt Hinweise darauf, daß in Gutsherrschaften in solchen Fällen die Prügelstrafe angewendet wurde. Siehe dazu Karl Siegfried Kramer, Ulrich Wilkens, Volksleben in einem holsteinischen Gutsbezirk, Neumünster 1979. — Karl Siegfried Kramer, Volksleben in Holstein (1550–1800), Kiel [2]1990, S. 137ff.

würde. Ein aristokratischer Standesherr wird davon ganz und gar durchbohrt [...]."[82]

Nach einem Überblick über die Entwicklung des Straftatbestandes sowie der strafprozessualen Sonderregelungen des Majestätsverbrechens schließt sich die Betrachtung der Strafpraxis an. In der Praxis sind deutliche Unterschiede bei der Behandlung des Deliktes festzustellen, je nachdem, ob die Täter einfache Menschen aus dem Volk waren oder aber Personen, die ein öffentliches Amt bekleideten. Während Majestätsverbrechen von „öffentlichen" Personen stets hart sanktioniert wurden, bot das Verfahren gegen einfache Leute dem Landesherren Gelegenheit, seine landesväterliche Milde unter Beweis zu stellen. Strafmilderungen erfolgten aber nicht selten — und dies ist die Kehrseite der Medaille — unter ausdrücklicher Bezugnahme auf die mangelnde Urteilsfähigkeit der Delinquenten.

After a synopsis of the development of the crime of lèse-majesté and of the particular criminal procedures associated with it, the actual manner in which it was punished is placed under consideration. Here there existed considerable differences according to whether the offenders were ordinary citizens or persons with official positions. In the latter instance punishment was always severe, but in the former trials were an occasion for the territorial ruler to demonstrate paternal mildness, although mitigated sentences in such cases were often justified by reference to a lack of judgement on the part of the offenders.

PD Dr. Helga Schnabel-Schüle,
Memelweg 3, D-72072 Tübingen

---

82 Montesquieu, L'esprit des lois (wie Anm. 9), Buch XII, Kapitel 13.

Die Obrigkeiten beider Religionen sollen ernstlich und streng verhindern, daß jemand öffentlich oder privat in Predigt, Unterricht, Disputation, Schrift oder Rat den Passauer Vertrag, den Religionsfrieden oder insonderheit diese Erklärung oder diesen Vertrag irgendwo angreift, in Zweifel zieht oder gegenteilige Behauptungen daraus abzuleiten versucht!

IPO Art. V § 50

(Übersetzung nach Konrad Müller, *Instrumenta Pacis Westphalicae* (= Quellen zur Neueren Geschichte, Heft 12/13), 2. Aufl. Bern 1966, S. 128 f.)

ANDREAS FIJAL, EKKEHARD JOST

Staatsschutzgesetzgebung in Preußen unter der Regentschaft Friedrichs des Großen (1740–1786)

„Ich habe es für meine Pflicht gehalten, auf jede Weise für das Wohl des Staates zu sorgen."[1] (Friedrich II., Politisches Testament 1752)

Thema ist die 'Staatsschutzgesetzgebung' im aufgeklärt-absolutistischen Staat, exemplarisch dargestellt an Preußen unter der Regierung Friedrichs II., des Großen (1740–1786). Als Prämisse ist dabei festzuhalten, daß das staatliche Handeln im vorkonstitutionellen System des 18. Jahrhunderts nicht an dem heutigen Terminus des „Gesetzesvorbehaltes"[2] für staatliche Eingriffe in Individualrechte gemessen werden darf. Es existierten eben keine verfassungsrechtlich niedergeschriebenen Abwehrrechte des Bürgers gegen den Staat, auch wenn die Staatstheorie der Zeit[3] die Unterwerfung der Individuen unter die Staatsgewalt aufgrund eines „Gesellschaftsvertrages" nicht bedingungslos verstand, sondern zumindest gesetzmäßiges Handeln des Souveräns verlangte, wofür die Vielzahl der erlassenen Reskripte und Edikte des Untersuchungszeitraums durchaus mittelbarer Ausdruck ist. Eine unabhängige Gerichtsbarkeit als Kontrollinstanz gab es nur bedingt[4]. Zwar entband die preußische Kammergerichtsordnung von 1709[5] den Richter von seiner Gehorsamspflicht gegenüber dem Monarchen und unterwarf ihn nur dem Maßstab der Gerechtigkeit, doch war das Institut des Machtspruches des Landesherrn, Ausdruck seiner Stellung als Träger der obersten Staatsgewalt (ex plenitudine potestatis), und die damit verbundene Eingriffsmöglichkeit in die Judikatur dadurch nicht beseitigt[6]. Darüber hinaus kam es erst in der zweiten Hälfte des 19. Jahrhunderts zur Ausbildung der modernen Ver-

---

1 Gustav Berthold Volz (Hg.), Die Werke Friedrichs des Großen, Bd. 7, Berlin 1913, S. 131.

2 Vgl. Nobert Achterberg, Allgemeines Verwaltungsrecht, Heidelberg ²1986, § 18 Rdnr. 1 – 32.

3 Vgl. bei Hans-Uwe Erichsen, Verfassungs- und verwaltungsrechtsgeschichtliche Grundlagen der Lehre vom fehlerhaften belastenden Verwaltungsakt und seiner Aufhebung im Prozeß, Frankfurt/Main 1971, S. 39 f.; 49 mit Hinweisen auf Sonnenfels, Moser und Pütter.

4 Vgl. Nobert Achterberg (wie Anm. 2), § 2 Rdnr. 53.

5 Christian Otto Mylius (Hg.), Corpus Constitutionum Marchicarum [...] Theil I–VI [1415–1736] Berlin, Halle 1737–1750 [= CCM], II. Theil 1. Abt., Nr. 119.

6 Vgl. dazu Werner Ogris, Machtspruch, in: Adalbert Erler, Ekkehard Kaufmann (Hg.), Handwörterbuch zur Deutschen Rechtsgeschichte (HRG), Bd. 3, Berlin 1984, Sp. 126–128.

Aufklärung 7/2 © Felix Meiner Verlag, 1994, ISSN 0178-7128

waltungsgerichtsbarkeit. Gleichwohl befand sich das friderizianische Preußen auf
dem „Weg zum Rechtsstaat"[7].

Es wäre verfehlt, wollte man eine historische Epoche mit den Maßstäben der
Gegenwart beurteilen. So soll in diesem Aufsatz der Versuch unternommen werden, anhand der positiven Gesetzgebung aufzuzeigen, auf welche Weise sich Preußen damals als Staat mit legislatorischen Mitteln geschützt hat. Nicht vergessen
werden darf dabei, wie uns gerade die jüngere und jüngste deutsche Vergangen-
heit gelehrt hat, daß die Gesetzgebung und die reale Handhabung der Gesetze
durch Exekutive und Judikative — auch praeter et contra legem — zweierlei Dinge
sein können. Dieser untersuchenswerte Aspekt würde aber den vorgegebenen Rahmen sprengen.

Es ist vorab zu definieren, was hier unter Staatsschutzgesetzen verstanden werden soll. Allgemein ist unter Staatsschutz die Vielfalt jener Rechtsnormen und
aktuellen Maßnahmen zu fassen, welche zur Verteidigung des Status quo eines
Gemeinwesens gedacht sind. Dabei müssen die Ziele, Methoden und sonstige
Merkmale des Staatsschutzes im Zusammenhang mit dem jeweiligen System
gedeutet werden, auf dessen Erhalt sie ja gerade gerichtet sind[8]. Zur Staatsschutzgesetzgebung im engsten Sinne gehört damit das politische Strafrecht. Im
Absolutismus ist darunter aufgrund der Gleichsetzung des Staates mit der Person des Herrschers („l' État c'est moi") vor allem das crimen laesae maiestatis
(Majestätsverbrechen) zu subsumieren. Im Laufe der weiteren historischen Entwicklung wird diese Verkoppelung aufgehoben, und es entwickelt sich im Zeitalter des Konstitutionalismus der Staatsschutz hin zum Verfassungsschutz.

Das Majestätsverbrechen[9] geht zurück auf Rechtsinstitutionen, welche die
römische Republik an ihrem Ende zum Schutze der maiestas populi romani eingeführt hatte. In der späten Kaiserzeit erfolgte eine Gleichstellung der Person
des Kaisers mit dem Staat, so daß Verbrechen gegen ihn wie Staatsverbrechen
geahndet wurden, die maiestas populi ging in die maiestas principis über. In dieser Form fand das Majestätsverbrechen Eingang in den fränkisch-deutschen
Rechtsbereich. Im Mittelalter übernahm Kaiser Karl IV. im Reichsgrundgesetz
von 1356 (Goldene Bulle) die lex Quisquis (397) der Kaiser Arkadius und Honorius fast wortwörtlich. Auf dieser Grundlage entwickelte sich die Lehre vom
Staatsverbrechen in der Bambergensis (1507), der Constitutio Criminalis Carolina (1532, Art. 124) und vor allem der Lehre Carpzovs weiter, welcher zur Vermeidung unbilliger Härten die bloße Majestätsbeleidigung von den Majestätsverbrechen aussonderte. Im Zeitalter der Aufklärung trat die Person des Staats-

---

7 Vgl. Dietmar Willoweit, War das Königreich Preußen ein Rechtsstaat?, in: Dieter Schwab u.
a. (Hg.), Staat, Kirche, Wissenschaft in einer pluralistischen Gesellschaft, Festschrift zum 65. Geburtstag von Paul Mikat, Berlin 1989, S. 451 ff.
8 So Wolfgang Piepenstock, Staatsschutz, in: Axel Görlitz (Hg.), Handlexikon zur Rechtswissenschaft, München 1972, S. 442 ff.
9 Vgl. hierzu und zum folgenden: Heinz Holzhauer, Majestätsbeleidigung, in: HRG (wie Anm.
6) Bd. 3, 1984, Sp. 177–182; Christoph U. Schminck, Hochverrat, in: HRG Bd. 2, 1978, Sp.
179–186; Rolf Lieberwirth, crimen laese maiestatis, in: HRG Bd. 1, 1971, Sp. 648–651.

oberhauptes immer mehr hinter die Sicherung des Staates als solchen zurück, dem nunmehr das Hauptaugenmerk galt. Der Begriff des crimen laese maiestatis wurde nur noch in der engen Bedeutung der Majestätsbeleidigung (Beleidigung des Regenten in seiner Funktion als Regent) gebraucht und vom Oberbegriff des crimen maiestatis in genere unterschieden. Einen vorläufigen Schlußstrich unter diese Entwicklung zog insofern das Allgemeine Landrecht für die Preußischen Staaten (ALR) von 1794, indem es klar zwischen Landes- und Hochverrat differenzierte und mit Majestätsbeleidigung nur noch die Beleidigung der Person des Staatsoberhauptes meinte (196–213, II. Teil, Abschnitt 20 ALR).

Dieser Wandel im aufgeklärten Absolutismus vom strafrechtlichen Schutz der Person des Monarchen hin zu Gesetzen, die den Schutz des Staates als solchen und seiner Einrichtungen zum Ziel haben, läßt sich auch deutlich an der Gesetzgebung der Regierungszeit Friedrichs des Großen ablesen. Während dieser 46 Jahre wurde kein Gesetz oder Edikt erlassen, welches ausschließlich seine Person geschützt hätte.

Bei unserer Studie über die legislatorischen Staatsschutzmaßnahmen im Königreich Preußen haben wir uns im wesentlichen auf die Auswertung des sogenannten „Mylius"[10] ([Novum] Corpus Constitutionum Marchicarum, nach Mylius Tod 1760 fortgeführt) konzentriert, einer Art „Gesetz- und Verordnungsblatt" der Zeit, wenn auch nicht offiziell und ganz vollständig, so doch „mit königlicher allergnädigster Bewilligung colligiret". Es kann jedoch davon ausgegangen werden, daß alle wesentlichen Gesetzgebungsakte in dieser von Mylius betreuten Sammlung Aufnahme fanden.

Systematisch unterscheiden wir zwischen Staatsschutz im engeren und weiteren Sinne. Unter die erste Gruppe subsumieren wir „klassische" Staatsschutzgesetze (zum Beispiel das Paß-, Zensur- und Pressewesen betreffend). Zu den Staatsschutzgesetzen im weiteren Sinne zählen wir schwerpunktmäßig vor allem die diversen Regelungen, welche auf der Grundlage der vom Merkantilismus intendierten Autarkie die wirtschaftliche Prosperität Preußens zu fördern und zu schützen bestimmt waren. Im Anhang zu dieser Arbeit findet sich eine nach Sachgruppen und dort chronologisch geordnete Liste der einschlägigen Vorschriften.

Was gab es nun an Staatsschutzgesetzen im engeren Sinne? Gesehen auf die fast ein halbes Jahrhundert dauernde Regierung Friedrichs des Großen überraschend wenige, zumal es sich oftmals nur um die Erneuerung älterer Normen handelte. Vorweggenommenes Fazit: Das friderizianische Preußen war — verglichen mit Systemen unseres Jahrhunderts — kein Polizei- und Überwachungsstaat.

Zum Staatsschutz im engeren Sinne zählt die Paßgesetzgebung. Die erste legislatorische Maßnahme auf diesem Gebiet im Untersuchungszeitraum ist eine Ver-

---

10 Christian Otto Mylius (1678–1760), „Königl. Preuß. Geheimer Justiz- Tribunal- und Kriegs-Rath auch General-Auditeur"; vgl. zur Person Eisenhart in: Allgemeine Deutsche Biographie Bd. 23, Leipzig 1886, Neudruck 1970, S. 139 f.

ordnung aus dem Jahre 1741[11], derzufolge Prediger („alle vorhin enrollirt gewesene Unterthanen"), denen man die Pässe abgenommen hatte, „von nun an jedesmahl gegen der Gerichts-Obrigkeiten Atteste ohne fernere Schwierigkeiten copuliren sollen". Weitere Paßregelungen datieren unter anderem aus der Zeit des Siebenjährigen Krieges, so von 1756[12] (Zollfreiheitspässe) und 1758[13] (generelle Untersagung des Reisens ohne Paß). 1760 bestimmt eine „erneuerte Ordre"[14], daß „weder Comandirten, noch Beuhrlaubten, noch sonst Jemanden" ohne Vorspannpaß Reisepferde gegeben werden sollen. Diese Beispiele verdeutlichen die Kriegsbedingtheit vieler friderizianischer Erlasse.

Nach dem Aderlaß der schlesischen Kriege versuchte das Königreich Preußen, eine weitere Schwächung der Population und damit der Wirtschaft zu verhindern, und setzte das Paßwesen als diesbezügliches Regulativ ein. Bereits 1746[15] erfordert der Eintritt in fremde Dienste eine „höchste Special-Permission", und 1747 verfügt der König per „Cabinets-Ordre"[16], daß kein Adeliger ohne seine ausdrückliche Erlaubnis außer Landes reisen soll. 1765 wird durch ein Reskript an die Clevische Regierung[17] die Ausstellung von Pässen und Zertifikaten für junge Leute zum Verwandtschaftsbesuch im Ausland durch Geistliche untersagt. Grund: die „Jungen" nutzten die Gelegenheit, um „darüber aber gantz und gar ausser Landes [zu] gehen".

Als weiteres klassisches Gebiet der Staatsschutzgesetzgebung wäre die Zensur anzusprechen. Bekannt ist der Ausspruch Friedrichs des Großen, „daß Gazetten, wenn sie interessant sein sollten, nicht geniert werden müßten" (Friedrich an seinen Minister Podewils)[18]. Folgten dem Wort aber auch die Taten? Nur bedingt. Ein wichtiges Reskript, demzufolge kein Druck ohne vorherige Zensur erfolgen darf, datiert aus dem Jahre 1741[19]. Danach soll, weil „bishero öffters gantz ungereimte, und übel ausgearbeitete Sachen, Unsere höchste gerechtsame und Angelegenheiten betreffend, an das Tages-Licht getreten, und in Unseren Landen ungescheuet unter die Leute gebracht worden, [...] von nun an [...] weiter nicht das geringste gedruckt und verkauffet [...], woferne Unser Cabinets Ministerium dergleichen Schrifften, nicht zuforderst zur Censur erhalten [....]"
In Ergänzung hierzu gibt es noch einige Anordnungen aus den Jahren 1743[20],

11 [Christian Otto Myhlius (Hg.)], Novum Corpus Constitutionum Marchicarum Continuatio, Theil I–IV [1737–1750], Berlin, Halle [1744–1751] und Supplementa I — III [1737–1747], Berlin Halle [1751] [= CCMC], II. Theil Nr. 5 (17. Januar 1741).

12 Novum Corpus Constitutionum Prussico-Brandenburgensium praecipue Marchicarum [...], [hg. von der Preußischen Akademie der Wissenschaften], Bd. 1–12 [1751–1810], Berlin [1753/56]–1822 [NCCM], 1751–1760, 1756 Nr. 85 (6. September).

13 NCCM 1751–1760, 1758 Nr. 44 (12. Oktober).

14 NCCM 1751–1760, 1760 Nr. 35 (18. November).

15 NCCM 1761–1765, Nachtrag Nr. 1 (1. April 1746).

16 NCCM 1761–1765, Nachtrag Nr. 2 (10./21. Januar 1747).

17 NCCM 1761–1765, 1765 Nr. 65 (25. Juni).

18 Zitiert nach: Friedrich Benninghoven, Helmut Börsch-Supan, Iselin Gundermann (Hg.), Friedrich der Große. Katalog zur Ausstellung des Geheimen Staatsarchives Preußischer Kulturbesitz, Berlin 1986, S. 63.

19 CCMC 1737–1750, II. Theil Nr. 10 (7. März 1741).

20 CCMC 1737–1750, II. Theil, 1743 Nr. 16 (3. April).

1759[21], 1763[22] und 1775[23], nach denen die Weitergabe „ärgerlicher Bücher" verboten ist, historische Schriften der Zensur unterliegen, des weiteren Regelungen über den Druck und Verkauf verbotener Bücher und die Kontrolle bei ausländisch gedruckten, aber in Preußen verlegten Werken. Bereits in dem Edikt vom 11. Mai 1749[24] wird „gnädigst [für] gut gefunden, die ehmalige seit einiger Zeit in Abgang gekommene Bücher-Censur wiederum herzustellen, und zu dem Ende eine Commißion, in Unserer hiesigen Residentz zu etabliren, an welcher alle Bücher und Schriften, die in Unsern sämmtlichen Landen verfertigt, und gedruckt werden, oder die Unsere Unterthanen ausserhalb Landes drucken lassen wollen, zuförderst zur Censur und Approbation franco eingesandt, und ohne deren Genehmhaltung nichts gedruckt, noch verleget werden soll." Ausnahmen galten unter anderem für Schriften der Akademie der Wissenschaften und der Universitäten, letztere, da hier eine eigenverantwortliche Zensur durch die Fakultäten stattfand.

Auch vom Selbstverständnis des friderizianischen Semisäkulums her gehört der Bereich der „inneren Sicherheit" wohl zum Staatsschutz im engeren Sinne. Das Normenspektrum reicht von der Reglementierung der Einwanderung sogenannter „dem Staate nicht dienlicher Personen", worunter die Zeit zum Beispiel Bettler, Hausierer und Zigeuner faßt, bis zum Verbot des Ziehens und Stechens mit Messern und zu der Versammlung in Häusern.

Beispielhaft sei das „erneuerte Edict wider die Zigeuner, Bettel-Juden, Bettler und anderes herumlaufendes herrenloses Gesindel in Ost-Frießland" vom 30. November 1774[25] genannt. Ebenso wie das „erneuerte und verschärfte Edikt gegen Zigeuner" des Soldatenkönigs Friedrich Wilhelm I. aus dem Jahre 1739[26] ersetzt dieses ältere Vorschriften, amtlich begründet, weil den erlassenen Verordnungen „bishero nicht gehörig nachgelebet worden" sei. Der Zutritt zum Fürstentum Ostfriesland (preußische Provinz seit 1744) sollte diesen Gruppen „gänzlich verboten seyn, und selbige über die Gränze den Weg da sie hergekommen, wieder zurückgewiesen werden". Ausführlich werden Sanktionen geregelt, wobei den Erwachsenen meistens Festungsarbeit droht, und die Kinder unter 12 Jahren wegen Strafunmündigkeit zur Verpflegung und Erziehung ins Waisenhaus gebracht werden sollen, worin eine gewisse vom Erziehungsgedanken der Aufklärung mitbestimmte Fürsorgeverpflichtung des Staates gesehen werden kann. Die zuständige Exekutive wird mit der Drohung von Geld- bzw. Gefängnisstrafe zur gewissenhaften Durchführung des Edikts angehalten. Als bis in die Jetztzeit fortwirkendes Bild sei auf die im Edikt enthaltene Definition des „Zigeuners" hingewiesen, „worunter die Art Leute zu verstehen, die sich gemeiniglich durch ihre gelbe Gesichtsfarbe und schwarze krause Haare von andren unterscheiden,

21 NCCM 1751−1760, 1759 Nr. 16 (12. März).
22 NCCM 1761−1765, 1763 Nr. 3 (28. Januar).
23 NCCM 1774−1775, 1775 Nr. 56 (4. Dezember).
24 CCMC 1737−1750, II. Theil, 1749 Nr. 58.
25 NCCM 1774−1775, Nachtrag 1775 Nr. 24.
26 CCMC 1737−1750, I. Theil 1739 Nr. 45 (30. November).

gewöhnlich unter freyen Himmel sich aufhalten, auch wohl zu ihrer Nahrung dergleichen Mittel gebrauchen, deren sich andere Leute nicht bedienen, und die Truppweise herum zu ziehen pflegen". Die Anzahl weiterer Bestimmungen „Zigeuner, Bettler und Hausierer" betreffend ist erheblich.

Die Bekämpfung des Bandenwesens[27] als Problem der inneren Sicherheit manifestiert sich in Gesetzen, welche die Aushebung von Zigeuner-, Räuber- oder Diebesbanden zum Ziel haben und den Straßenraub sanktionieren. In einem Edikt vom 17. Januar 1751[28] ordnet der König an, daß wegen der „überhand nehmenden gewaltsamen Diebereyen und Einbrüchen, auch Räubereyen auf der öffentlichen Land-Straße [...] die Nothdurft erfordert, diesem Landes-verderblichen Uebel mit Nachdruck zu steuern, und Unsere getreue Unterthanen von der ihren Gütern, auch wohl gar ihrem Leib und Leben verschiedentlich bevorstehenden Gefahr zu befreyen." Als Strafen sieht die Vorschrift „bei erheischenden Umständen" Tod, sonst ewige Festungs-, Zuchthaus- oder Spinnhausarbeit vor. Ein Reskript vom 7. März 1754[29] an die magdeburgische Regierung verlangt bei schwerer Bandenkriminalität „mit Abschneidung aller der bisher nach dem Schlendrian observirten gantz unnöthigen und zum theil schädlichen Weitläuftigkeiten" die Durchführung eines beschleunigten Inquisitionsprozesses. Zu den jeweiligen Edikten werden regelmäßig Zirkulare und Reskripte erlassen, die sich mit der Veröffentlichung, Durchführung, Einhaltung und Auslegung der Gesetze befassen. Dieses ist auch ein Indiz für Defizite in der Verwaltungspraxis.

Zur Beleuchtung des breiten Regelungsspektrums seien noch weitere Exempla dieser Kategorie gesetzlicher Bestimmungen vorgestellt. So ein Edikt vom 22. November 1755[30], welches sich gegen das im „Herzogthum Geldern eingerissene schädliche Ziehen und Fechten mit Messern" richtet und in Ergänzung zum geltenden Stadt- und Landrecht des Herzogtums Strafverschärfungen normiert, um die „getreuen Untertanen zu sichern und zu beschirmen". Anlaß war die wohl nicht unerhebliche Anzahl von Verletzten und Getöteten bei Messerstechereien.

In einem Avertissement vom 4. Juni 1761[31] wird den Gastwirten befohlen, verbotene und unzulässige Spiele „in ihren Häusern nicht spielen zu lassen, und nicht zu tolerieren, vielmehr, wenn sich jemand dessen unterfänget, solches der Obrigkeit sofort anzuzeigen, damit von derselben die unbefugten Spiele angehalten, dieselben deshalb zur Verantwortung gezogen, und dem Befinden nach, mit Confiscationen der Waaren, auch sonsten exemplarisch bestrafet werden können". Grund hierfür: „Junge Purschen, Colporteurs und Tabulett-Krämer" zogen durch die Wirts-, Wein- und Bierhäuser, spielten ihre Waren durch falsche Würfel und Billetts aus und betrogen das Publikum. Damals wie heute bestanden durchaus vergleichbare Problemfelder, man denke nur an die sogenannten „Hütchenspieler". Recondita armonia — Wie sich die Bilder gleichen!

---

27 Vgl. hierzu Uwe Danker, Räuberbanden im Alten Reich um 1700, 2 Bde., Frankfurt/Main 1988.
28 NCCM 1751–1760, 1751 Nr. 9.
29 NCCM 1751–1760, 1754 Nr. 18.
30 NCCM 1751–1760, 1755 Nr. 90.
31 NCCM 1761–1765, 1761 Nr. 29.

Zuletzt sei noch ein „Publicandum wegen der Marodeurs bey jetzigen Krieges-Läuften und derselben Räubereyen, Einbrüche und Belästigungen" vom 17. Juni 1761[32] angeführt. Die während der andauernden Kriegszeiten von Deserteurs-haufen geplagte Bevölkerung wird zur vorrangigen Selbsthilfe bei der Gefahren-abwehr sowie Ergreifung und anschließenden Überstellung der Banden an die Militär- oder Zivilobrigkeit aufgefordert. Hier zeigen sich deutlich die zeit- und umstandsbedingten Grenzen effizienten hoheitlichen Schutzes für das Staatsvolk.

Zu den Staatsschutzmaßnahmen mit bevölkerungsspezifischer Ausrichtung zählen die — zweifellos einen Schwerpunkt der Gesetzgebungstätigkeit bildenden — Vorschriften, welche Juden betreffen. Die friderizianische Regentschaft prägt bei allem aufklärerischen Impetus noch nicht der Toleranzgedanke der Stein-Hardenbergschen Reformen. Konstatiert werden kann, daß die Anzahl diesbe-züglicher Bestimmungen vor dem Siebenjährigen Krieg größer ist als in der Zeit danach. Nur erwähnt sei zunächst das bekannte „Revidierte General-Privilegium und Reglement, vor die Judenschaft im Königreiche, Preussen der Chur- und Marck, Brandenburg" vom 17. April 1750[33], welches die Grundlagen des Ver-hältnisses zwischen dem Staat und der jüdischen Bevölkerung normiert.

Zahlreiche weitere Legislativakte erfassen die unterschiedlichsten Lebensbe-reiche. Ein Edikt vom 15. Januar 1747[34] verbietet „der Judenschaft" den Ankauf verdächtiger Ware und verlangt Rückgabe von Diebesgut an die rechtmäßigen Besitzer. Hiergegen zuwider handelnde Juden sind mit dem Verlust des Schutz-briefes für sich und ihre Familien zu bestrafen. Eine Neubesetzung der dadurch freigewordenen Stelle wird ausgeschlossen. Per Reskript an sämtliche Kriegs-und Domänen-Kammern vom 13. Januar 1751[35] wird die Vergabe neuer Privi-legien an Judenfamilien untersagt mit der durch den wirtschaftlichen Nutzen für den Gesamtstaat gerechtfertigten Ausnahme intendierter Fabrikgründungen.

Die Absicht des königlichen Gesetzgebers verdeutlicht ein „Rescript an die Königsbergische, Pommersche und Neumärckische Cammer" vom 9. August 1753[36]: „Nachdem Wir allerhöchst selbst angemercket, wie die kleine und schlechte [= schlichte] Judenschafft, in denen kleinen Städten Unserer Provint-zien, ohnerachtet aller dagegenergangenen Verordnungen, sich mehr und mehr ausbreiten, Wir aber dieses der Kaufmannschafft und andren christlichen Kauf-leuten so sehr nachtheilige Werck, [...] jetzto nicht zugedencken, mehr und mehr eingeschrencket wissen wollen; als declariren Wir euch Unsere Intention dieser-wegen dahin, daß ihr darauf bedacht seyn, und arbeiten sollet, daß die Anzahl der schlechten und geringen Juden, in denen kleinen Städten, sonderlich in denen, so mitten im Lande belegen, woselbst solche Juden gantz unnöthig, und vielmehr schädlich sind, bey aller Gelegenheit und nach aller Möglichkeit daraus wegge-schaffet, und hauptsächlich nur in denen kleineren, nach den pohlnischen Grent-zen zu, belegenen Städten gelassen werden."

---

32 NCCM 1761–1765, 1761 Nr. 31.
33 NCCM 1751–1760, 1756 zu Nr. 65.
34 CCMC 1737–1750, 1747 Nr. 1.
35 NCCM 1751–1760, 1751 Nr. 6.
36 NCCM 1751–1760, 1753 Nr. 50.

Diese Bestimmungen zeigen, daß Preußen auf eine Begrenzung der jüdischen Bevölkerung bedacht war, nur die vom Merkantilismus propagierte wirtschaftliche Prosperität und Autarkie diktierte Ausnahmen (Fabrikgründungen) und beschränkte sie zugleich (Bankrott). Ein Edikt vom 25. Dezember 1747 bestimmt für den Fall, daß „einer Unserer Schutz-Juden einen Banquerout machen, und ausser Standes sich befinden wird, seine Creditores zu bezahlen, sodann derselbe sowohl vor seine Person, als die ihm An- und Zugehörige des Schutzes verlustig gehen, sein Schutz-Brief gäntzlich cassiret werden, und dergestalt erloschen seyn solle, daß auch solcher nicht einmahl mit einer andern und neuen Juden-Familie besetzet werden dürffe."

Den Zusammenhang zwischen Wirtschaftspolitik und Judengesetzgebung illuminieren auch das Verbot des Pachtens und Haltens von Wollspinnereien bei Verlust des Schutzprivilegs (Edikt vom 10. Januar 1752[37]), die Untersagung des Holzhandels per Reskript an das Kammergericht vom 11. September 1761[38] sowie das Verbot der Kuhpächterei durch eine Kabinetts-Ordre an das Generaloberdirektorium vom 12. November 1764[39].

Abschließend soll auf die Wirtschaftsgesetzgebung als Staatsschutz im weiteren Sinne eingegangen werden. Eine Vielzahl der unterschiedlichsten Bestimmungen hat die Sicherung der einheimischen Wirtschaft Preußens zum Ziel. Hierher gehören unter anderen die diversen Münzedikte[40], welche sich zumeist gegen die Ausfuhr höherwertiger inländischer Münzsorten und die Einfuhr schlechterer auswärtiger Währung richten. Des weiteren die Legion der Abschoßregelungen. Bei Vermögenstransfer ins Ausland — zum Beispiel durch Erbschaft — war zur Erlangung der Ausfuhrerlaubnis ein bestimmter Prozentsatz hiervon an den Staat zu zahlen. Vorwiegend in der zweiten Regierungshälfte Friedrichs des Großen wurde die Abschoßpflicht teilweise aufgehoben, so für die Fälle, in denen Erbschaften nur innerhalb der preußischen Provinz zirkulierten (Reskript an das Kammergericht vom 22. Februar 1776[41]).

Auch die Förderung kapitalkräftiger Einwanderung macht sich der Gesetzgeber zur Aufgabe. Begüterten Niederlassungswilligen sichert man eine Abzugs- und Abschoßfreiheit für den Fall späterer erneuter Emigration oder Vererbung des Vermögens ins Ausland zu (Edikt vom 3. September 1749[42]). Unter Bezugnahme auf diese Vorschrift verfügt zum Beispiel ein Reskript vom 4. Februar 1755[43] an die pommersche Regierung, daß eine nach dem Mecklenburgischen zurückziehende Glasermeisterswitwe ihr Vermögen abschoßfrei ausführen darf. Populationspolitik wird durch die Gewährung von Privilegien an Neusiedler betrieben (etwa das Edikt vom 8. April 1764[44]: Befreiung von „Werbungen und En-

---

37 NCCM 1751–1760, 1752 Nr. 3.
38 NCCM 1761–1765, 1761 Nr. 44.
39 NCCM 1761–1765, 1764 Nr. 76.
40 Vgl. die Liste im Anhang.
41 NCCM 1776–1777, 1776 Nr. 11.
42 CCMC 1737–1750, 1749 Nr. 78.
43 NCCM 1751–1760, 1755 Nr. 15.
44 NCCM 1761–1765, 1764 Nr. 23.

rollirungen", Einquartierungen sowie für zwei Jahre „von allen bürger[l]ichen Lasten").

Etliche Vorschriften reglementieren den Warenverkehr von und nach Preußen. Grundintention aller dieser Gesetzesbestimmungen ist es, die Ausfuhr von weiterzuverarbeitenden Rohstoffen zu verhindern und die Einfuhr all derjenigen Produkte zu unterbinden, welche in einheimischen Manufakturen hergestellt werden. Daneben tritt der Schutz und die Förderung des inländischen Handels. In einem — französisch und deutsch gedruckten — Edikt vom 9. August 1777[45] wird beispielsweise die Weineinfuhr durch ausländische Händler verboten, denn „solches aber nicht allein Unserm allerhöchsten Interesse, sondern auch dem Verdienst Unserer Kaufleute, die mit dergleichen Weinen handeln, sehr nachtheilig ist, indem letztere, durch die dabey vorfallende Unterschleife, den ganzen Vortheil des Debits verlieren [...]" Das (Staatsschutz-)Ziel des legislatorischen Handelns bezüglich der Wirtschaft verdeutlichen zwei weitere Vorschriften. In einer „Circulare an alle Accise- und Zollämter" betreffend die Erhöhung der Akzise für ausländischen Weinessig vom 10. Juni 1778[46] heißt es: „Nachdem der in der Zossenschen Weinessig-Fabrike der hiesigen Kaufleute Schuft und Lindner fabricirte Weinessig an Güte nicht geringer, als gemeiniglich der französische Essig ist, befunden worden, und Se. Königliche Majestät zu mehrerer Aufnahme dieser und anderer einländischen Weinessig-Fabriken und zur Beförderung des damit verknüpften Landweinbaues eine höhere Impostirung des ausländischen Weinessigs allergnädigst befohlen; so ist diesem höchsten Befehl zur allergehorsamsten Folge für nöthig erachtet worden, die Accise auf den ausländischen Weinessig bis auf 3 Rthlr. 18 Gr. pro Eimer zu erhöhen [...]" Eine „Königliche allerhöchste Declaration, die inländische Comsumtion des Caffee und dessen Ausfuhre ausserhalb Landes betreffend" vom 19. Juni 1778[47] bestimmt in Art. 1: „Da der Caffee für die dürftigen Landleute keineswegs zu den Nothwendigkeiten des menschlichen Lebens gehört, in Absicht anderer aber, eine dem Vortheile des Staats sehr schädliche Delicatesse ist, indem dafür so sehr vieles baares Geld außerhalb Landes gehet, so soll derselbe auf dem platten Lande zur Verminderung der Consumtion, fürs künftige eben den Abgaben unterworfen seyn, als in den Städten."

Im Rahmen eines Aufsatzes konnte die Staatsschutzgesetzgebung in Preußen unter Friedrich dem Großen nur streiflichtartig beleuchtet werden; eine weitergehende Untersuchung ist beabsichtigt. Aufgezeigt werden sollte die Vielzahl der von der Gesetzgebung erfaßten unterschiedlichen Lebensbereiche. Auch in der von den Leitgedanken der Aufklärung mitbestimmten Ausübung der Gesetzgebungsgewalt hatte Friedrich das Gesamtwohl des Staates vor Augen, der unter seiner Regentschaft eben nicht zum bloßen Polizei- und Überwachungsapparat degenerierte. Die Singularität dieses Herrschers läßt die Voltaire zugeschriebene Äußerung erahnen, wenn es denn einen Himmel gäbe, so wünsche er sich einen Schemel am Throne Friedrichs des Großen.

45 NCCM 1776–1777, 1777 Nr. 31.
46 NCCM 1778–1779, 1778 Nr. 23.
47 NCCM 1778–1779, 1778 Nr. 27.

Anhang. Liste der Staatsschutzgesetzgebung in Preußen unter der Regentschaft Friedrichs des Großen 1740 bis 1786 [Auf Grundlage des „Mylius" nach Sachgruppen und dort chronologisch geordnet]

I. Paßwesen und Auswanderung

1740

(Nr.70): Deklaration des General-Pardons für Deserteure vom 28. 7. (Nr.39).

1741

(Nr.5): Consistorial-VO vom 17. 1., daß Prediger, denen die Pässe abgenommen wurden, gegen Gerichtsatteste sollen heiraten dürfen.

(Nr.16): Rescript vom 26. 4. an die Kur-Märkische Kammer, daß die Handwerksburschen nur in inländischen Städten zu wandern die Freiheit haben sollen.

(Supplementis Anhang Nr.46): General-Pardon für Deserteure vom 16. 8.

(Nr.27): Edikt vom 4. 12. betreffend die Einhaltung der Konvention mit Bayern wegen der Deserteure.

1743

(Nr.35): Ordre vom 7. 9. an die Generäle in Schlesien wegen der Deserteure.

1745

(Supplementis Anhang Nr.48): Erneuertes Kartell vom 27. 3. zw. dem König von Preußen und dem Herzog von Braunschweig-Wolfenbüttel über die Auslieferung von Deserteuren.

1746

(Nr.8): Generalpardon für sich freiwillig wiedereinfindende Deserteure vom 12. 3.

(Nachtrag): Circulare vom 1. 4., daß kein Vasall in fremde auswärtige Dienste treten soll.

(Nr.25): Patent vom 6. 11. betreffend die Verlängerung des Generalpardons für Deserteure.

1747

(Nachtrag): Circulare vom 21. 1., daß kein adeliger Vasall ohne Permission außer Landes reisen soll.

1748

(Nr.5): Edikt vom 16. 1., daß kein Adeliger und Untertan ohne königliche (kgl.) Erlaubnis außer Landes reisen bzw. in auswärtige Dienste treten soll.

1749

(Nr.79): Erneuertes Edikt vom 24. 9. wegen der Vermögenskonfiskation von Deserteuren .

(Nr.80): Edikt vom 4. 10. wegen der Verfolgung von Deserteuren.

1750

(Nr.96): Circular-Ordre vom 1. 5. betreffend das Edikt vom 24. 9. 1749 (1749/Nr.79).

(Nachtrag): Circulare vom 10. 7. betreffend in fremde Dienste gehende oder ohne Permission sich außer Landes aufhaltende Vasallen.

1751

(Nr.4): Instructio vom 9. 1. zur Rückkehr der außer Landes und in fremde Dienste gegangenen Söhne kgl. Vasallen.

(Nr.12): Erneuertes Kartell mit Braunschweig-Wolfenbüttel wegen der Auslieferung von Deserteuren vom 21. 1.

(Nr.50): Edikt vom 22. 6., wie es mit der Verfolgung von Deserteuren in Ostfriesland zu halten ist.

(Nr.51): Circulare vom 23. 6. betreffend das Vermögen von Deserteuren.

1752

(Nr.33): Circulare vom 9. 6., den Geburtsort von Deserteuren mitanzuführen.

1754

(Nr.6): Edikt vom 29. 1. gegen das Auswandern und den Eintritt in fremde Dienste von Adeligen und Untertanen ohne kgl. Erlaubnis.

(Nr.17): Rescript vom 6. 3. an die klevische Regierung wegen der Veröffentlichung von
[Nr.6/1754.

1756

(Nr.85): Circulare vom 6. 9. wegen der Pässe von Adeligen mit Zollfreiheit.

(Nr.97): Patent vom 23. 10. wegen der Desertation ehemaliger sächsischer und nunmehr preußischer Regimenter.

(Nr.98): Deklaration vom 25. 10. von Nr.97/1756.

(Nr.108): General-Pardon vom 22. 11. für ehemalige sächsische Deserteure.

(Nr.113): Circulare vom 3. 12. betreffend die Verbreitung von Nr. 108/1756.

(Nr.118): Patent vom 28. 12. betreffend die Verlängerung von Nr. 108/1756.

1757

(Nr.14): Renovation des Kartells zw. Preußen und Braunschweig-Wolfenbüttel wegen der Auslieferung von Deserteuren vom 14. 3.

(Nr.31): Generalpardon für alle Deserteure, wenn sie sich binnen 10 Wochen wieder stellen vom 20. 5.

(Nr.42): Patent vom 2. 8. gegen die Abwerbung preußischer Einwohner nach Rußland.

(Nr.62): Generalpardon für Deserteure vom 18. 12.

(Nr.63): Circulare vom 23. 12., das Generalpardon von allen Kanzeln zu verlesen.

1758

(Nr.41): Generalpardon für zur schwedischen Armee Desertierte vom 11. 9.

(Nr.44): Circulare vom 12. 10.: kein Reisen ohne Paß und wie es mit Bettlern u. a. verdächtigen Personen gehalten werden soll.

1760

(Nr.35):Erneuerte Ordre vom 18. 11., daß ohne Paß keine Vorspann- oder Reitpferde gegeben werden sollen.

1762

(Nr.9): Publicandum vom 23. 2., daß nicht mehr Vorspann, als im Paß festgesetzt ist, gegeben werden soll.

(Nr.21): Generalpardon vom 24. 5. für Deserteure.

(Nr.30): Circulare vom 24. 7. wegen des Rechtsverlustes von ohne Genehmigung außer Landes Gehenden.

1763

(Nr.13): General-Pardon vom 12. 3. für Deserteure.

(Nr.43): Rescript vom 15. 7., wie es mit dem Vermögen der Handwerker zu halten sei, welche ohne Erlaubnis außer Landes sich niederlassen.

(Nr.79): Erneuertes Edikt vom 10. 11. gegen das Weglaufen von Untertanen und Dienstboten.

1764

(Nr.81): Edikt vom 17. 11. wegen der Zitation und Vermögenskonfiskation von Deserteuren und ausgetretenen Landeskindern.

1765

(Nr.65): Rescript vom 25. 6. an die Klevesche Regierung, daß Geistliche jungen Leuten keine Pässe geben sollen, um außer Landes zu gehen.

1766

(Nr.9): Circulare vom 23. 1. wegen des Verbots des Auswanderns der Handwerksburschen von hiesigen Landeskindern.

(Nr.38): Rescript vom 29. 4. wegen der ohne kgl. Erlaubnis außer Landes gehenden Adeligen, deren Vermögen und Revenuen.

1768

(Nr.9): Circulare vom 10. 2. wegen des verbotenen Auswanderns von Handwerksburschen in fremde Lande.

(Nr.78): Erneuertes Edikt vom 17. 9. betreffend die Verfolgung von Deserteuren in Ostfriesland.

1774

(Nr.30): Rescript an das Kammergericht (KG) vom 14. 4., daß die vor 1755 Ausgewanderten mit der Ladung und ihren Folgen verschont werden sollen.

1775

(Nr.22): General-Pardon vom 11. 5. für Ausgewanderte wegen gemachter Contrebande.

(Nr.42): Circulare vom 15. 9., keinen Untertanen die Erlaubnis und Pässe zu geben, um außer Landes zu gehen.

(Nr.52): Circulare vom 16. 11. betreffend die Erläuterung von Nr.42/1775.

1776

(Nr.14): Circulare vom 7. 3. wegen des (Aus-) Wanderns der Handwerksgesellen.

(Nr.19): Circulare vom 30. 4. wie Nr.14/1776.

1778

(Nr.10): Generalpardon für desertierte Soldaten vom 31. 3.

1779

(Nr.3): Publicandum vom 18. 2. gegen das Austreten enrollierter Kantonisten.

(Nr.38): Rescript vom 16. 11., wem das Vermögen Ausgewanderter zufließt.

1782

(Nr.14): Circulare vom 18. 3. gegen das Auswandern der Handwerksburschen hiesiger Landeskinder.

1783

(Nr.22): Circular-Rescript vom 6. 5., daß keine Landeskinder als Handwerksburschen außer Landes wandern sollen.

(Nr.37): Circular-Rescript vom 1. 8., was aus dem Vermögen auswandernder Untertanen werden soll.

1785

(Nr.25): Circulare vom 4. 4. betreffend die Prämien für die Ergreifung von Deserteuren.

(Nr.50): Rescript vom 25. 10., wie es mit dem Vermögen der Ehefrauen von Deserteuren zu halten ist.

II. Zensur/'Versammlungsfreiheit'

1741

(Nr.10): Rescript vom 7. 3., daß keine übelausgearbeiteten Deductiones wegen kgl. „Gerechtsahme" mehr gedruckt werden.

1742

(Nr.36): CircularVO vom 9. 12. gegen Privatversammlungen von Predigern in Privathäusern.

1743

(Nr.16): Befehl vom 3. 4., keine gottlosen und ärgerlichen Bücher zu debitieren.

1749

(Nr.58): Edikt vom 11. 5. über die wiederhergestellte Bücherzensur.

1751

(Nr.84): Rescript vom 28. 9. betreffend die Contravention gegen Buchdrucker, die gegen das Edikt vom 11. 5. 1749 (Nr.58) handeln.

1753

(Nr.58): Circulare vom 3. 10., daß ohne Vorwissen keine Aufzüge geschehen sollen.

1758

(Nr.42): Befehl vom 7. 10. an die Juristenfakultät zu Halle, keine Schriften drucken zu lassen, ohne sie vorher zur Zensur eingesandt zu haben.

1759

(Nr.16): Circulare vom 12. 3. wegen der Zensur in Berlin gedruckter historischer Schriften.

1763

(Nr.3): Circulare vom 28. 1. wegen des verbotenen Drucks und Verkaufs von Büchern, welche in die Publica einschlagen.

1772

(Nr.35): Circulare vom 1. 6. betreffend die Zensur der herauskommenden Bücher und Schriften.

1775

(Nr.56): Rescript vom 4. 12. die Zensur von hier verlegten aber außer Landes gedruckten Büchern betreffend.

III. Innere Sicherheit

1740

(Nr.74): Erneuertes Edikt vom 6. 12., daß jeder Ort seine Armen zu versorgen habe.

1741

(Nr.6): VO vom 18. 1., daß die Fiscale auf das Polizeiwesen mitzuachten haben.

1743

(Nr.31): Erneuertes und geschärftes Hausierer-Edikt vom 7. 8.

1745

(Nr.8): Avertissement wegen Einbringung fremden Hornviehs wegen der Seuche im Holsteinischen vom 16. 7.

(Nr.9): Avertissement vom 14. 8. betreffend Voraussichtsmaßnahmen wegen des Viehsterbens.

1746

(Nr.30): Erneuertes Edikt vom 28. 12. wegen der Viehseuche.

1747

(Nr.33): Publiziertes Avertissement vom 30. 9. betreffend die abzustellende Straßenbettlerei in Berlin.

(Nr.40): Erneuertes und geschärftes Hausiereredikt vom 17. 11.

1748

(Nr.16): Erneuertes Edikt vom 28. 4. über die Versorgung der wirklich Armen und Anhaltung der Bettler zur Arbeit.

(Nr.30): Rescript vom 2. 10. betreffend die Aufhebung von Zigeunerbanden.

1750

(Nr.104): Edikt vom 28. 9., wonach für alle gewaltsamen Einbrüche und auf Landstraßen verübten Gewalttätigkeiten, wenn nicht die Todesstrafe zuerkannt wird, ewige Festungsarbeit droht.

1751

(Nr.9): Edikt betreffend Diebereien, Einbrüche und Räubereien auf den Landstraßen vom 17. 1.

(Anhang Nr.1): Kgl. Verfügung vom 16. 3. wegen unerlaubten Kollektensammelns und Bettelns in Häusern.

(Nr.99): Rescript vom 24. 11. wegen der Viehseuchen.

1752

(Nr.5): Instruktion vom 18. 1. wie Nr.99/1751.

(Nr.24): Instruktion vom 10. 4. wegen der Quarantäne für fremde Waren.

(Nr.54): Circulare vom 5. 9. wegen bereits erlassener Hausiereredikte.

(Nr.82): Circulare vom 4. 12. die Publikation der Hausiereredikte betreffend.

1753

(Nr.72): Rescript vom 10. 12. wegen Vorsichtsmaßnahmen bei der Viehseuche.

1754

(Nr.9): Dekret vom 5. 2., wie die Hohensteinischen Stände gegen Vagabunden inquirieren können.

(Nr.18): Rescript vom 7. 3. wegen Räuber- und Diebesbanden.

(Nr.73): Rescript vom 31. 10. gegen die Duldung von Marktschreiern, Seiltänzern, Gauklern etc. (Edikt vom 28. 1. 1716).

1755

(Nr.78): Rescript vom 31. 10., auf die Einhaltung des Ediktes von 1716 gegen Marktschreier, Gaukler etc. zu achten.

(Nr.90): Edikt vom 22. 11. gegen das Ziehen und Fechten mit Messern im Herzogtum Geldern.

1756

(Nr.42): Circulare vom 8. 4., das den Untertanen abzunehmende Schießgewehr auf dem Kirchendachboden aufzubewahren.

1757

(Nr.13): Avertissement vom 10. 3. betreffend das Verbot, zerbrochene Töpfe und Glas auf die Straße zu werfen.

(Anhang II): Avertissement vom 26. 4. wegen des Auflaufs gemeiner Leute und junger Burschen.

1758

(Nr.22): Circulare vom 5. 5. wegen der sofortigen Benachrichtigung bei bedenklichen Krankheiten.

1759

(Nr.4): Befehl vom 22. 1. an alle Forstbedienten, auf alle verdächtigen Personen zu achten und diese ggf. anzuhalten.

1761

(Nr.1): Circulare vom 6. 1., daß die Polizeiausreiter auf die Ausfuhr des alten Kupfers achten sollen.

(Nr.29): Avertissement vom 4. 6., daß keine herumziehenden unbefugten Würfel- u. a. Spieler geduldet werden sollen.

(Nr.31): Publicandum wegen der Marodeure etc. und derselben Räubereien, Einbrüche und Belästigungen vom 17. 7.

1763

(Nr.19): VO vom 15. 4., daß die Schüler und Gymnasiasten nicht truppweise herumgehen sollen.

(Nr.46): Edikt vom 22. 7. gegen in das Herzogtum Kleve eindringende Vagabunden etc.

(Nr.87): Rescript vom 25. 11., daß gegen die benachbarten Polen keine Exzesse und Gewalttätigkeiten verübt werden sollen.

(Nr.92): Rescript vom 19. 12. wegen der Bettelei in den Städten.

(Nr.93): wie Nr.92/1763.

1764

(Nr.8): Circulare vom 6. 2. wegen neuer Publikation des Edikts vom 28. 4. 1748 die Bettelei in den Städten und auf dem platten Lande betreffend.

(Nr.84): Circulare vom 29. 11. wegen der Hausiereredikte im Geldrischen.

1765

(Nr.112): Circulare vom 11. 12. gegen das Hausieren fremder Oblitätenkrämer.

1768

(Nr.27): Rescript vom 8. 4. wegen der Verhütung des sich einschleichenden fremden Gesindels.

1770

(Nr.6): Publicandum vom 16. 1. gegen das Beisichführen geladener Gewehre in den Städten.

(Nr.61): Edikt vom 29. 8. Vorsichtsmaßnahmen gegen die sich in Polen äußernde Pest betreffend.

(Nr.65): Patent vom 10. 9. betreffend die Einhaltung der in Schlesien getroffenen Maßnahmen gegen die in Polen ausgebrochene Seuche.

(Nr.68): Circulare vom 21. 9. wegen der Vorsichtsmaßnahmen gegen die Pest.

(Nr.71): Circulare vom 13. 10. wie Nr.61,65,68/1770.

1773

(Nr.69): Circulare vom 13. 12., daß das Verbrechen der Majestätsbeleidigung als Enterbungsgrund zw. Eltern und Kindern gelten soll.

1774

(Nr.65): VO vom 16. 12. wegen der Verpflegung der Armen und des abzustellenden Bettelns in Berlin.

(Nachtrag 1775 Nr.24): Erneuertes Edikt vom 30. 11. 1774 gegen Zigeuner, Betteljuden etc.

1775

(Nr.35): Erneuertes Edikt vom 11. 7. gegen das Schießen in Städten.

1776

(Nr.4): Circulare vom 18. 1. betreffend die Anzeigepflicht von Predigern auf dem platten Lande bei Epidemien.

(Nr.10): Circulare vom 21. 2. betreffend Schutzmaßnahmen bei Epidemien.

1781

(Nr.10): Circulare vom 27. 2. wegen des Verbots der Einreise von Schaustellern mit wilden Tieren.

(Nr.11): Circulare vom 28. 2. an die Untergerichte betreffend das Verhalten bei Visitationen gegenüber Bettlern u. a.

(Nr.19): Circulare vom 2. 5. betreffend Schauspieler u. a. ohne Privileg.

(Nr.32): Publicandum vom 30. 6. wegen der verbotenen Aufnahme von Bettlern u. a. auf dem platten Lande.

1783

(Nr.18): Circulare vom 7. 4., daß in Dom- u. a. Stiften keine Ausländer aufgenommen werden dürfen.

1786

(Nr.3): Publicandum vom 18. 1. wegen der Verschärfung des Hausiereredikts (17. 11. 1747).

(Nr.15): Kabinettsordre vom 13. 3. wegen der Strafverschärfung für Totschlag und Straßenraub.

IV. Juden betreffende Maßnahmen

1741

(Nr.3): Rescript vom 1. 1., wie es mit Judenwechseln in Ansehung des Ediktes vom 8. 4. 1726 zu halten ist.

(Nr.26): Rescript vom 2. 12. gegen sich einschleichende Juden.

1743

(Supplementis Nr.28): Rescript vom 7. 3. 1743 betreffend die von der Judenschaft geführte Beschwerde gegen das Hausiereredikt.

(Nr.22): Rescript vom 8. 5., daß keine Judenfamilien ohne kgl. unterschriebene Konzession in den Städten admittieret werden sollen.

(Nr.25): Rescript vom 4. 6., daß ein Jude, der „auf dem Recht des ersten Kindes sitzt, nicht zwei Kinder ansetzen kann".

1745

(Nr.1): Deklaration vom 7. 1. betreffend die an Juden auszustellenden Wechselbriefe über gekaufte Waren.

1747

(Nr.1): Edikt vom 15. 1. betreffend den Ankauf gestohlener Sachen durch Juden.

(Nr.45): Edikt vom 25. 12. betreffend den Bankrott von Schutzjuden.

1749

(Nr.70): Dekret vom 30. 6. betreffend die „Weiber-Dotis".

(Nr.91): Resolution und Rescript vom 31. 12. wegen der Ehestiftung von Juden.

1750

(1756 Nr.65): Kabinetts-Ordre vom 18. 7. und revidiertes General-Juden-Privilegium und Reglement vom 17. 4. 1750.

1751

(Nr.6): Rescript vom 13. 1., daß es bei der Anzahl der Judenfamilien bleiben soll.

(Nr.45): Extrakt vom 7. 5. eines an die klevische Regierung wegen der Juden ergangenen Rescriptes.

1752

(Nr.3): Edikt vom 10. 1., sich bei Verlust des Schutzbriefes des Pachtens und Haltens von Wollspinnereien zu enthalten.

(Nr.36): Rescript vom 29. 6. betreffend die Zurückweisung von aus Polen kommenden Betteljuden.

(Nr.45): Circulare vom 2. 8. betreffend das Herumlaufen mit Waren und die Betteljuden.

1753

(Nr.10): Rescript vom 1. 3. wegen des Zusammenwohnens von Eltern und angesetzten Kindern der Judenschaft.

(Nr.14): Rescript vom 25. 3. die Anzahl der Judenfamilien betreffend.

(Nr.50): Rescript vom 9. 8. die Judenfamilien in kleinen Orten betreffend.

1754

(Nr.47): Patent vom 19. 7., wie es künftig bei der Arretierung fremder Juden gehalten werden soll.

1755

(Nr.4): Edikt vom 13. 1. über die Zinshöhe bei pfandlosem Geldverleih durch Juden.

(Nr.35): Rescript vom 2. 5. wegen der Publizierung von Nr.4/1755.

(Nr.97): VO vom 2. 12. wegen des Bankrotts von Juden.

1757

(Nr.28): Rescript vom 25. 4. an das KG wegen der Judeneide.

1758

(Nr.34): Proclama vom 22. 7. auf die fremden Juden gute Aufsicht zu haben.

1760

(Nr.15): Circulare an das KG wegen der Judeneide und den Zeremonien dabei vom 29. 5.

(Nr.26): Rescript vom 5. 9. an den 1. Senat des KG wegen Ausmietung unter Juden bezgl. Quartier und Laden.

1761

(Nr.5): Circulare vom 23. 2. gegen das wucherische Aufkaufen von Flachs durch Juden.

(Nr.44): Rescript vom 11. 9., daß die Juden nicht mit Holz handeln sollen.

(Nr.45): Rescript vom 15. 9. an das KG betreffend die Wechselsache eines Juden mit einem Christen.

(Nachtrag): Rescript vom 23. 9. wegen des den Juden verbotenen Holzhandels wie Nr.44/1761.

1762

(Nr.20): Rescript an das KG, wie es u. a. in Wechselsachen zw. Christen und Juden während des Krieges zu halten ist.

(Nr.33): Circulare vom 16. 8., an wen die Strafgelder der Juden, die über die erlaubte Zeit an einem Ort geblieben sind, eingeschickt werden sollen.

1763

(Nr.23): Rescript vom 6. 5. die Trauscheingelder der Juden betreffend.

(Nr.27): Rescript vom 23. 5., wie es mit dem Juramento purgatorio suppletorio und de Credulitate eines Juden wider einen Christen zu halten ist.

(Nr.33): Rescript vom 14. 6., daß alle Juden und deren Trauscheinsachen vor die Kammer gehören sollen.

(Nr.39): Deklaration des General-Juden-Privilegs vom 4. 7.

(Nr.71): Circulare vom 13. 10. die Judentabellen betreffend.

(Nachtrag): Circulare vom 11. 11. wegen Ansetzung der zweiten Schutz-Judenkinder.

(Nr.84): Renoviertes und geschärftes Edikt vom 17. 11. gegen das Hausieren und Geld-Verwechseln der Juden auf dem platten Lande.

1764

(Nr.16): Resolution vom 8. 3., daß die Annehmung, Verheiratung und Vergleitung der Juden vor die Kammer gehören.

(Nr.76): Cabinets-Ordre vom 12. 11., daß die Juden sich nicht mehr mit der Kuhpachterei abgeben sollen.

(Nachtrag): Rescript vom 13. 12. gegen fremde Eisenkrämer und Juden, die mit Stahlwaren die Jahrmärkte beziehen.

1765

(Nr.122): Rescript vom 31. 12. betreffend den Abschoß von jüdischen Erbschaften.

1766

(Nr.77): Rescript vom 22. 9. betreffend die Jurisdiktion über fremde Juden.

(Nr.95): Rescript vom 26. 11., daß die Juden ihr Schutzprivileg verlieren, die auf Contrebande-Handel betroffen werden.

(Nr.100): Rescript vom 11. 12. an das KG wegen der Bestrafung des Contrebande-Handels der Juden.

1767

(Nr.35): Rescript vom 19. 5., wodurch die Anzahl der Juden in großen und kleinen Städten festgelegt wird.

1768

(Nr.105): Rescript vom 13. 12. an das KG, daß die Juden mit dem zurückgelegten 20ten Jahr überall für großjährig geachtet werden sollen.

1773

(Nr.40): General-Privileg vom 9. 8. für die Judenschaft in den Danziger Vorstädten.

(Nr.42): Rescript an das KG vom 16. 8. wegen der eidlichen Vernehmung von Rabbinern.

1774

(Nr.49): Circulare vom 20. 7. wegen der Aufnahme von Juden zum christlichen Religionsunterricht.

1775

(Nr.18): Rescript an das KG vom 13. 4. wegen § 10 des Juden-Reglements von 1750.

(Nr.23): Circulare vom 22. 5. wegen der Achtung der Juden vor den Ältesten.

(Nr.45): Rescript vom 12. 10. über die Zulassung jüdischer Zeugen bei Streitigkeiten von Christen.

(Nr.58): Circulare vom 9. 12. wegen der Bestellung jüdischer Schulmeister.

1776

(Nr.1): Circulare vom 5. 1. wegen der Anzeigepflicht von Häuser besitzenden Schutzjuden.

(Nr.5): Rescript vom 5. 2. zur Geschäftsübernahmepflicht der in die Schätzungskommission gewählten Juden.

(Nr.40): Circulare vom 31. 5. an das KG, daß es keiner neuen Konzession bedarf, wenn Juden Häuser durch Erbschaft zufallen.

(Nr.51): Circulare vom 4. 9. wegen sich auswärts aufhaltender Schutzjuden.

(Nr.61): Circulare vom 8. 10. wegen Erstattungsbefreiung der Judenschaft bei Diebstahl.

1777

(Nr.44): Rescript vom 13. 10. die Deklaration des Edikts vom 15. 6. 1747 die schlesische Judenschaft betreffend.

(Nr.49): Rescript an das KG vom 10. 11. betreffend Art. 24 des Judenreglements von 1750.

1780

(Nr.32): Erneuertes und geschärftes Edikt vom 12. 4. gegen fremde Betteljuden.

1783

(Nr.4): Circulare vom 12. 1., daß das von Juden bei erteilten Beneficia abzunehmende Porzellan der kgl. Manufaktur tatsächlich aus- und nicht wiedereingeführt wird.

1784

(Nr.9): Rescrpit vom 3. 2., daß Juden und Hausierergesindel nur in Gasthöfen logieren und keine Depots anlegen dürfen.

(Nr.29): Kabinetts-Ordre vom 9. 5. wegen des vorsätzlichen Bankrotts von Juden.

1785

(Nr.23): Verbot vom 12. 4. betreffend das Hausieren von Juden ohne Geleitbrief.

1786

(Nr.26): Bescheid an das KG vom 1. 5. wegen der Abnahme der Judeneide.

V. Wirtschaftsgesetzgebung

Die große Anzahl von Zunftprivilegien und Gildebriefen vor allem aus den 70er Jahren ist hier wegen des allenfalls mittelbaren Bezuges zum Staatsschutz nicht berücksichtigt worden.

1740

(Supplementis Anhang Nr.45): Rescript vom 10. 7. wegen der Abschoßfreiheit französischer Kolonisten.

(Nr.65): Rescript vom 12. 11. über die Besteuerung von Gerstenmehl in Notzeiten.

(Nr.68): Rescript vom 16. 11. betreffend die Gestattung der Mehleinfuhr gegen herkömmliche Akzise.

(Nr.69): Rescript vom 16. 11. wegen des Verbots der Einfuhr französischer goldener Dosen u. a. Galanteriewaren.

(Nr.73): Rescript vom 30. 11. an die Kur-Märkische-Kammer gegen die Zurückhaltung von Getreide u. a. Viktualien.

1741

(Nr.12): Rescript vom 21. 3., es bei der Abschoßfreiheit zw. Polen und der Neu-Mark zu belassen.

(Nr.14): Rescript vom 12. 4. gegen die Pferdeausfuhr.

(Nr.25): Circular-Ordre vom 23. 7., daß auf ausländische Broderieware zusätzl. 25% an Impost gesetzt werden soll.

(Nr.25): Patent vom 6. 11. gegen die Einfuhr fremden Getreides.

1742

(Nr.11): Circulare vom 7. 4. betreffend die Herabsetzung von Akzise für inländischen Wein.

(Anhang Nr.24): Patent vom 6. 11. über die ausländischen Künstler und Fabrikanten, die sich in Schlesien niederlassen, zu gewährenden Vorteile und Freiheiten.

1743

(Nr.10): Circular-Odre vom 21. 2. wegen der Akzisefreiheit eingebrachten fremden Silbers.

(Nr.18): Edikt vom 14. 4. zur Abstellung der Unterschleife beim Wollhandel und des Auf- und Vorkaufs der Wolle.

(Nr.28): Rescript vom 13. 4. betreffend die zw. der Kur-Mark und den Mecklenburgischen Landen festgestellte Abzug- u. Abschoß-Gelder-Freiheit.

(Nr.26): Patent vom 11. 6. wegen der Einnahme kgl. Silbergeldes.

(Nr.45): Rescript vom 14. 11., daß die aus anderen Städten und Ämtern nach Potsdam Ziehenden von Abschoß-, Abzugs- und Loskaufsgeldern frei sein sollen.

1744

(Nr.3): Ciculare vom 16. 1., daß die Akzise für ausländische Seide auf 1% herunter und die inländische Seide akzisefrei sein soll.

(Nr.4): Geschärftes Münzedikt vom 21. 1.

(Nr.6): VO vom 13.2. betreffend den Akzisesatz für fremd gesponnene Gold- und Silberwaren etc.

(Nr.14): Patent vom 11. 4. gegen die Ausfuhr von Rauf- und Gerberwolle zur Frankfurter Messe.

(Supplementis Nr.38): Rescript vom 15. 7. wegen des bei den Kolonisten in Ansehung ihrer Beneficien künftig zu machenden Unterschiedes.

(Nr.22): Deklaration vom 12. 8. betreffend das Münzedikt vom 21.1. (Nr.4/1744).

1745

(Nr.2): Verbot des Handelns mit fremden Knöpfen für nicht Privilegierte vom 7. 1.

(Nr.10): Verbot des Butteraufkaufs auf dem kgl. Packhof vom 16.8.

1746

(Nr.6): Patent vom 21. 2., daß Seefahrende und von fremden Orten kommende Familien von Werbung und Enrollierung frei sein sollen.

(Nr.17): Rescript vom 31. 7., daß die Fiskalbedienten von den Abzugs- und Abschoßgeldern als Anreiz quartam haben sollen.

(Supplementis Nr.40): Rescript vom 10. 9., daß es bei der Abzugs- und Abschoßfreiheit des kurbrandenburgischen und kursächsischen Adels verbleiben soll.

(Nr.26): Rescript vom 26. 11. wegen der Abschoßfreiheit zw. Neu-Märkischen und Polen.

1747

(Nr.6): Edikt vom 15. 2., wie es zur Aufnahme der inländischen Papiermühlen mit den Lumpen gehalten werden soll.

(Supplementis Nr.41): Renoviertes Münzpatent vom 7. 4.

(Nr.12): Notificatorium vom 15. 6. wegen des Zolls für die durch den Finow-Kanal gehende preußische Butter.

(Nr.17): Erneuertes und veschärftes Edikt vom 12. 7. gegen die Einfuhr und den Gebrauch fremder Katune und Zitze.

(Nr.20): Erneuertes Edikt vom 20. 7. wegen der verbotenen Einfuhr und dem Tragen fremder Tücher, wollner Sachen etc.

(Nr.25): Erneuertes Edikt vom 1. 9. über die Wohltaten und Vorteile für Neuansiedler.

(Nr.39): Erneuertes und geschärftes Edikt vom 17. 11. gegen den Vor- und Aufkauf und verbotenen Handel mit Getreide, Wolle auf dem Lande.

1748

(Nr.1): Circular-Rescript vom 2. 1. wegen des Abschosses von im Ausland befindlichen Capitalien.

(Nr.17): Edikt vom 8. 5. gegen sächsische Steuerscheine.

(Nr.19): Edikt vom 10. 5. gegen die neuen geringhaltigen Gold- und Silbermünzen.

(Nr.26): Resolution vom 19. 9. wegen des Abschosses von einer nach Hamburg gehenden Erbschaft.

(Nr.36): Reglement vom 26. 11. betreffend das Lumpensammeln für Papiermühlen.

(Nr.37): Rescript vom 30.11. wegen des Abschosses einer nach Worms gehenden Erbschaft.

1749

(Nr.44): Edikt vom 12. 1., daß den Schiffern der heimliche Verkauf des von ihnen transportierten Getreides verboten wird.

(Nr.50): Kopie des Rescripts vom 13. 2. betreffend den Abschoß zw. der Neumark und Polen.

(Nr.51): Edikt vom 14. 2. gegen das Einschmelzen und Beschneiden von Dukaten.

(Nr.53, 54, 61, 62, 73): Abschoßeinzelfallregelungen.

(Nr.76): Allgemeines Edikt vom 12. 8. gegen das Eingehenlassen von Kossätenhöfen.

(Nr.78): Edikt vom 3. 9. betreffend die Abzugsgelderregelung für Neuansiedler.

(Nr.82): Edikt vom 14. 10. betreffend die Pflicht zum Studium auf einheimischen Universitäten.

(Nr.92): Abdruck und Beschreibung zum Vorschein gekommener falscher Dukaten (o.D.)

1750 (Nr. fortgeführt von 1749)

(Nr.93): Notifications- und Deklarationspatent vom 3. 1. wegen des Zolls auf Oder, Warthe u. Netze.

(Nr.95): Notificationspatent vom 20. 3. wegen des zollfreien Landhandels von Polen nach der Neumark und Pommern.

(Nr.97): Erneuertes Edikt vom 2. 5. zur Studiumspflicht auf heimischen Universitäten.

(Nr.101): Resolution vom 8. 7. betreffend eine Anfrage hinsichtlich der Abzugsgelder.

(Nr.99): Kgl.-preußisches Münzedikt vom 14. 7.

(Nr.111): Edikt vom 25. 11. die französischen Louis d'or betreffend.

1751

(Nr.5): Deklaration vom 12. 1. wegen in abgängigen oder ausländischen Münzsorten ausgestellter Obligationen.

(Nr.15): Notification vom 29. 1. betreffend den Abzug/Abschoß.

(Nr.40): Avertissement vom 27. 4. und Taxe der Stahl-, Eisen- und Messingwaren zu Neustadt-Eberswalde nebst Verbot, dergleichen fremde Waren zu verkaufen.

(Nr.46): Rescript vom 13. 5. betreffend den Aufkauf u. die Verschiffung von Leinengarn.

(Nr.49): Edikt vom 19. 6., daß die Landeskinder nur auf einheimischen Universitäten studieren sollen, ansonsten sie von Stellen ausgeschlossen sein sollen.

(Nr.54): Circulare vom 3. 7. wegen des Verbots des Spiels von fremden Lotterien.

(Nr.60): Mandat vom 5. 8. wegen der Einfuhr schlechter fremder Stahl- und Eisenwaren.

(Nr.62): Münzedikt vom 9.8.

(Anhang Nr.5): vom 7. 9:. Verruf der sog. 3 Kreutzer.

(Nr.70): Resolution vom 14. 9. an das KG wegen des Abschosses von nach Frankreich gehenden Vermögen.

(Nr.89): Rescript vom 22. 10. betreffend die Publikation des Münzedikts vom 9. 8. (Nr.62/1751).

(Nr.91): Rescript vom 2. 11. betreffend die Abschoßaufhebung zw. Ravensberg und Rittberg.

(Nr.100): Edikt vom 3. 12. wegen der Verrufung ausländischer schlechter und geringhaltiger Scheidemünzen.

(Nr.7 Nachtrag 1751–55): Notification vom 9. 12. betreffend die Zollfreiheit für Kolonisten.

1752

(Anhang Nr.1): Warnung vom 4.1., sich vor Einnahmen und Ausgabe verbotener Geldsorten zu hüten.

(Anhang Nr.2): 19.1.: Keine Lotterie ohne kgl. Erlaubnis.

(Nr.22): Münzedikt vom 28. 3.

(Nr.39): Rescript vom 20. 7. an die Pommersche Regierung wegen des Abzugsgeldes.

(Nr.41): Edikt vom 24. 7., daß bei Ein- und Verkauf von Landesprodukten die Münzedikte zu beachten seien.

(Nr.42): Rescript vom 25. 7. betreffend die Roulierung der neuen preußischen Münze.

(Nr.62): Privilegium vom 26. 9. oder Gilde-Brief für das Bäckeramt in Bielefeld.

(Nr.63): Rescript an die Magdeburgische Regierung vom 29. 9. die Münzsorten bei Sportul-Kassen betreffend.

(Nr.70): Erneuertes Edikt vom 13. 10. gegen die Einfuhr und den Gebrauch fremder Kattune.

(Nr.75): Patent vom 13. 11.: keine Anrechnung des Agios auf die Strafe.

(Nr.80): Rescript vom 1. 12. betreffend die Schulerlaubnis von Kindern für die Schöningsche Schule.

(Nr.93): Rescript vom 21. 12. an die Königsbergische Kammer betreffend die Linnenfabrik.

1753

(Nr.6): Patent vom 15. 2. wegen der Vergünstigungen für fehlende Handwerker in der Neumark.

(Nr.18): Circulare vom 30. 3. an Akzise-Inspecteure wegen der Geldsorten.

(Nr.19): Rescript vom 31. 3. wegen Fiskalanteils von Abschoßgeldern.

(Nr.25): Rescript vom 11. 5. wegen der Münzedikte.

(Nr.26): Rescript vom 9. 5. wegen der Anzeigepflicht für Abschoßgelder.

(Nr.31): Publicandum vom 22. 5. wegen der Belohnung für Baumwollspinnerei.

(Nr.40): Edikt vom 5. 7. zum Schutz von handeltreibenden Polen, Russen und Juden.

(Nr.42): VO vom 16. 7. die Unterschleife beim Wollhandel betreffend.

(Nr.61): Notification vom 21. 10. wegen falscher Friedrichs d'or.

(Nr.63): Rescript vom 27. 10. den Abschoß von Salzburgern betreffend.

(Nr.73): Rescript vom 10. 12. wegen des Abschosses von nach Hildesheim gehenden Erbschaften.

1754

(Nr.3): Rescript vom 23. 1. an die Universität Frankfurt wegen des Abschosses von Erbschaften.

(Nr.4): Edikt vom 24. 1. wegen des Garnhandels im Fürstentum Halberstadt.

(Nr.7): Resolution vom 29. 1., daß die nach Jülich und den Niederlanden gehenden Erbschaftsgelder abschoßfrei sein sollen.

(Nr.8): Rescript vom 29. 1., wie die auf Louis d'or lautenden Obligationen zu bezahlen sind.

(Nr.11): Edikt vom 8. 2., wodurch der fremde Meßing impostiret, und die Ausfuhr des alten Meßings verboten wird.

(Nr.40): Patent vom 29. 6. gegen Schiffer, die verbotene Ware zoll- und akzisefrei einschmuggeln.

(Nr.52): Rescript vom 13. 8. wegen der Höhe des zu nehmenden Abschosses Altenburgischer und Gothaischer Untertanen.

(Nr. 54, 57, 59): Abschoßrescripte.

(Nr.60): Rescript vom 24. 9. wegen schlechter Mecklenburgischer Münzsorten.

(Nr.63): Rescript vom 5. 10. wegen der Abschoßaufhebung zw. Minden und Bremen.

(Nr.65): Rescript vom 6. 10. an die Pommersche Regierung wegen des Abschosses mit Dänemark.

(Nr.70): Rescript vom 21. 10., welcher Anteil von Erbschaften, die in die Grafschaft Limburg gehen, genommen werden soll.

(Nr.71): Rescript vom 23. 10. betreffend den Abschoß mit Anhalt-Dessau.

(Nr.74): Rescript vom 5. 11. den Abschoß mit Pfalz-Zweibrücken betreffend.

(Nr.75): Publicandum vom 6. 11. gegen die Einführung ausländischer Kalender.

(Nr.78): Rescript vom 17. 11. den Abschoß mit Hildesheim betreffend.

(Nr.79): Publicandum vom 18. 11. wie Nr.75/1754.

(Nr.85): Rescript vom 1. 12. wegen des Abschosses von Minden und Hessen-Schaumburg.

(Nr.87): Rescript vom 4. 12. wegen aus Memel nach Danzig gehender Erbschaft.

(Nr.90): Publicandum vom 18. 12. wegen des Impostes auf ausländische Tücher und Tressen nach Geldern.

(Nr.91): Publicandum vom 30. 12. wegen verbotener Einführung geringerer Münzsorten.

1755

(Nr.2): Rescript vom 4. 1. betreffend den Abschoß von nach Hannoverschen Landen gehenden Vermögens.

(Nr.3): Rescript vom 12. 1. betreffend die Abschoßhöhe für nicht extra Privilegierte, wenn nichts näheres festgelegt ist.

(Nr.5): Rescript vom 13. 1. betreffend den Abschoß von nach Lüttich gehenden Erbgeldern.

(Nr.8): Rescript vom 20. 1. wegen des Abschosses von aus dem Magdeburgischen nach Hamburg gehenden Erbgeldern.

(Nr.9): Rescript vom 21. 1. wegen des Auskippens und Einschmelzens kgl. Münzsorten.

(Nr.10): Rescript vom 21. 1. wegen der Höhe des Abzugsgeldes von nach Schweden gehenden Erbschaften.

(Nr.11): Mandat vom 22. 1. wegen Gestattung des Debits für schlesische Tücher und Wollware.

(Nr.13, 14, 15): Abschoßrescripte.

(Nr.17): Avertissement vom 18. 2. gegen die Einführung von 18 Kreutzer oder sog. Timpfe in die Kur-Mark.

(Nr.19, 20, 23, 24, 25, 38, 39, 40): Abschoßrescripte.

(Nr.46): Rescript vom 29. 6. wegen des Verbots ausländischer eiserner Gußwaren.

(Nr.48): Rescript vom 24. 7. wegen der Verwendung von Abschoßgeldern.

(Nr.53): Rescript vom 29. 7. betreffend die Erlaubnis von Wareneinfuhr und das Verbot für Seidenerzeugnisse.

(Nr.62): Circulare vom 30. 8. betreffend Nr.53/1755.

(Nr.60, 63, 64, 65, 66, 67, 70): Abschoßrescripte.

(Nr.71): Rescript vom 3. 10. wegen der Deklaration des Münzedikts von 1750.

(Nr.77): Edikt vom 24. 10. wegen des Verbots der Teilnahme an auswärtigen Lotterien.

(Nr.79, 80, 86): Abschoßrescripte.

(Nr.87): Rescript vom 19.11., von nach Hamburg gehenden Erbgeldern den 10ten Pfennig zu nehmen.

(Nr.91): Rescript vom 23. 11., den 10ten Pfennig von Erbgeldern zu nehmen.

(Nr.92): Rescript vom 24. 11., keinen Abschoß von Dotalgeldern zu nehmen.

1756

(Nr.2): Resolution vom 5. 1., von nach Kiel gehenden Erbschaftsgeldern den 10ten Pfennig Abschoß zu nehmen.

(Nr.3): Resolution vom 5. 1. wegen des Abschosses von nach Hamburg gehenden Erbgeldern.

(Nr.8): Rescript vom 23. 1. betreffend die Aufhebung des Abzugsrechtes zw. Hessen-Kassel und den Preußischen Reichslanden, ausgenommen die Juden.

(Nr.12): General-Avertissement vom 2. 2. betreffend das Verbot des Verkaufs anderer als in Neustadt-Eberswalde verfertigter Eisenwaren.

(Nr.14): Abschoßresolution vom 3. 2.

(Nr.15): Publicandum vom 6. 2. gegen die Grumbachischen 8 Groschen Stücke.

(Nr.16, 22, 30): Abschoßresolutionen.

(Nr.33): Erneuertes und geschärftes Edikt vom 8. 3. wegen des Garnhandels.

(Nr.35): Patent vom 16. 3. wegen der verbotenen Ausfuhr von Gold und Silber.

(Nr.52): Rescript vom 22. 5. betreffend die Publizierung von
Nr.33/1756.

(Nr.54): Abschoßresolution vom 29. 5.

(Nr.68): Erneuertes Edikt vom 26. 7. wegen des Konkurses bestimmter Fabriken.

(Nr.77): Edikt vom 21. 8. gegen die Ausfuhr kgl. preußischer Münzsorten.

(Nr.87, 94, 99): Abschoßresolutionen.

(Nr.100): Publicandum vom 29. 10. wegen der verbotenen Ausfuhr von Lumpen.

1757

(Nr.8): Mandat vom 25. 1. gegen das Entwenden von Magazingetreide durch Schiffer.

(Nr.9): Edikt vom 3. 2. betreffend das Sammeln von Lumpen für Papiermühlen.

(Nr.11, 18, 19): Abschoßresolutionen.

(Nr.25): Reglement vom 12. 4. wegen des Sammelns von Lumpen für Papiermühlen.

(Nr.37): Resolution vom 3. 7. wegen des Abschosses mit Polen.

(Nr.43): Avertissement vom 5. 8. wegen der geringhaltigen Neuwiedschen 4 Groschen Stücke.

(Nr.57): Rescript vom 2. 12. betreffend den Abschoß mit Danzig.

1758

(Nr.12): Rescript vom 14. 3. gegen die Verabfolgung von Erbgeldern ins Reich.

(Nr.17): Resolution vom 17. 4. wegen des Abschosses mit Frankfurt a. M.

(Nr.40): Befehl an die Theologische Fakultät zu Halle vom 24. 8.: keine Beförderung, wenn nicht zwei Jahre auf einheimischen Universitäten studiert wird.

(Anhang Nr.4): Avertissement vom 23. 10., daß keine Lotterie ohne kgl. Erlaubnis errichtet werden soll.

(Nr.53): Circulare vom 7. 12. wegen der fremden Schleier, Clare und Flöre.

(Nr.55): Patent vom 16. 12. gegen die Einbringung schlechter fremder und die Ausfuhr eigener Münzsorten.

(Nr.57): Circulare vom 28. 12. an die auswärtigen kgl. Kammern wegen der Publizierung von Nr.55/1758.

1759

(Nr.23): Resolution vom 12. 5. an die Mindensche Regierung wegen des Abschosses mit Dortmund.

(Nr.29): Befehl vom 10. 7. gegen die Annahme schlechter Sächsischer Münzen bei den Kassen.

(Nr.38): Rescript vom 4. 12. betreffend die Anlegung und Betreibung von Flachs-Spinnereien.

1760

(Nr.4): Ordre vom 5. 2. gegen die Ausfuhr von Hirschgeweihen und ihre Verwendung für die Stahl- und Eisenwarenfabrik.

(Nr.9): Rescript vom 8. 4., daß die Einfuhr fremder Leinwand
bis auf weiteres gegen Erlegung der gewöhnlichen Akzise wieder erlaubt sein soll.

(Nr.10): Befehl vom 15. 4. gegen die Abziehung von Manufakturen und Fabrikanten außer Landes.

(Nr.22): Circulare vom 29. 7. wegen der Anwerbung und Enrollierung von Manufakturen und Fabrikanten.

1761

(Nr.7): Circulare vom 10. 3. gegen die Ausfuhr der „bewolleten Felle".

(Nr.12): Circulare vom 7. 4., auf die Aufkauferei des Flachses und der Garne die sorgfältigste Attention zu nehmen.

(Nr.15): Rescript vom 14. 4. gegen die Einbringung bestimmter Geldstücke.

(Nr.39): Rescript vom 5. 8. wegen der Münzsorten bei Kaufverträgen.

(Nr.58): Rescript vom 18. 11. nebst Avertissement wegen des Verrufs fremder geringhaltiger Münzsorten.

(Nr.63): Resolution vom 15. 12., wem der Abschoß zusteht.

1762

(Nr.15): Rescript vom 2. 4., daß Zinsen in sächsischen 8 Groschen Stücken zu nehmen sind.

(Nr.26): Avertissement vom 29. 6. wegen der Ein- und Durchpassierung verrufener Münzsorten.

(Nr.48): Circulare vom 7. 12., daß an Bürgerliche verkaufte Adelsgüter von diesen nicht wieder an Bürgerliche verkauft werden dürfen.

(Nr.50): Avertissement vom 15. 12. betreffend anzusiedelnde Ausländer.

1763

(Nr.2): Rescriptum vom 21. 1. wegen der nach Gotha gehenden Erbschaftsgelder.

(Nr.7): Circulare vom 24. 2. betreffend die Maulbeerbäume auf Kirchhöfen zur Beförderung des Seidenbaues im Lande.[1]

(Nr.8): Rescript vom 25. 2. den Abschoß von Erbschaften betreffend.

(Nr.16): Circulare vom 27. 3. „die müßigen Weibs-Leute zum Vortheil der Fabriquen zum Spinnen" anzuhalten.

(Nr.38): Rescript vom 23. 6., wie es mit dem Abschoß in Ansehung der Pächter zu halten sei.

(Nr.40): Rescript vom 4. 7. wegen der verbotenen Einfuhr von fremden Samt- u. a. Waren.

(Nr.56): Patent vom 25. 8. wegen der unentgeltlichen Aufnahme fremder Meister in den Innungen.

(Nr.61): Rescript vom 18. 9., wieviel Prozent von nach Dänemark bzw. in kgl.-dänische deutsche Provinzen gehenden Erbgeldern zu nehmen ist.

(Nr.62): Circulare vom 20. 9. wegen der zollfreien Ausfuhr im Lande hergestellter Fabrikware.

(Nr.67): Publicandum vom 29. 9. wegen des verbotenen Lumpenaufkaufs.

---

[1] Das Circular ist hier exemplarisch aus einer größeren Anzahl vergleichbarer Regelungen zur Maulbeerbaumanpflanzung herausgegriffen.

(Nr.70): Rescript vom 7. 10. die Abschoßhöhe betreffend.

(Nr.88): Edikt vom 29. 11. gegen die Vor- und Aufkauferei sowie Ausfuhr roher Häute und von Leder.

(Nr.90): Resolution vom 6. 12.: Kein Abschoß von unveräußerten Immobilien.

1764

(Nr.3): Edikt vomm 11. 1. wegen der verbotenen Ausfuhr von Gold und Silber.

(Nr.4): Edikt vom 16. 1. wider das Kippen und Wippen der Münzsorten.

(Nr.9): Rescript vom 13. 2. wegen der Anfragepflicht beim Verkauf von adeligen Gütern, wenn der Kaufpreis außer Landes geht.

(Nr.21): Neues Münz-Edikt vom 29. 3.

(Nr.23): Edikt vom 8. 4. über die Vergünstigungen, welche diejenigen erhalten, die sich im Königreich Preußen niederlassen.

(Nr.26): Patent vom 2. 5. über die Vorteile für die, welche sich in den Städten Pommerns niederlassen.

(Nr.33): Circulare vom 22. 5. wegen der Berlinschen Lioner Gold-, Silber- und Drahtfabrik.

(Nr.37): Circulare vom 15. 6., welche Münzsorten zu welchem Wert in der Provinz Geldern bei den Kassen angenommen werden sollen.

(Nr.39): Edikt vom 4. 7. gegen die Ausfuhr von Lumpen, Papierspänen etc.

(Nr.42): Edikt vom 12. 7. wegen der Bebauung und Besetzung wüst gewordener Höfe und Äcker.

(Nr.44): Deklaration vom 16. 7. des § 10 Nr.11 des Münz-Edikts (Nr.21/1764).

(Nr.47): Aufhebung des Abschoß- oder Abzugsgeldes zw. Preußen und Mecklenburg-Strelitz vom 24. 7.

(Nr.50): wegen des Wechselkurses zw. Friedrichs d'or und dem Couranten Silbergeld vom 30. 7.

(Nr.78): Notification vom 13. 11. gegen die Abwerbung von Fabrikarbeitern.

(Nr.90): Resolution vom 22. 12. wegen des Abschosses zw. Mecklenburg-Schwerin und Strelitz.

(Nr.91): Resolution vom 27. 12. wegen des Abschosses.

1765

(Nr.45): Edikt vom 7. 5. gegen die Einfuhr Chursächsischer Fabrikwaren etc.

(Nr.56): Deklarations-Rescript für Geldern und Kleve vom 9. 5. betreffend das Münz-Edikt vom 29. 3. 1764 (Nr.21/1764).

(Nr.64): Rescript vom 19. 6. wegen des regulierten Abschosses mit Österreich.

(Nr.82): Rescript vom 14. 8. betreffend den Abschoß zw. Pommern mit Würtemberg und Lübeck.

(Nr.113): Erneuertes Edikt vom 17. 12. gegen die Einfuhr und den Gebrauch fremder ausländischer Ware.

(Nr.120): Rescript vom 28. 12. betreffend den Abschoß mit Italien/Sardinien.

1766

(Nr.1): Circulare vom 2. 1., „daß mit der größten Attention" auf den Impost von 4 Reichsthaler auf ausländische Fabrikware zu achten ist.

(Nr.20): Circulare vom 20. 2. betreffend die einwandernden Mühlenburschen und deren Kundschaft.

(Nr.28): Reglement vom 15. 3. für die Gold-, Silber-Etoffes- auch Seiden- und Samtfabriken in Berlin.

(Nr.36): Vorläufiges Deklarationspatent vom 14. 4. wegen der Neu-Einrichtung der Akzise- und Zollsachen.

(Nr.57, 58, 82, 91, 93): Abschoßrescripte.

(Nr.99): Patent vom 4. 12. wegen der verbotenen Ausfuhr von Gold und Silber, auch Münzen.

(Nr.101, 104, 105): Abschoßrescripte.

1767

(Nr.3, 45, 63): Abschoßrescripte.

(Nr.65): Erneuertes Edikt vom 1. 9. gegen das Beteiligen an auswärtigen Lotterien.

(Nr.69): Rescript vom 16. 9. betreffend den Abschoß von und nach Ostindien gehender Erbschaften.

(Nr.72, 73): Abschoßrescripte.

1768

(Nr.3): Allergnädigst-provisorisches Deklarationspatent vom 20. 1. wegen aufgehobenen Grenzzolles, Durchgangs-Akzise etc.

(Nr.7): Rescript vom 8. 2. betreffend den Abzug vom Vermögen von aus Pommern in die Lausitz ziehenden Untertanen.

(Nr.13): Rescript vom 21. 2. betreffend die Abschoßfreiheit zw. Soest und Leipzig.

(Nr.40): Kgl. allergnädigste Deklaration vom 8. 5. die Zölle betreffend.

(Nr.44): Rescript an das KG vom 27. 5. den Abschoß betreffend.

(Nr.53): Publicandum vom 24. 6. wegen des totalen Verbots fremder Bleche.

(Nr.79): Circulare vom 20. 9. wegen der Überlassung von Maulbeerbaumplantagen gegen billige Konditionen an Seidenbaulustige.

(Nr.94): Privilegium vom 1. 11. für die Hüttenbedienten und Arbeiter in Eisenhütten und Blechwerken.

1769

(Nr.19): Revidierte Kabinetts-Ordre vom 14. 3. betreffend den aprobierten Akzise-Tarif für die Städte in Vor- und Hinterpommern.

(Nr.20): Circulare vom 22. 3. wegen des Verbots der Auf- und Verkauferei der Wolle auf dem platten Lande.

(Nr.26): Revidierter Akzisetarif vom 10. 4. für die Städte im Königreich Preußen.

(Nr.31): Circulare vom 21. 4. wegen des Verbotes des Auf- und Verkaufs sowie der Ausfuhr von Wolle auf dem platten Land, siehe Nr.20/1769.

(Nr.38): Rescript vom 18. 5. wegen des Verbotes der beschnittenen und nicht mehr geränden Friedrichs d'or.

(Nr.39): Rescript vom 19. 5., daß ausländischen Erben ihr Vermögen nicht eher verabfolgt werden soll, bis sie hinlanglich Kaution deswegen gestellt haben.

(Nr.45): Edikt vom 27. 6. wegen Befreiung des Wollhandels und „Subventionierung" einheimischer Fabriken.

(Nr.47): Revidierter Akzisetarif vom 1. 7. für Berlin und die Städte der Kur- und Neu-Mark.

(Nr.80): Revidierter Akzisetarif für die Städte des Herzogtums Magdeburg etc. vom 3. 12.

1770

(Nr.2): Deklaration vom 11. 1. wegen der Aufhebung des Abschoßrechts zw. sämtlichen kgl. preußischen Landen und Amsterdam.

(Nr.13): Landesherrliche Erlaubnis für die Getreidehandlungscompagnie auf der Elbe vom 5. 2.

(Nr.16): Wie Nr.13/1770 auf der Oder vom 8. 2.

(Nr.22): Deklaration vom 17. 2. von Nr.13/1770.

(Nr.24): Publicandum vom 5. 3. betreffend die Behandlung einziehender Fremder.

(Nr.39): Revidierter Akzisetarif vom 25. 5. für die Städte des Fürstentums Halberstadt und der Grafschaft Hohenstein.

(Nr.41): Erneuertes, geschärftes Edikt gegen die Einfuhr und den Gebrauch fremder und ausländischer Tücher vom 28. 5.

(Nr.43): Circulare vom 7. 6. betreffend das Verbot des Aufkaufs und der Ausfuhr von Pferdehaar.

(Nr.75): Öffentliches Avertissement vom 26. 10. über die den ausländischen und sich in Preußen niederlassenden Fabrikanten zu gewährenden Freiheiten.

(Nr.78): Reglement vom 31. 10. die Warenausfuhr aus Schlesien betreffend.

(Nr.82): Circulare vom 23. 11. gegen das Einbringen fremder Mühlensteine.

1771

(Nr.11): VO vom 23. 2., was mit dem angetroffenen fremden Zucker bei schlesischen Kaufleuten passieren soll (vgl. Nr.78/1770).

(Nr.36): Erneuertes Edikt vom 16. 6. gegen den Gebrauch fremden Salzes.

(Nr.45): Rescript vom 8. 7. an das KG wegen zu entrichtender Decima von nach Grabia/Kurland gehenden Erbschaften.

(Nr.62): Rescript an das KG vom 3. 10. betreffend die Abschoßfreiheit mit Mecklenburg.

(Nr.66): Circulare vom 2. 11. wegen Beförderung der inländischen Eisen-, Hütten- und Blechwaren.

(Nr.67): Rescript vom 2. 11. betreffend den Absatz des inländischen Blechs.

(Nr.72): Rescript an das KG vom 14. 11. wegen des Abschosses von nach Schweden gehenden Erbschaftsgeldern.

1772

(Nr.11): Erneuertes und geschärftes Patent vom 17. 2. für das im Jahr 1772 brachliegende Ackerland.

(Nr.22): Edikt vom 1. 4. zur Erhebung eines Aufschlag-Impostes von Wein und Kaffee.

(Nr.40): Circulare vom 7. 7., unter welche Kolonie-Gerichte des Ortes sich Kolonisten begeben wollen.

(Nr.55): Patent vom 14. 10. zur Errichtung einer Seehandelsgesellschaft.

(Nr.56): Edikt vom 14. 10. wegen eines ausschließlichen Privilegiums für die Seehandelsgesellschaft.

(Nr.57): Edikt vom 14. 10. betreffend die Errichtung einer Handelsgesellschaft zum Debit des Seesalzes.

(Nr.58): Edikt vom 14. 10.: Privilegien für die Seehandelsgesellschaft.

(Nr.61): Publicandum vom 28. 10. wegen der verbotenen Einfuhr fremder Kalender in Westpreußen.

(Nr.74): Deklaration betreffend die Aktien der Seehandlungscompagnien vom 24. 12.

1773

(Nr.32): Circulare vom 30. 6. wegen der genehmigten Aufhebung der verbotenen Ausfuhr alten Kupfers.

1774

(Nr.1): Circulare vom 5. 1. gegen die Einfuhr fremder Spiegel.

(Nr.18): Instruktion vom 18. 3. für die Handhabung der neuen egalisierten Wasser- und Land-Zoll-Rolle der Grafschaft Lingen.

(Nr.25): Erneuertes und verschärftes Edikt vom 3. 4. gegen die Wollausfuhr.

(Nr.28): Circulare vom 9. 4., daß keine ausländischen Tressen, Gold- und Silberfäden etc. zum inländischen Debit eingelassen werden sollen.

(Nr.37): Erneuertes Edikt vom 11. 5. betreffend den Transit und die Einfuhr englischer Ware.

(Nr.44): Erneuertes Edikt gegen den Gebrauch fremden Salzes vom 16. 6.

(Nr.45): Rescript vom 23. 6. wegen der Befreiung der Kolonisten von den Gerichtsgebühren in Prozeßsachen.

(Nr.63): VO vom 26. 11., daß kein fremder Zucker nach West-Preußen eingelassen werden soll.

1775

(Nr.15): Deklaration von VOen betreffend die Einfuhr fremder seidener oder wollener Waren vom 6. 4.

(Nr.26): Circulare vom 5. 6. gegen die Ausfuhr von Wollschafen vor der Schur.

(Nr.39): Circulare vom 5. 9. betreffend Nr.26/1775.

(Nr.47): Deklaration vom 31.10. die Vergünstigungen für Fabriken betreffend.

(Nr.60): VO vom 25. 12. die Ausfuhr von Waren aus inländischen Messen betreffend.

1776

(Nr.6): Verlängerungspatent vom 9. 2. für die Seehandelsgesellschaft, vergl. Nr.55–58/1772.

(Nr.11): Rescript an das KG vom 22. 2. wegen Aufhebung des Abschosses, wenn Erbschaften von einer Provinz in die andere gehen.

(Nr.44): Ausfuhrverbotsedikt vom 28. 6. für Röthepflanzen und -keime.

(Nr.46): Rescript an das KG vom 5. 8. wie Nr.11/1776.

1777

(Nr.17): Ordre vom 30. 4. wegen des Einfuhrverbots von auswärtigem Leder etc.

(Nr.18): Abschoßaufhebungsvergleich vom 1. 5.

(Nr.31): Edikt vom 9. 8. betreffend das Weineinfuhrverbot für auswärtige Weinhändler.

(Nr.45): Ausfuhrverbotsedikt vom 16. 10. für Lumpen u. a. zum Schutze einheimischer Papiermühlen.

(Nr.51): Circulare vom 25. 11. wie Nr.11/1776

1778

(Nr.2): Rescript vom 4. 1. wegen des Abschosses von nach Danzig gehenden Geldern.

(Nr.8): Deklaration der Zölle für Westpreußen vom 28. 2.

(Nr.23): Circulare vom 10. 6., wodurch die Akzise für ausländischen Weinessig erhöht wird.

(Nr.27): Deklaration vom 19. 6. den Kaffeeverbrauch betreffend.

(Nr.36): Circulare vom 8. 10. wegen der Einfuhr von Heringen.

(Nr.39): Rescript an das KG vom 24. 10. betreffend den Abschoß mit Kursachsen.

1779

(Nr.1): Circulare vom 4. 1. wie Nr.2/1778

(Nr.17): Erneuertes Edikt gegen die Goldausfuhr vom 1. 6.

(Nr.21): VO vom 1. 7. betreffend den Verbrauch und die Besteuerung von Wein und Kaffee auf dem platten Land.

(Nr.22): Publicandum vom 1. 7. wegen des gänzlichen Verbots fremder weißer oder verzinnter Bleche.

(Nr.29): Circulare vom 27. 7. betreffend das vom Adel zu nehmende Akzise-Gefälle bei Wein und Kaffee.

(Nr.36): Publicandum vom 4. 11. wegen des gänzlichen Verbots schwedischen Eisens.

1780

(Nr.17): Publicandum vom 28. 7. wegen des auf kgl. Rechnung einzurichtenden Blau-Farben-Handels in Schlesien.

(Nr.29): Rescript vom 14. 11., daß von den in das Stift Quedlingenburg gehenden Erbschaften kein Abzug oder Abschoß zu nehmen ist.

(Nr.30): Publicandum vom 29. 11. wegen der Ausdehnung des Einfuhrverbots von weißen auch auf schwarze Bleche.

1781

(Nr.5): VO vom 22. 1. betreffend den polnischen Handel in Westpreußen.

(Nr.14): Publicandum vom 24. 3. wegen des Verbots der Einfuhr fremder Messingwaren nach Ostpreußen.

(Nr.35): Circulare vom 10. 8. betreffend die zoll- und akzisefreie Versendung von Transporten.

1782

(Nr.18): Circulare vom 23. 4. gegen die Einfuhr fremder hölzener Uhren zum inneren Debit.

(Nr.21): Circulare vom 14. 5. gegen die Einfuhr Zerbster u. a. Biere in alle Provinzen diesseits der Weser.

(Nr.24): Circulare vom 21. 5. betreffend das wiederholte Verbot des Aufkaufs und der Ausfuhr von Pferdehaar.

(Nr.29): Deklaration vom 15. 6. betreffend den Umlauf hier produzierter Fabrikwaren und ihren Export.

(Nr.30): Publicandum vom 25. 6. wegen des völligen Verbots schwedischen Eisens in Westpreußen und im Neißedistrikt.

(Nr.40): Übereinkunft der Abschoßfreiheit zw. Minden/Ravensberg und Rheda vom 10. 9.

(Nr.48): Abschoßfreiheit für in Frankreich geborene Regiebediente vom 31. 10.

1783

(Nr.3): Circulare vom 10. 1. über Einfuhrimpost und Einfuhrverbote.

(Nr.15): Bescheid an das KG wegen des Abschosses zw. der Mark-Brandenburg und der Niederlausitz vom 24. 3.

(Nr.31): Circulare vom 6. 6. wegen der verbotenen Einbringung fremder Eisen und Stahlwaren.

(Nr.32): Deklaration vom 19. 6. betreffend den Kaffeeverkauf.

(Nr.43): Circulare vom 17. 9. wegen des Verbots der Einfuhr von Graupen, Grütze u. ä.

1784

(Nr.7): Publicandum vom 31. 1. wegen des gänzlichen Verbots von fremdem Kupfer und fremden Blechen für Schlesien und Glatz.

(Nr.24): Ciculare vom 23. 4. wegen des Verkaufs von Produkten auf dem platten Lande an auswärtige Händler mit Nachweis des Ausgangsgefälles.

(Nr.31): Publicandum vom 17. 5. betreffend das gänzliche Verbot der Einfuhr schwedischen Stangeneisens nach Ostpreußen.

(Nr.33): Deklaration vom 20. 5. wegen der Herabsetzung der Kaffeeabgabe.

(Nr.46): Rescript an das KG vom 6. 8. wegen des Abschosses von nach Wernigerode gehenden Erbschaften.

1785

(Nr.5): Kabinettsordre vom 18. 1. betreffend die Akzise auf Brennholz.

1786

(Nr.4): Rescript vom 21. 1. wegen der Verhütung der Contrebande mit fremden Fabrikwaren.

(Nr.6): Publicandum vom 1. 2. betreffend das Einfuhrverbot fremder Messingwaren nach Westpreußen.

(Nr.24): Kabinettsordre vom 21. 4., ausländischen Lakmus mit 25 % zu importieren.

(Nr.25): Einfuhrverbot für fremden Obstessig vom 26. 4.

(Nr.35): Publicandum vom 17. 6. wegen des gänzlichen Verbots fremden Salpeters.

(Nr.39): Kabinettsordre vom 8. 7. wegen der Verhinderung der Einfuhr fremder Eisenwaren.

(Nr.42): Ordre vom 23. 7. betreffend den Import fremder Taschenuhren gegen 30 % und Ziffernblätter mit 2 % Aufschlag.

(Nr.45): Einschränkung bzw. Verbot des Hausierens für Lingensche Messerträger bzw. Böhmische Siebmacher vom 26. 7.

Unter der aufgeklärt-absolutistischen Regierung Friedrichs II. degenerierte Preußen nicht zu einem Polizei- und Überwachungsstaat im heutigen Sinne. Dennoch schützte der Staat sich und seine Institutionen im friederizianischen Semisäkulum durch eine Vielzahl legislatorischer Maßnahmen, welche die unterschiedlichsten Lebensbereiche erfaßten. Das Regelungsspektrum reichte von Gesetzen und Verordnungen des Staatsschutzes im engeren Sinne (Paß-, Zensur-, Pressewesen sowie der „inneren Sicherheit") bis zur Fülle der Legislativakte, welche die Förderung der wirtschaftlichen Prosperität Preußens zum Ziel hatten. Eine nicht unerhebliche Sondergruppe bildete die Judengesetzgebung.

Under the enlightened absolutism of Frederick II. Prussia did not degenerate into a police state in today's sense, although the state took many legislative measures to protect itself and its institutions in the most varied areas. This ranged from laws and ordinances for state security in the narrow sense (passport control, censureship, journalism, 'internal security') to legislation intended to further Prussia's economic prosperity. An sub-area of no small importance was legislation concerning Jewry.

Dr. iur. Andreas Fijal, Assessor Ekkehard Jost,
Fachbereich Rechtswissenschaft, Freie Universität
Berlin, Van't-Hoff-Str. 8, D-14195 Berlin

Ob und wie ferne nemlich einem Privat – Scribenten erlaubt seye, über Sachen, welche in das teutsche Staatsrecht, oder in die teutsche Staatsklugheit einschlagen, politische Betrachtungen anzustellen, zu raisoniren, dise oder jene Art zu handlen, zu loben oder zu tadeln, politische Vorschläge zu thun, politische Prophezeyungen zu stellen usw.? Verbotten ist es nirgendwo [...] Nun, wer eines hinlänglichen Schutzes versichert ist, der kann deswegen [...] ruhig schlafen. Wem es aber daran ermanglet, der muß es entweder bleiben lassen, oder das: Pater peccavi anstimmen und Beßerung versprechen [...]

Johann Jacob Moser, *Von der reichsverfassungsmäßigen Freyheit von teutschen Staats-Sachen zu schreiben*, Göttingen u. Gotha 1772, S. 50

PIERANGELO SCHIERA

Polizeibegriff und Staatlichkeit im aufgeklärten Absolutismus
Der Wandel des Staatsschutzes und die Rolle der Wissenschaft

Die 'moderne' Polizei wird im Dizionario di politica (1983) definiert als eine „funzione dello stato che si concretizza in un istituto di amministrazione positiva diretto ad attuare le limitazioni che la legge impone alle libertà dei singoli e dei gruppi per la salvaguardia e la conservazione dell'ordine pubblico, nelle sue varie manifestazioni".[1] Die Hauptaufgabe der Polizei liegt also zunächst darin — als eine der Funktionen des Staates —, insgesamt sowohl als Instrument als auch zugleich als Garantie für die Aufrechterhaltung der öffentlichen Ordnung zu dienen. In diese Definition ist eingeschlossen die „attività volta ad assicurare la difesa della comunità dai pericoli interni", welche Aktionen und Situationen darstellen, die gegen die öffentliche Ordnung und Sicherheit gerichtet sind.

Diese Definition erscheint vom historischen Gesichtspunkt her gesehen eingeschränkt, sie ist das Ergebnis der semantischen Entwicklung des Begriffes Polizei, der ursprünglich weiter und umfassender war als der heutige.[2] Er wurde zunächst im Mittelalter gebraucht, um die politische Einheit aufzuzeigen, und der dann im Verlaufe der Frühen Neuzeit die wichtigste Staatsfunktion umschrieb: die obrigkeitliche Regierung und Verwaltung im weitesten Sinne. Auf diese Bedeutung muß man zurückgehen, wenn man einerseits die staatlich-administrativen Wurzeln seiner modernen Ausprägung und andererseits die Möglichkeit der Entstehung und Entwicklung einer politischen Polizei erfassen will.

In diesen historisch gewachsenen Beziehungen zwischen 'Polizei', administrativen Funktionen und frühneuzeitlicher Staatlichkeit kommt dem Begriff 'Polizeistaat' eine zentrale Rolle zu, ein Begriff, der von besonderer Bedeutung für die deutsche Geschichte ist, insbesondere in ihrer ausgereiftesten Variante, in der preußischen.

Daß es sich in unserem Fall um einen Begriff vorwiegend historiographischer

---

[1] Sergio Bova, Polizia, in: Norberto Bobbio, Nicola Matteucci, Gianfranco Pasquino (Hg.), Dizionario di politica, Torino 21983, 853 – 857.

[2] Franz-Ludwig Knemeyer, Polizei, in: Otto Brunner, Werner Conze, Reinhart Koselleck (Hg.), Geschichtliche Grundbegriffe. Historisches Lexikon zur politisch-sozialen Sprache in Deutschland, Bd.4, Stuttgart 1978, 875 – 897; Peter Preu, Polizeibegriff und Staatszwecklehre. Die Entwicklung des Polizeibegriffs durch die Rechts- und Staatswissenschaften des 18. Jahrhunderts, Göttingen 1983.

Aufklärung 7/2   © Felix Meiner Verlag, 1994, ISSN 0178-7128

Konstruktion[3] handelt, tut der Logik des Arguments keinen Abbruch, sondern unterstreicht sie eher noch. Denn auf diese Weise wird die für den 'Rechtsstaat' nach liberaler Auffassung typische Rolle im Gegensatz zu der Funktion hervorgehoben, die im 19. Jahrhundert dem 'Polizeistaat' in der historiographischen Interpretation und dem gesamten Phänomen der Polizei — mit dem wir uns an dieser Stelle beschäftigen — zugeschrieben wurde. Es kann also kein Zweifel darüber bestehen, daß die Polizei in Gegenüberstellung zum Recht untersucht und rekonstruiert wurde, als zurückgebliebenere — wenn nicht antithetische — Form des Rechts.[4]

Ein eigenartiges Schicksal, da gerade die Landesfürsten im Deutschland des 17. und 18. Jahrhunderts progressiv einen gegen das alte Recht gerichteten technischen Hofapparat sowie ein System zum Eingreifen in das öffentliche Leben ausgearbeitet und perfektioniert hatten, welches in seiner Gesamtheit den Namen Polizei annahm. Die Maßnahmen verwaltungstechnischer, fiskalischer sowie politisch-wirtschaftlicher Natur der neuen Landesherren waren lange Zeit das Terrain, auf welchem diese ihre Schlacht einerseits nach außen gegen das Reich und andererseits im Inneren gegen die Territorialstände führten. In der Polizei konzentrierten sich am Ende diese beiden Tendenzen, und man kann sehr wohl sagen, daß es dank ihr möglich war, daß die deutschen Fürsten im großen und ganzen ihre Schlacht gewannen. Die Polizei stellt also das Hauptmittel zur Überwindung des althergebrachten konstitutionellen Dualismus der deutschen Staatsform — des 'Ständestaates' — der frühen Neuzeit dar.[5] Der Polizeistaat, der daraus hervorging, war die besondere Form, die der 'moderne Staat' in Deutschland gegen Ende des 17. Jahrhunderts und später, besonders in Preußen im 18. Jahrhundert, annahm. Der Prozeß vollzog sich nicht so sehr über die Aneignung von Kompetenzen und Funktionen, die vorher anderen zugestanden hatten (den Ständen oder dem Reich), seitens des Landesfürsten als vielmehr durch die Schaffung neuer Räume in Verbindung mit der Dynamik der Bedürfnisse einer im Aufbruch begriffenen Gesellschaft und der Konstruktion neuer Handlungsinstrumente in ihrem Inneren, die sowohl auf der technischen als auch auf der personalen Ebene tauglich waren.

Wenn man dem deutschen Polizeistaat des 18. Jahrhunderts diesen stark ver-

---

[3] Walther Hubatsch, Verwaltungsentwicklung von 1713–1803, in: Kurt G. A. Jeserich, Hans Pohl, Georg-Christoph von Unruh (Hg.), Deutsche Verwaltungsgeschichte, Bd.1, Stuttgart 1983. — Michael Stolleis, Geschichte des öffentlichen Rechts in Deutschland, Bd. 1: Reichspublizistik und Policeywissenschaft 1600–1800, München 1988.

[4] Eine Ausnahme, die die Regel bestätigt, ist Robert von Mohl, Die Polizeiwissenschaft nach den Grundsätzen des Rechtsstaats, 3 Bde., Tübingen 1832–1834. Vgl. dazu Erich Angermann, Die Verbindung des 'polizeistaatlichen' Wohlfahrtsideals mit dem Rechtsgedanken im deutschen Frühliberalismus. Eine Studie über die Verwaltungslehre Robert von Mohls, in: Historisches Jahrbuch 74 (1954), 462–472. Zu einer — auch chronologischen — Fortsetzung der Erörterung vgl. Albrecht Funk, Polizei und Rechtsstaat. Die Entwicklung des staatlichen Gewaltmonopols in Preußen 1848–1918, Frankfurt, New York 1986.

[5] Innocenzo Cervelli, Ceti e assolutismo in Germania. Rassegna di studi e problemi, in: Annali dell'Istituto storico italo-germanico in Trento. Jahrbuch des italienisch-deutschen historischen Instituts in Trient 3 (1977), 431–512.

fassungsgeschichtlich determinierten Charakter zuerkennt, dann wird daraus also auch der hohe Stellenwert verständlich, den die Polizei einzunehmen hatte, einen Stellenwert innerhalb der Verfassung selber, im Hinblick also auf das gesamte Funktionieren des Staates, inbegriffen wahrscheinlich auch die Selbstverteidigungs- und Selbsterhaltungsfunktionen, die dieser notwendigerweise in sich unterzubringen hatte. Entstanden war die Polizei ursprünglich als Regulativ der kleinsten und alltäglichsten Probleme des sozialen Lebens, wurde dann aber dank des Monopols, das der Landesherr allmählich beim Erlaß der Policeyordnungen[6] einnahm, auf die Grundlagen der entstehenden Territorialstaaten ausgedehnt: auf die Verwaltung eines stehenden Heeres, die Rationalisierung und Zentralisierung des Steuersystems, die Entstehung eines professionellen Verwaltungswesens, die Förderung der wirtschaftlichen Betätigung und selbst des Wohlstands der Untertanen. Wo der Fürst erfolgreich war (an erster Stelle in Preußen), war das Endergebnis ein kohärentes System souveräner Prärogativen, regulierender Eingriffe in das Leben der Untertanen, neuer administrativer und bürokratischer Instrumente, die fest in der Hand des Fürsten lagen. Das alles war die Polizei Ende des 17. Jahrhunderts: die gesamte innere Ordnung des Staates und folglich der Machtapparat, der dazu bestimmt war, diese zu garantieren.

Diese Dinge zu wiederholen, ist nicht zwecklos, wenn man den globalen, oder besser gesagt, den 'verfassungsmäßigen' Sinn der Polizei innerhalb des Polizeistaates verstehen und das Problem seiner Transition zum Rechtsstaat korrekt ansetzen will — auch im Verhältnis zu der obenerwähnten Hypothese einer Verengung des Polizeibegriffs. Eine Verengung, die wahrscheinlich eher formelle als grundsätzliche Elemente präsentiert, in dem Sinne, daß Implikationen (wie jene des Staatsschutzes), die vorher im Polizeibegriff enthalten gewesen waren, im neuen Regime einen veränderten Stellenwert einnahmen, aber den gesamten Bezugsrahmen der Verfassung nicht nachhaltig veränderten. Die Tatsache, daß sich mit dem Rechtsstaat ein Polizeibegriff im engen Sinne ausbildet (als Vorsorge und Repression von anti-staatlichen Aktivitäten), kann auch als Bestätigung für die moderne Natur des harten Kerns der traditionellen Polizei gelten; verstanden als Synthese aus Verfassung und Verwaltung, auch wenn (und gerade weil) diese letztere in einem neuen Verfassungskontext anzusiedeln ist: dem konstitutionellen Kontext des Rechtsstaates.

Im Rahmen des Polizeistaates faßte die Polizei im Grunde genommen die neue 'Ordnung' des Staates in sich zusammen: eine Ordnung teilweise neuer aber auch sehr alter Elemente, die bis dato in einer traditionell hierarchisierten und also automatischen, statischen, unorganisierten Form quasi sich selbst überlassen gewesen waren, die jetzt hingegen reguliert, simplifiziert, gelenkt und geführt wurden. Über die Polizei war es zu einer offeneren, innovativeren, mechanischen, auf Gleichheit hinzielenden, aber von oben geordneten Sozialstruktur gekommen. Es ist verblüffend, bei Lorenz von Stein noch in der zweiten Hälfte des 19. Jahrhunderts die folgende Idee von *Ordnung* anzutreffen: „Eine Ordnung überhaupt ist dasjenige Verhältniß einer Mehrheit, in welchem jeder Einzelne seine Stel-

---

6 Reiner Schulze, Policey und Gesetzgebungslehre im 18. Jahrhundert (Schriften zur Rechtsgeschichte, Bd. 25), Berlin 1982.

lung und seine Thätigkeit im Ganzen in der Weise angewiesen findet, daß er als Einzelnes nicht mehr über das zu bestimmen hat, was er im Ganzen seyn oder thun will."[7]

„Gute Ordnung und Polizey" ist das Begriffspaar, welches die Verfassung des Polizeistaates dominiert (und legitimiert): die Polizei als Mittel, um die Ordnung herzustellen und zu erhalten, aber auch als sich immer wandelndes Ergebnis konkreter politischer Eingriffe (inklusive derer, die auf den Schutz des Staates gerichtet sind, ohne welchen der gesamte Prozeß sinnlos wäre). Es ist kein Zufall, daß die Ordnung als „gut" angesehen wird. Sie hat sich an präzisen Grundkriterien zu orientieren, nämlich mehr oder weniger denjenigen, die in der großen deutschen Tradition des rationalen Naturrechts zum Ausdruck kommen. Zum ersten die 'Wohlfahrt', die im Rahmen der 'Polizei' stark materialisiert erscheint, sowohl in ihren eudämonistischen Inhalten (die 'materielle Glückseligkeit', von der die politischen Schriften des 17. und 18. Jahrhunderts nur so überquellen) als auch in den Modalitäten ihrer Umsetzung und Ausübung.[8] Sie ist tatsächlich das Produkt menschlicher Eingriffe, politischer Operationen, absichtlicher und zwangsweise notwendiger Entscheidungen sowie institutioneller Konkretisierungen und Umsetzungen.

Noch wichtiger aber ist, daß das Wohlergehen der Untertanen nicht nur ein Ziel ist, das es zu erreichen gilt, um den idealen Staat zu schaffen, sondern auch das ausschlaggebende Mittel ist, um den Staat in seiner historischen Konkretheit funktionsfähig zu erhalten. Das Gedeihen des Staates ist tatsächlich in der doktrinären Tradition von Kameral- und Polizeiwissenschaft eng an das andauernde und wachsende Wohlergehen der Untertanen gebunden. Ausgangspunkt sind bedeutende finanzielle Mittel, um Heer und Verwaltung zu unterhalten; der wichtigste Kanal, um solche Mittel zu erhalten, ist das Steuersystem, dessen Grundlage ist die Produktivität der Untertanen: Dies ist der elementare Mechanismus (merkantilistischer Prägung), durch den das Wohlergehen die ausschlaggebende Triebfeder für das Funktionieren des neuen Staates wird, und die Polizei ist nichts anderes als der Komplex der vom Fürsten geschaffenen Einrichtungen, um den Mechanismus in Bewegung zu halten.[9]

Hier brauchen nicht die konkreten Entwicklungsstufen des preußischen Polizeistaates detailliert verfolgt zu werden. Es genügt, sich das Werk der drei großen Hohenzollernherrscher (des Großen Kurfürsten, des Soldatenkönigs und Friedrichs des Großen) ins Gedächtnis zu rufen sowie jenes der großen Theoretiker und Praktiker ihrer Politik (von Wolff bis Justi), um sich ein ungefähres Bild

---

[7] Lorenz von Stein, System der Staatswissenschaft, Bd.2: Die Gesellschaftslehre, Teil 1: Der Begriff der Gesellschaft und die Lehre von den Gesellschaftsklassen [1856], Neudruck Osnabrück 1964, 207.

[8] Unersetzlich bleibt die wunderbare, wenn auch unvollständige Lektüre von Joseph Alois Schumpeter, History of Economic Analysis, New York 1954 [Ders., Geschichte der ökonomischen Analyse, 2 Bde., Göttingen 1965]. Vgl. auch Jutta Brückner, Staatswissenschaften, Kameralismus und Naturrecht. Ein Beitrag zur Geschichte der politischen Wissenschaft im Deutschland des späten 17. und frühen 18. Jahrhunderts, München 1977.

[9] Hans Maier, Ältere deutsche Staatslehre und westliche politische Tradition, München 21980.

der Lage zu machen, genauso wie es reicht, auf Kant zurückzugreifen, um den höchsten Ausgangspunkt jener geistigen Bewegung auszumachen, welche den Streit gegen den paternalistischen Staat, gegen den Staat als Kaserne, gegen die administrative Auffassung vom Staat eröffnete. Es ist besonders vielsagend, daß der Ausdruck *Polizeistaat* eingeführt wurde, um genau den Staat Friedrichs des Großen entwertend zu definieren. Freilich hatte sich in dieser Zeit der Polizeibegriff gewandelt, und aus dem Wort wollte man hauptsächlich den obsessiven, oppressiven Aspekt der staatlichen Intervention und nicht die politische Philosophie und Gesamtfinalität herauslesen, die hinter ihm standen und die seine historische Legitimität ausmachten. Auf diese Weise wurde die Transformation, der Wiederaufbau der deutschen (preußischen) Staatlichkeit im neuen Kontext der revolutionären Veränderungen möglich.

Der Staat ging weiter seinen Weg, und die Polizei wurde auf jene politische-administrative Rolle der Verteidigung der konstitutiven Ordnung und der inneren Sicherheit reduziert, von der wir am Anfang gesprochen haben. Im gesamten 19. Jahrhundert versuchten die neuen Stände, die Verschmelzung der neuen liberalen Prinzipien, die sich in der Zwischenzeit als Schutz von Freiheit und Gleichheit erwiesen hatten, mit den konsolidierten Verwaltungstechniken herzustellen, die sich bei der Handhabung der *res publica* schon länger bewerkstelligt hatten. Nur langsam erlangten das Recht und die Juristen in neuer Form und in einem neuen Kontext das alte „Privileg"[10] wieder, welches dann auch weiterhin im Rahmen einer unitaristischen und globalen Auffassung der Gesellschaft und des Staates unter dem Namen der sogenannten „sozialen Monarchie" ausgeübt wurde. Das Verhältnis von Verfassung und Verwaltung blieb das Hauptproblem für die großen deutschen politischen Theoretiker des 19. Jahrhunderts von Hegel bis Stein. Diese Grundkontinuität wäre vielleicht ohne die Reduktion der Polizei im 'politischen' Sinne und ohne ihre daraus erwachsende Stigmatisierung nicht möglich gewesen, die verwandt wurde, sowohl den gesamten vorausgegangenen historischen Prozeß zu verurteilen als auch dessen Rehabilitierung durch die liberale bürgerliche Politik und deren Gedankengut zu betreiben.

Aber auch im ursprünglichen, weitgefaßten Polizeibegriff war schon die Möglichkeit, wenn nicht sogar die Notwendigkeit eines 'Staatsschutzes' enthalten gewesen. Dies gilt insbesondere für den Polizeibegriff der Aufklärung und der dazugehörigen Wissenschaft, die sich um die Mitte des 18. Jahrhunderts als eine Art allgemeine politische Theorie präsentierte, von der die Kameralwissenschaft, Landeswirtschaft und Finanzwissenschaft Spezifikationen waren.

Die Existenz einer 'politischen Polizei' war eine Notwendigkeit für den Staatsapparat zum Eingriff in das soziale Leben (und das Leben der Bürger), so wie es sich langsam gerade dank der 'allgemeinen Polizei' schon seit dem Ende des 17. Jahrhunderts entwickelt hatte. Es wird nun also notwendig, auch die Rolle zu untersuchen, die in diesem Prozeß die Wissenschaft gespielt hat, einschließ-

---

10 Wilhelm Bleek, Von der Kameralausbildung zum Juristenprivileg. Studium, Prüfung und Ausbildung der höheren Beamten des allgemeinen Verwaltungsdienstes in Deutschland im 18. und 19. Jahrhundert, Berlin 1972.

lich ihrer Rolle bei der Rechtfertigung und der Entwicklung der Polizei im Rahmen der Kameralistik. In diesem Sinn habe ich selbst von „akademischem Kameralismus" gesprochen, um jene Phase der wissenschaftlich-doktrinären Ausarbeitung des Themas Polizei zu bezeichnen, die im Verlauf des 18. Jahrhunderts zur Errichtung von Lehrstühlen und der Veröffentlichung von Handbüchern und wissenschaftlichen Abhandlungen führte.[11]

Der Ausbau der Disziplin zeigte langanhaltende Wirkungen, die sich im 19. Jahrhundert voll konsolidierten.[12] Er betraf hauptsächlich das Staatsrecht und die Statistik, streifte aber auch den Kameralismus und das gesamte Studium der Politik. Ein Haupttrend des vorgenommenen Eingriffs war die Bevorzugung einer neuen praktischen Politik, die sich konkret mit den Reformen im Inneren des Wohlfahrtsstaates des aufgeklärten Absolutismus befaßte.

Es läßt sich also ein grundlegender Zusammenhang zwischen dem Prozeß der Institutionalisierung des Polizeistaates und der doktrinären und wissenschaftlichen Entwicklung im politischen Bereich feststellen. Dies knüpfte in der Hauptsache an das Problem der Bildung neuer Staatsbeamter an und, allgemeiner, an die zentrale Bedeutung der politisch-administrativen Studien für den laufenden Prozeß, und das in einem solchen Maße, daß sich der Zusammenhang zwischen Kameralismus, universitärer Erneuerung und Modernisierung der Gesellschaft und des Staates in den wichtigsten deutschen Territorien genau in der „costituzione della burocrazia come ceto accademico di stato" herstellen läßt. Auf diesem Wege wurde die Bürokratie zur Hauptstütze eines Staates, der seine ausgereifteste Ideologie — wenigstens in Deutschland — in einer Art „concezione amministrativa"[13] fand, wo die Doktrin der Mittel und Zwecke, der Rechte und Pflichten und in letzter Konsequenz der Glückseligkeit als theoretische und praktische Fusion von Ordnung und Wohlstand parallel zu der vielgestaltigen Doktrin des Kameralismus lief.

Nach dem Aufflammen des Wiener „Reichsmerkantilismus"[14] am Ende des 17. Jahrhunderts waren es die Reformen des preußischen Königs Friedrich Wilhelm I., die das Werk mit einem präzisen politischen Programm perfektionierten. Das Herzstück der Reform war die sogenannte „Regierung aus dem Kabinett", die es dem Fürsten erlaubte, seine Politik dank des massiven Rückgriffs auf sein *consiliarii camerales* relativ unabhängig von der traditionellen Kontrolle der Stände zu betreiben. Die große Verbreitung des Kameralismus im Preußen des 18. Jahrhunderts bewirkte nichts anderes als die Durchsetzung des Prinzips, laut welchem die Verwaltung beziehungsweise der bürokratische Apparat ausnahmslos an den Fürsten gebunden ist, sowie die sich daraus ergebende Notwendigkeit, fachlich gut ausgebildete Beamte mit den modernsten Instrumenten zur

---

[11] Pierangelo Schiera, Dall'arte di governo alle scienze dello stato. Il cameralismo e l'assolutismo tedesco, Milano 1968.

[12] Hans Erich Bödeker, Das staatswissenschaftliche Fächersystem im 18. Jahrhundert, in: Rudolf Vierhaus (Hg.), Wissenschaften im Zeitalter der Aufklärung, Göttingen 1985.

[13] Pierangelo Schiera, La concezione amministrativa dello Stato in Germania (1550–1750), in: Luigi Firpo (Hg.), Storia delle idee politiche, economiche e sociali, Bd. 3, Torino 1980, 363–442.

[14] Ingomar Bog, Der Reichsmerkantilismus. Studien zur Wirtschaftspolitik des Heiligen Römischen Reiches im 17. und 18. Jahrhundert, Stuttgart 1959.

Verwaltung des Staates auszustatten, an erster Stelle mit den finanziellen und den polizeilichen. In der Polizeiwissenschaft liegt das Herzstück dieses kameralistischen Systems, da in ihm die beiden Motive der Glückseligkeit und der Autorität als Grundlagen der bürgerlichen Gesellschaft beziehungsweise des Staates zusammenwirken und ihre gesamte Dialektik zum Ausdruck bringen.

Nach den ersten wichtigen Leistungen von Professoren der Kameralistik, wie Simon Peter Gasser und Justus Christoph Dithmar, erlangt die Kameralismusdebatte mit Zincke, Justi und Sonnenfels ihren Höhepunkt. Der frühe Kameralismus entwickelt ein wissenschaftliches System für den gesamten wirtschaftlichen und sozialen Prozeß, der an das Funktionieren des Polizeistaates gebunden ist. Hierüber konsolidiert sich langsam eine materielle Rechtfertigung der souveränen Funktion, die die Ausweitung und Perfektionierung der Bürokratie einerseits und die Entfernung der Untertanen von jeder direkten Teilnahme am politischen Leben andererseits als Korollare hat.

Mit Justi geht der Kameralismus über vom akademischen Niveau, das er in der vorausgehenden preußischen Regelung erreicht hat, zu einem wirklich wissenschaftlichen Niveau, und zwar der gesamte deutschsprachige Raum, inklusive Österreich, welches in der Zwischenzeit, was die Reformen anbelangt, mindestens dasselbe Niveau wie Preußen erreicht hat. Justi, der sowohl vom Wien Maria Theresias als auch vom Berlin Friedrichs des Großen beeinflußt worden war, weiß die Existenz einer „Grundwissenschaft [...]" aller Staatswissenschaften" zu erfassen. Er interessiert sich jedoch insbesondere für die praktischen Aspekte des Staates, für die „Regierungswissenschaften", in der die „Staatswirthschaft" die Rolle der Koordinierung, Führung und des staatlichen Impulses innehat, um die Wirtschaft und das Leben des gesamten Landes anzuregen.

Mit Joseph von Sonnenfels, dem bedeutendsten Vertreter des österreichischen Kameralismus, geht die Debatte noch weiter. Die alte Einheit von Ordnung und Wohlstand erfährt eine Zweiteilung, auf der einen Seite in die Probleme der inneren Sicherheit des Staates und auf der anderen in jene der wirtschaftlichen Sicherheit der Untertanen-Bürger. Gegenüber dem Staat, der inzwischen in seinem administrativen Gefüge strukturiert ist, breitet sich das Vorgefühl einer neuen Wirklichkeit aus, die von der jüngsten Geschichte Europas geprägt ist: jene der bürgerlichen Gesellschaft, die nicht als Synonym für den Staat, sondern als Zusammenschluß privater und gemeinschaftlicher Interessen der Bürger verstanden wird.

Die 'wissenschaftliche' Komponente des Kameralismus kann uns dabei behilflich sein, eine Definition jener 'politischen Polizey" zu finden, um die es hier geht. Ein erstes Element ihrer Existenzgrundlage ist genau die eben erwähnte Trennung von Staat und Gesellschaft. Solange die beiden Pole in der alten *societas civilis sive status* vereint gewesen waren, nahm das Problem der 'guten Ordnung' und der 'Polizei' alle souveränen Kompetenzen in sich auf, einschließlich derjenigen, die darauf ausgerichtet waren, die Sicherheit des Staates zu gewährleisten, die gleichbedeutend mit der Sicherheit der Gesellschaft war. Als sich aber dank auch der oben angesprochenen Entwicklung der 'akademischen-wissenschaftlichen' kameralistischen Reflexion Staat und Gesellschaft trennten, ergaben sich die Umstände, die es zuließen, der Sicherheit des Staates ein besonderes, eigenes Interesse zukommen zu lassen, das ganz darauf ausgerichtet war, dem In-Frage-Stellen, wenn nicht gar der Zerstörung entgegenzuwirken.

Dieser Prozeß wurde auch von dem neuen Approach begünstigt, mit dem man die Gesellschaft seit dem Ende des 18. Jahrhunderts zu betrachten begann. Im Kielwasser der Naturwissenschaften, die zu dieser Zeit ihr methodisches Instrumentarium im systematischen und klassifizierenden Sinn stark verfeinert hatten, begann man, die Gesellschaft als den „natürlichen" Ort der sozialen Beziehungen und der in ihnen entstehenden Konflikte zu sehen. Dem Staat kam immer mehr die Aufgabe zu, vorbeugend oder — wenn dies nicht möglich war — schlichtend in jene Konflikte einzugreifen. Besonders hatte er auf diejenigen zu achten, die die Basis der Gesellschaft untergraben konnten, indem sie die ungeschriebenen „Gesetze" und die „Klassen", aus der sie zusammengesetzt war, umstürzten. Daraus ergab sich eine Mittler- und Schutzrolle für den Staat, in die teilweise der ehemalige Aufgabenbereich der Polizei überging, nachdem sich das neue Feld der bürgerlichen Gesellschaft verselbständigt hatte. Also eine zum Großteil reduzierte Funktion, aber mit spezifischeren Inhalten versehen, wenn man die Wichtigkeit bedenkt, die noch im gesamten 19. Jahrhundert in Deutschland der Tätigkeit des Staates als Erzeuger und Garant der Freiheit des Individuums und der Gruppen (Hegel) und ihrer Persönlichkeit (Stein) beigemessen wurde.

Mein Bestehen auf dem 'wissenschaftlichen' Aspekt, der den hier behandelten Prozeß durchzieht, ist jedoch kein Zweck an sich. Es soll der hohe Grad an Legitimität hervorgehoben werden, den die organisatorischen Probleme des Staates und der Gesellschaft durch die Wissenschaft auf deutschem Boden annahmen, in der Fortführung der alten praktischen Linie der deutschen Politik[15] einerseits und in der Vorwegnahme jener politischen und konstitutionellen Rolle andererseits, die die deutsche Wissenschaft im Laufe des 19. Jahrhunderts annehmen sollte.[16]

Und auch auf diese Art kann ein weiteres, sehr wichtiges Element über den Effekt der gegenseitigen Beeinflussung von institutioneller Entwicklung und wissenschaftlichem Bewußtsein in unsere Gedankenführung einfließen. Hierbei handelt es sich auch um ein Element, das in seiner spezifischen Ausprägung typisch für Deutschland ist: nämlich das kontroverse Phänomen der 'Sozialdisziplinierung'. Es berührt — laut Oestreich — besonders das Verhältnis Absolutismus und Ständestaat: jedoch innerhalb der Entstehung und der Entwicklung des 'modernen Staates'. Dies ist meiner Meinung nach ein ausschlaggebender Punkt, auf dem es auch in Anbetracht unseres Themas zu bestehen gilt. Genau über das sehr pragmatische und nicht nur wissenschaftliche (und philosophische) staatliche Bewußtsein, welches sich in Deutschland dank des Kameralismus und der Polizeiwissenschaft entwickeln konnte, ist es dem Staat gelungen, die disziplinierende Funktion der Stände abzubauen und nach und nach zu ersetzen. Dieser Prozeß kam im 18. Jahrhundert besonders in Preußen zu einem Abschluß, aber

---

15 Hans Maier, Die ältere deutsche Staats- und Verfassungslehre, Berlin 1966.
16 Pierangelo Schiera, Il laboratorio borghese. Scienza e politica nella Germania dell'Ottocento, Bologna 1978 (deutsch: Laboratorium der bürgerlichen Welt. Deutsche Wissenschaft im 19. Jahrhundert, Frankfurt 1992).

die ersten Spuren reichen bis zu den Reformen des Großen Kurfürsten gegen Ende des 17. Jahrhunderts zurück.

Andererseits darf die zentrale Rolle, die die Stände auch weiterhin in der preußischen Verfassung auch im aufgeklärten Absolutismus spielten, nicht verschwiegen werden. Nicht nur das *Allgemeine Landrecht für die preußischen Staaten* ist dort der konkreteste Beweis dafür, wo es normativ die Gliederung für Stände der bürgerlichen Gesellschaft definiert, sondern es gibt auch eine reiche theoretisch-juristische Produktion zum Thema, ganz zu schweigen von der historiographischen Produktion um die Jahrhundertwende, die es auf eine organisch-ständische Rekonstruktion der deutschen Geschichte seit dem Mittelalter abgesehen hatte.[17] Dank des keineswegs traumatischen Übergangs vom traditionalistischen zu einem professionellen und funktionalen Ständebegriff ging die ständische Tradition des *ancien régime* im Verlauf des Modernisierungsprozesses (und des Aufbaus eines Nationalstaates sowie einer nationalen Gesellschaft) im Deutschland des 19. Jahrhunderts nicht gänzlich verloren.

Und genau um den Ständebegriff geht es hier. Der tiefe Funktionswandel der Stände innerhalb der neuen polizeistaatlichen Verfassung im 18. Jahrhundert stellt — eher als ihre Entfernung aus dem staatlichen und sozialen Kontext — das spezifische Moment im Umstrukturierungsprozeß in Preußen dar. Die Rationalisierung und Intensivierung der Macht des Monarchen innerhalb des Staates macht den Übergang vom Ständestaat zum Polizeistaat möglich. Auf diese Weise wurden die Stände zwar nicht abgeschafft, ihre verfassungsmäßige Funktion innerhalb des Staates aber eindeutig verändert.

Sie hörten langsam auf, eine Alternative (sowohl was die Entscheidungsgewalt als auch die Exekutive betraf) zum Fürsten zu sein, sie nahmen Funktionen und Aufgaben an, die dessen Handeln unterstützten. Dies gilt sowohl für die Bürokratie als auch für das Militär, während für den Fiskus weiterhin eine Art Halbpacht existierte, die den Ständen einen gewissen Verhandlungsspielraum zum Schutz ihrer weiterhin existenten sozialen Funktion einräumte. Das Endergebnis war, daß die Stände zu tragenden Elementen des Polizeistaates wurden, indem sie bei seiner Errichtung eine primäre und nicht zu ersetzende Rolle spielten. Aber auf diese Weise nahm freilich die disziplinierende Funktion ab, die Oestreich ihnen innerhalb der absolutistischen staatlichen Dynamik zugeschrieben hatte.

Als lebendige Kräfte innerhalb des Staates — und sicherlich nicht länger auf gewisse Weise als Alternative zu ihm — hörten die Stände auf, jene Rolle des 'Widerstandes' gegenüber dem Anspruch des Fürsten auf das Machtmonopol zu spielen, die charakteristisch für den Ständestaat gewesen war. Der neue Polizeistaat war — wie wir gesehen haben — tendenziell monozentrisch, in dem Sinne, daß die Regierungs- (Polizei-)funktionen in den Händen des Souveräns lagen, der sie über ihm unterstehende technische Apparate ausübte (in welchen die Stände weiterhin eine wichtige Stellung einnahmen, aber in einer Logik, die sich gänz-

---

[17] Ernst-Wolfgang Böckenförde, Die deutsche verfassungsgeschichtliche Forschung im 19. Jahrhundert. Zeitgebundene Fragestellungen und Leitbilder, Berlin 1961.

lich von der vorhergegangenen unterschied). Umgekehrt verlagerten die Stände
ihre 'soziale' Rolle auf die an Bedeutung zunehmende bürgerliche Gesellschaft,
die sie lange dominierten (bis weit ins 19. Jahrhundert hinein, und sei es auch
— wie wir schon gesehen haben — nicht länger in traditioneller, sondern in zunehmend professioneller Form und Legitimierung).[18]

Der Staat hatte also zwar die eigene Effizienz und Eingriffsfähigkeit vergrö-
ßern können, indem er die Macht auf den Fürsten und die von ihm abhängige
Verwaltung konzentrierte und steigerte, aber er hatte zugleich einen Großteil seiner inneren Dialektik verloren, insbesondere in bezug auf die Kontrollmöglich-
keiten, wenn nicht gar die Widerstandsfähigkeit, die ihm vorher zur Verfügung
gestanden hatten. Das Aufgehen der zugkräftigsten Elemente dieser Widerstandsfähigkeit (der Stände) in der Maschinerie des Polizeistaates konnte sicherlich nicht
das Aufkommen von Konflikten vermeiden. Diese hatten inzwischen in der bürgerlichen Gesellschaft ihren natürlichen Platz eingenommen, mit Auswirkungen,
die viel evidenter und unmittelbarer waren als zuvor. Von hier stammt das Bedürfnis des Staates, sich zu schützen, indem er sich Methoden zum Eingreifen schafft,
die genau in Richtung der 'politischen Polizei' abzielen.

Aus alledem geht unter anderem auch die Zentralität des Begriffs vom 'Staatsbürger' für die deutsche Verfassungsgeschichte hervor.[19] In dieser Figur ist mit
Sicherheit schon eine neue Form der Legitimierung der staatlichen Macht im Hinblick auf die Bürger enthalten, in deren ausdrücklichen und direkten Bezug auf
den Staat, ohne irgendeine Mediation jener sozialen Kräfte (der Stände), die zuvor
als Filter und Rettungsring gewirkt hatten: Hier liegen die Gründe für den Staat,
sich zu schützen, seine Position im Verhältnis zu den Bürgern abzusichern. In
diesem Sinn erschienen die beiden Begriffe 'Staatsbürger' und 'Staatsschutz' kom-
plementär.

Ein Nachweis hierfür läßt sich leicht in der Entwicklung eines anderen, für
unser Thema zentralen Begriffs (der auch auf das 18. Jahrhundert zurückgeht)
finden: nämlich der 'bürgerlichen Gesellschaft'. Hier spielt das Thema der Bildung eine zentrale Rolle, und zwar die Bildung sowohl der Bürger (die zu einer
organischen Beziehung zu dem Staat zu erziehen sind) als auch der Beamten (denen
im Zusammenhang mit den zunehmenden Interventions- und Selbstverteidigungs-
aufgaben des Staates eine besondere und spezialisierte Bildung zukommen kann
und muß). Als synthetische Figur zwischen den beiden Bildungsniveaus und ihren
staatlichen und sozialen Empfängern steht schon im 18. Jahrhundert der
'Gelehrte', mit allen Implikationen, die dieser mit der Universität und innerhalb
dieser mit der Wissenschaft hat.[20] Es ist kein Zufall, daß die Geschichte der

---

[18] Außer den klassischen Werken von Nipperdey und Dann vgl. auch Marco Meriggi, Italieni-
sches und deutsches Bürgertum im Vergleich, in: Jürgen Kocka (Hg.), Bürgertum im 19. Jahrhundert. Deutschland im europäischen Vergleich, Bd. 1, München 1988, 141—159.

[19] Michael Stolleis, Untertan-Bürger-Staatsbürger. Bemerkungen zur juristischen Terminologie
im späten 18. Jahrhundert, in: Rudolf Vierhaus (Hg.), Bürger und Bürgerlichkeit im Zeitalter der
Aufklärung, Heidelberg 1981, 65—99.

[20] Klaus-Peter Tieck, Riforme amministrative e profilo etico del funzionario dotto in Prussia
(1808—1830), in: Annali dell'Istituto storico italo-germanico in Trento/Jahrbuch des italienisch-
deutschen historischen Instituts in Trient 16 (1990), 215—261.

„deutschen Professoren" im 19. und 20. Jahrhundert einen so gewichtigen Anteil an der Bilanz der Siege und Niederlagen (einmal abgesehen von den Fällen, die als 'Verrat' gewertet werden) der deutschen Gesellschaft haben wird. Der Gesellschaft kommt auf jeden Fall die ausschlaggebende Rolle im gesamten Prozeß zu. Durch die Anerkennung einer Autonomie der gesellschaftlich organisierten individuellen Interessen ergibt sich tatsächlich die Notwendigkeit für ihren globalen Schutz durch den Staat. Es ist das Verschwinden der alten theoretisch-praktischen Formel der *societas civilis sive status*, welches eine neue Beziehung zwischen dem privaten und dem öffentlichen Bereich des Zusammenlebens möglich und notwendig macht. Garant für beide, besonders in bezug auf ihr gegenseitiges Verhältnis, wird auf gewisse Art der Staat, der freilich, um seine so umfassende Aufgabe bewältigen zu können, unbedingt zweier Requisiten bedarf: einer neuen Doktrin der Legitimierung und neuer praktischer Interventionsinstrumente. Aus beiden Quellen entspringt meiner Meinung nach die 'politische Polizei',[21] die die drastischste und als solche — auf gewisse Art — die zusammenfassendste Form des Schutzes der neuen bipolaren Ordnung gegenüber den Angriffen durch bestimmte abweichende Interessen darstellt, die von den dominanten Linien in der bürgerlichen Gesellschaft abweichen und daher gegenüber dem Staat besonders aggressiv erscheinen.

Daß die ersten Anzeichen dieser Aggression in den demokratischen, freiheitlichen und nationalen Bewegungen auftauchen, ist nicht unbedingt ein Zeichen für die intrinsische Perversion und Rückständigkeit der neuen politischen Form.[22] Diese findet ihre eigene Bedeutung in der — auch konfliktuellen — Dynamik, die sie in das politische Leben einbringt, im Verhältnis zu dem Zustand der Osmose und — sozusagen — der Entropie, die für die „altständische Gesellschaft" typisch gewesen war. Dies und nichts anderes ist freilich das Ergebnis des revolutionären Ereignisses zwischen dem 18. und dem 19. Jahrhundert gewesen. So oder so mit eindeutigen Widersprüchen, aber auch mit tieferen Implikationen als den prompt reaktionären, die ihm normalerweise zugeschrieben werden, gehört auch der Staatsschutz zu jenem Ereignis.

Im gleichen Sinne hat sich Ernst-Wolfgang Böckenförde[23] in der erklärten Nachfolge Otto Brunners geäußert, der das Problem der Trennung von Staat und Gesellschaft ausdrücklich auf den politischen Ausschluß der konkreten (individuellen, autonomen) Herrschaftsordnungen und der daraus resultierenden ständischen Strukturen seitens des Monarchen und seines Apparates zurückführt. Dies führt zur staatlichen Absorption der „Schutz- und Verteidigungsfunktionen", die auf einheitliche Art gehandhabt werden und sich zwangsläufig in eine eindeutige und spezialisierte Interventionsstrategie der staatlichen Verwaltung umsetzen

---

21 Alf Luedtke, „Gemeinwohl", Polizei und „Festungspraxis". Staatliche Gewaltsamkeit und innere Verwaltung in Preußen 1815–1850, Göttingen 1982; Wolfram Siemann, Deutschlands Ruhe, Sicherheit und Ordnung: Die Anfänge der politischen Polizei 1806–66, Tübingen 1985.

22 Wolfgang Schieder (Hg.), Liberalismus in der Gesellschaft des deutschen Vormärz, Göttingen 1983.

23 Ernst-Wolfgang Böckenförde, Die deutsche verfassungsgeschichtliche Forschung (wie Anm. 17), 32 f.

mußten. Diese fand in einer stark reduzierten Aufgabenstellung der Polizei selbst ihren geeigneten Platz, und zwar keineswegs zufällig, sondern aus den historischen Gründen der Verengung und Differenzierung des anfänglich weitgefaßten Polizeibegriffs, die oben angedeutet wurden.

So vollzog sich der Übergang vom 'Polizeistaat' zum 'Verwaltungsstaat' schrittweise, aber gemäß einer leicht verständlichen und nachvollziehbaren Logik: In diesem nahm die Staatsverwaltung ein immer größeres Gewicht ein, mit der Hauptaufgabe, für „Schutz und Verteidigung", und zwar vom Staat ausgehend, zu sorgen. Es handelte sich hierbei sehr wahrscheinlich nicht um einen traumatischen Wechsel im Vergleich zur vorausgegangenen Situation, sondern nur um eine Art Rationalisierung und Spezifikation der polizeistaatlichen Erfahrung des 18. Jahrhunderts nach dem neuen 'Organisationsprinzip', das seinerseits, von Frankreich und der Revolution ausgehend, einen immer wichtigeren Stellenwert einnahm.[24]

Und hier kommt erneut die Frage nach der effektiven Rolle der Bürokratie im Modernisierungsprozeß des deutschen (preußischen) Staates im 18. Jahrhundert auf. Ich verweise auf die soziale, aber auch auf die politische und verfassungsmäßige Funktion des neuen Beamtentums beim Überwinden des traditionellen Ständestaates und folglich auch beim Bau und der Legitimierung einer einheitlicheren und kompakteren Staatsform, durch die das Problem des Staatsschutzes die notwendige Einordnung finden kann.[25]

Insbesondere bezieht sich dies auf die zunehmende Anstellung einflußreicher Mitglieder jener Stände, die ihre verfassungsmäßige Rolle verloren hatten, um eine nur soziale zu erlangen, in den höheren Rängen der drei Institutionen Heer, Magistratur und Bürokratie. Nicht daß die Adeligen nicht auch vorher in den klassischen Verwaltungseinrichtungen des Staates vertreten gewesen wären, aber seit der Mitte des 18. Jahrhunderts legitimiert sich ihre Anwesenheit mit einem neuen Titel, nämlich dem öffentlichen Dienst und dem Staatsdienst an sich, und ist nur indirekt an die alten Privilegien der Geburt und der verfassungsmäßigen Rolle gebunden. Diese letzten waren — wie wir kurz angedeutet haben — verschwunden (oder wurden als ungerechtfertigt angesehen), nachdem Verteidigung und Schutz der Gesellschaft als Ganzes in die Hände des Staats (Monarchen) übergegangen waren.

Im Grunde genommen war nur noch ein (sozialer) Stand legitimiert: jener der Staatsbürger, die sich direkt und in gleichem Maße unter der Macht der einheitlichen Gewalt des Staats befanden. Die Zugehörigkeit zu diesem Stand wurde die Essenz der 'Freiheit'. Die Verteidigung der Bürger wurde zur Verteidigung der Freiheit, insofern als sie der einzige vom Staat legitimierte Stand waren. Da dem Staat der alleinige Inhaber des Rechts auf diese Verteidigung zugeschrieben wurde, so ergab sich daraus auch unweigerlich die ausschließliche Kompetenz zur Verteidigung des Staates. Verteidigung des Staates vor Attentaten auf sein Schutzmonopol einerseits sowie Verteidigung der Freiheit der Staatsbürger

---

[24] Ders., Organ, Organismus, Organisation, politischer Körper, in: Otto Brunner, Werner Conze, Reinhart Koselleck (Hg.), Geschichtliche Grundbegriffe, Bd. 4, Stuttgart 1978, 581 ff.

[25] Peter Lundgreen, Die Berufsbildung der technischen Beamten und des Wirtschaftsbürgers, in: Barbara Vogel (Hg.), Preußische Reformen 1807–1820, Königstein/Ts. 1980, 224–242.

andererseits wuchsen zu einer einzigen enormen Kompetenz zusammen, die leicht in dem Behälter Platz fand, der zum Teil um die alte Polizei-Verwaltung entleert war. Es handelt sich wieder einmal um den Übergang von den traditionellen Ständen zu den professionellen. Besondere Aufmerksamkeit gebührt also einerseits dem ALR (und den langen vorbereitenden Untersuchungen und Debatten) und auch der Rolle, die die Vereine darin gespielt haben. Die Eigenheit der konstitutionellen Entwicklung in Deutschland zwischen dem 18. und dem 19. Jahrhundert liegt in der Tatsache, daß man einerseits den modernen Staat resolut zur Vollendung brachte — der das Monopol über jede souveräne Gewalt einklagte und so auch Verteidigung und Schutz der Staatsbürger für sich beanspruchte —, während andererseits viele Formen und Institutionen der alten ständischen Ordnung einen Teil ihrer vitalen Lebenskraft beibehielten. Diese konnte in den neuen Rumpf der Gesellschaft-Nation einmünden, der auch auf der theoretisch-kulturellen Ebene innerhalb des Idealismus starke Impulse erhielt, indem sie zwischen den Wirkungen der Revolution und denen der Reform vermittelte.

Die allen gemeinsame Staatsbürgerschaft verhinderte also das Überleben profunder Unterschiede innerhalb der Gesellschaft — wenigstens auf der sozialen Ebene — nicht. Diese behielt eine korporative Beschaffenheit bei (und sollte sie in Deutschland auch noch weit ins 19. Jahrhundert hinein beibehalten). Auch wenn die formale Definition von 'Stand' seitens des ALR noch deutliche Anzeichen der alten Situation enthält,[26] gilt es jedoch zu bemerken, daß der geltende Trend, der oben beschriebene ist: ein gemeinsames Einfließen der verschiedenen Stände in die Gesellschaft aller, der wiederum doch eigene „Gesetze" des Verhaltens, eigene innere „Beziehungen" und sogar eigene „Klassen" der Zugehörigkeit zuerkannt werden.

Hier muß hinzugefügt werden, daß dem Adel die besondere Bestimmung des „Staatsdienstes" zuerkannt blieb: Begriff und Praxis, die nicht wenig dazu beitrugen, den langsamen Übergang vom alten Polizeistaat zum neuen Rechtsstaat zu vereinfachen, dessen Verteidigungs- und Schutzfunktionen also auch noch lange in präzise Richtungen — wenn nicht sogar einseitig — ausgeübt wurden: durch eine vorwiegend adelige Bürokratie gegen den überwiegend bürgerlichen Anteil der Bevölkerung (ausgenommen das 'Proletariat', das sich noch nicht klar genug vom 'Pöbel' abhob, um als anerkannte Komponente der Gesellschaft und als autorisierter Gesprächspartner des Staates zu gelten). Der bürgerliche Anteil wurde auf diese Weise in seinen fortgeschrittensten und libertären Spitzen auch der Hauptempfänger des Staatsschutzes.

Als letztes bleibt uns, in dieser Abhandlung die Reform der Justiz zu beleuchten. Wie die Erfahrung des berühmten toskanischen Kriminalkodexes vom Ende des 18. Jahrhunderts, der den Namen *Leopoldina* trägt, zeigt,[27] stellt das Phä-

---

26 Es ist jedoch auf Böckenförde, Die deutsche verfassungsgeschichtliche Forschung (wie Anm.17), 43, hinzuweisen. Vgl. hierzu Hermann Conrad, Individuum und Gemeinschaft in der Privatrechtsordnung des 18. und beginnenden 19. Jahrhunderts (Juristische Studiengesellschaft Karlsruhe, Schriftenreihe, H.8), Karlsruhe 1956, 14—20.

27 Vgl. z.B. Carlo Mangio, La polizia toscana. Organizzazione e criteri d'intervento 1765—1808 (La Leopoldina, Bd.6) Milano 1988.

nomen der Kriminalrechtskodifizierung für ganz Europa im 18. Jahrhundert das ausschlaggebende Moment bei der Behauptung der Staatsgewalt dar. Preußen machte hierin keine Ausnahme. „Als ein Vorläufer dieser zweiten Justizreform kann die Verstaatlichung der Patrimonialjustiz auf den Domänenämtern bezeichnet werden, die 1764 und 1767 durchgeführt worden ist. Sie schuf für je eine Gruppe von Ämtern ähnliche dreigliederige Kollegialgerichte erster Instanz, wie sie Cocceji früher in Ostpreußen und Cleve-Mark eingerichtet hatte: das sind die neuen Domänen-Justizämter, die sich gut bewährt und die Rechtspflege für die Domänenuntertanen sehr wesentlich verbessert haben."[28] Man kann die Rolle der Intensivierung der fürstlichen Macht, die zu der Reform führte, nicht hoch genug einschätzen. Sie stützte sich in Preußen wie im Rest Europas eher auf die Verfolgung von Vorteilen für die schwächsten Untertanen als auf die monokratische Forderung des Souveräns. Über den Schutz der Untertanen ließ sich tatsächlich eine (sowohl quantitative als auch qualitative) Zunahme der königlichen Macht verzeichnen, und es ist von besonderer Bedeutung, daß diese Zunahme genau im Namen des Monopols „des Schutzes und der Verteidigung" zustande kam. Ich möchte sagen, daß — abgesehen von den eher technischen Aspekten — in der Justizreform die wichtigste institutionelle Grundlage der Behauptung des Staatsschutzes als Prärogative des neuen Staates zu sehen ist. In diesem Zusammenhang war der berühmte Fall des Müller Arnold wirklich exemplarisch. Die Übernahme der Aufgabe der Untersuchung durch die Richter war auf unauslöschliche Weise die Übernahme von Verantwortung seitens des Staates — über seine Richter — für die prozeßliche Wahrheitsfindung, mit dem Ausschluß von Eingriffen, die meistens von den Absichten der streitenden Parteien und ihrer Rechtsanwälte abwichen.[29] Auch die Tatsache, daß diese Reform sich zwar als großzügig aber auch unpraktisch erwies, und das so sehr, daß sie von 1833 an mit der Wiederherstellung der Verhandlung der Parteien ersetzt wurde, beweist meiner Meinung nach die stark emblematische Bedeutung der Verstärkung der rechtsprechenden Rolle des Staates, die sie mit ihrem Inkrafttreten darstellt. Um so mehr als die Reform in der bürgerlichen Rechtsprechung von einer Rationalisierung im staatlichen Sinne auch der Verwaltungsjurisdiktion begleitet war, die vom Jahr 1772 an in einem Stufensystem organisiert wurde, welches in letzter Instanz im 'Generaldirektorium' mündete.

Svarez, ein schlesischer Jurist, der in Carmers Diensten stand, ein Mann „von ganz besonderer Tüchtigkeit und aufgeklärt-humanitären Tendenzen"[30], war der Autor des berühmten Kodex, den sich Friedrich II. so sehr gewünscht, aber nicht mehr erlebt hatte. Weder an großen systematischen noch theoretischen Anforderungen lag es ihm, sondern in der Hauptsache an der Klärung und Vereinfachung

---

[28] Otto Hintze, Die Hohenzollern und ihr Werk. Fünfhundert Jahre vaterländischer Geschichte, Berlin 1915, 396.

[29] Ebd.: „Die Bevormundung des rechtsuchenden Publikums durch den Staat und seine Organe ist das Hauptkennzeichen dieses neuen Verfahrens, das sich dem patriarchalisch-staatssozialistischen Charakter des friderizianischen Polizeistaates sehr passend einfügte."

[30] Ebd., 397. Analytischer und neuer Emino Bussi, Stato e amministrazione nel pensiero di Carl Gottlieb Svarez, precettore di Federico Guglielmo III di Prussia, Milano 1966.

der juristischen Vorgänge. Es handelte sich hierbei nicht nur um bürgerliches Recht, sondern auch um Straf- und Staatsrecht. Genau deshalb kann es die integrale Bemühung der Projektion der vereinten Staatsgewalt gut verkörpern: man könnte sagen, parallel zu den vorausgegangenen 'polizeilichen' Bestrebungen, aber nun auch mit einem neuen Interesse an Verteidigung und Schutz der staatlichen Aktivität, mit der sich die Gründung des darauffolgenden 'Staatsschutzes' verwurzeln wird.[31]

Diese letzte Bewertung mit einer anderen schlagenden Behauptung Otto Hintzes zu unterstützen, der heute noch einer der größten Kenner der preußischen Geschichte ist, scheint mir nicht ohne Nutzen: „Der polizeiliche, finanzielle und militärische Druck, unter dem die Bevölkerung dabei stand, war sehr schwer; aber er wurde erleichtert nicht bloß durch die Sicherung von Person und Eigentum, die durch das allgemeine Gesetzbuch in aller Form gewährleistet wurde, sondern namentlich auch durch das edelste der Menschenrechte, die Glaubens- und Gewissensfreiheit, die Friedrich in seinem Staate durchgeführt hat."[32]

Wie stark die Verflechtung von öffentlichem Druck und individueller Freiheit auf dem Höhepunkt des aufgeklärten Absolutismus gewesen war, geht auch deutlich aus einigen Passagen der *Kronprinzenvorträge* von Karl Gottlieb Svarez hervor, in denen unter anderem die Polizei und die Legitimität des staatlichen Eingriffs zur Beschränkung der Freiheit und der Rechte der Untertanen behandelt werden. Den Ausgangspunkt bildet nach wie vor in bester naturrechtlicher Tradition die Lehre von den natürlichen Rechten und Pflichten der Untertanen: Denn hier allein kann die neue Maxime der naturgegebenen Gleichheit der Menschen ihre korrekte Erklärung finden, insofern als sie auf dem natürlichen Anspruch (Recht-Pflicht) jedes einzelnen beruht, das eigene individuelle Glück zu verfolgen. Das Haupthindernis zum kollektiven Glück in einer Monarchie ist die Gefahr des Despotismus. Dem wird mit dem ersten Prinzip des positiven Staatsrechts vorgebeugt: Der Staat darf die Freiheit des einzelnen nur insofern begrenzen, als es notwendig ist, um die Freiheit und Sicherheit aller zu gewähren. Auch hier schlägt Svarez das utilitaristische Kriterium der genauen Aufrechnung kollektiver Vorteile und individueller Nachteile vor, um der Degenerierung des Staatsschutzes in Despotismus vorzubeugen. Andererseits erinnert Svarez erneut daran, daß die Polizeigesetze, die darauf abzielen, Verbrechen und schweren Schaden für die Gemeinschaft zu verhindern, ein stärker verpflichtendes Fundament besitzen als diejenigen, die allein auf eine Zunahme der Glückseligkeit abzielen.[33]

---

31 Und weiter schreibt Otto Hintze, Hohenzollern (wie Anm. 28), 397: „In diesem Gesetzbuch [...] fand der Geist des aufgeklärten Despotismus der friederizianischen Epoche mit seinen wohlwollenden, humanen Tendenzen und seiner konservativen Sozialpolitik einen klassischen Ausdruck." Hermann Conrad, Rechtsstaatliche Bestrebungen im Absolutismus Preußens und Österreichs am Ende des 18. Jahrhunderts, Köln-Opladen 1961, spricht von einer Vorwegnahme des Rechtsstaates des 19. Jahrhunderts, ähnlich wie Otto Hintze, Hohenzollern, 400: „So ist Friedrich der Hauptvertreter des aufgeklärten Absolutismus geworden, den man als die Vorstufe unseres modernen Rechts- und Verfassungsstaats bezeichnen kann."

32 Ebd., 399.

33 Hierzu vgl.: Hermann Conrad, Gerd Kleinheyer (Hg.), Vorträge über Recht und Staat von Carl Gottlieb Svarez, Köln, Opladen 1960, 375 ff.

Das Gesamtbild läßt sich in folgenden Grundprinzipien zusammenfassen, die den Wandel des Polizeibegriffs, zwar auf der theoretischen Ebene, aber doch sehr gut darstellen: Es handelt sich nicht länger um eine integrale Regierungspolitik, sondern schon um ein 'öffentliches' Zwangsinstrument, das auf die 'private' Sphäre ausgerichtet ist, die mit beinahe unantastbaren Rechten ausgestattet ist (Freiheit und Eigentum). Svarez macht in diesen Vorträgen in aller Deutlichkeit aber auch auf den grundlegenden Widerspruch zwischen der Theorie und der Praxis des aufgeklärten Absolutismus aufmerksam: und zwar auf die Verbindung von 'unbegrenzter Monarchie' und dem Respekt für die 'Rechte-Pflichten' der Staatsbürger. Ein Widerspruch, der sich wenig später im 'Rechtsstaat' des 19. Jahrhunderts umgekehrt wiederfinden wird: in der schwierigen Verbindung von natürlichen Rechten der Menschen und Allmacht der legislativen und administrativen Gewalt des Staates.

Die Hauptaufgabe der neuzeitlichen Polizei in den deutschen Territorien bestand darin, den Staat im modernen Sinne zu begründen: Sie eröffnete den wichtigsten Weg zur Überwindung des alten Dualismus des 'Ständestaates'. Als sich Staat und Gesellschaft im Rechtsstaat trennten, ging daraus der Polizeibegriff im engeren Sinne hervor, und die Polizei wurde auf die politisch-administrative Rolle der Verteidigung der konstitutionellen Ordnung und der sozialen Sicherheit reduziert. Aber auch im ursprünglichen, weiter gefaßten Polizeibegriff war schon die Notwendigkeit eines 'Staatsschutzes' enthalten. Die 'wissenschaftliche' Komponente des Kameralismus kann helfen, die tiefe Kontinuität dieses Prozesses zu erkennen. Die abnehmende Rolle der Stände hinsichtlich der 'Sozialdisziplinierung', die allmähliche Institutionalisierung der 'bürgerlichen Gesellschaft', der komplexe Prozeß der Justizreform etablierten einen neuen Kontext, der zur verwaltungsstaatlichen Absorption der Schutz- und Verteidigungsfunktionen führte.

The main task of the modern police in the German territories consisted in establishing the state in the modern sense of the word: it was the most important way of overcoming the old class dualism. After state and society had been divided in the state of law, the concept of the police in the narrow sense emerged, and the police was restricted to the political and administrative role of defending the constitutional order and society's security. But even the original broad concept of the police necessarily implied 'defence of the state'. Identifying the 'scientific' element in cameralism can make it easier to see the deep continuity of this process. The diminishing role of the classes with respect to 'civil discipline', the gradual institutionalization of 'civil society', the complex process of reforming justice systems established a new context which lead to the state administration's absorbing the functions of protection and defence.

Prof. Dr. Pierangelo Schiera, Stituto Istorico Italo-Germanico, Via S. Croce, 77, I-38100 Trento

KURZBIOGRAPHIE

ERNST TRAUGOTT VON KORTUM (1742–1811)

Die Erscheinung des bürgerlich gebildeten, schriftstellerisch tätigen Amtsträgers ist eines der Kennzeichen europäischer Aufklärung. Ein unverkennbarer Repräsentant dieses Typus war Ernst Traugott von Kortum. Ausgestattet mit überdurchschnittlicher Bildung übte er über fast drei Dekaden hohe Verwaltungsfunktionen in der österreichischen Provinz aus. Seine Schriften reflektierten Staatsverwaltung, Judentum und Freimaurerei.

Kortum wurde am 22. August 1742 in Bielitz (Bielsko) im österreichischen Schlesien geboren. Wie schon die beiden literarischen Förderer der Judenemanzipation, Friedrich Pilger und Christian Wilhelm Dohm, war auch er Sohn eines Predigers. Nach einer christlichen Erziehung im Elternhaus besuchte er das evangelische Gymnasium in Teschen. Hier wurde der Grund für Kortums umfassende Bildung gelegt, die er in seinem weiteren Lebenslauf immer weiter ausbaute. Schon früh fiel er durch seine Kenntnisse der alten Sprachen auf. Später war er beinahe aller europäischen Sprachen mächtig. Hinzu kamen besondere musikalische Fähigkeiten. Von Zeitgenossen besonders gelobt wurde sein Harfenspiel mit Gesang. Nach beendeter Gymnasialausbildung studierte Kortum ab 1761 Jura und Philosophie an der preußischen Universität Königsberg, wo er 1766 sein juristisches Examen bestand. Als Referendar trat er in den Dienst des Königsberger Oberberggrafenamtes ein.

Die dann folgenden ersten Berufsjahre Kortums entsprachen ganz der damaligen moralisch-politischen Gesinnung, das Wohl der bürgerlichen Gesellschaft im Sold verschiedener Fürsten zu befördern. Am 17.9.1771 wurde Kortum zunächst als Hofrat von der schleswig-holsteinischen Regierung übernommen, trat aber schon nach kurzer Zeit als Geheimer Sekretär in den Dienst des kurländischen Herzogs Ernst Johann in Mitau ein und bekam dort das königlich-polnische öffentliche Notariat übertragen. 1773 ernannte ihn in Warschau der aufgeklärte und gebildete letzte polnische König Stanislaus August Poniatowski zum Geheimen (Staats-)Rat und 1775 zum Geheimen Staatssekretär. 1785, im Jahr der dritten polnischen Teilung, berief ihn schließlich der österreichische Kaiser Joseph II. als Gubernialrat nach Lemberg (Lwów). Kortum sagte zu, weil er sich dessen reformerischem Anliegen verbunden fühlte. Er wurde so Mitarbeiter der landesfürstlichen und kollegial organisierten Verwaltungsbehörde „Gubernium" im Kronland Galizien und sollte hier auch bis zu seinem Tode Dienst tun.

Wie viele seiner aufklärerisch gesonnenen Zeitgenossen hatte sich auch Kortum der Freimaurerei zugewandt. Schon im Jahre 1774 war er dem Tempelherrenorden beigetreten und bekleidete in der Folgezeit hohe Ämter in der Strikten Observanz. Zu dem Wilhelmsbader Konvent von 1782, der die Vorherrschaft dieser Richtung schließlich beendete, hatte Kortum die Ladung mitverfaßt. Er hat zusammen mit Ignaz Aurelius Fessler die Loge Zum Biedermann in Lemberg gestiftet. In seinen verschiedenen Betrachtungen zur Freimaurerei stellte Kortum immer wieder die dieser durch Esoterik und Geheimnistuerei drohenden Gefahren heraus. Als Gegenmittel forderte er größere Publizität und die stetige Besinnung auf die freimaurerischen Tugenden.

In das erste Jahrzehnt seiner Tätigkeit in Lemberg fallen Kortums wesentliche schriftstellerischen Werke. Er hat zwei Bücher geschrieben, in denen er sich kritisch mit den politischen Moden und Verhältnissen in Galizien auseinandersetzte. 1790 erschien unter dem ironisch gemeinten Titel „Magna Charta von Galizien" eine später mehrfach nachgedruckte Analyse der problemgeladenen Beziehungen zwischen polnisch-galizischem Adel und der neuen österreichischen Regierung. 1795 veröffentlichte Kortum seine Schrift „Über Judentum und Juden". In direkter Auseinandersetzung mit den von Christian Wilhelm Dohm 1781 entwickelten emanzipatorischen Thesen „Über die bürgerliche Verbesserung der Juden" und vor dem Hintergrund der besonderen Verhältnisse im Osten kam Kortum zu entgegengesetzten Ergebnissen. Die Juden paßten sich nach seiner Auffassung aufgrund ihrer kollektiven politisch-religiösen Prinzipien nicht in die bürgerliche Gesellschaft und deren normativen Zusammenhang ein. Mangels Erfüllung gleicher Pflichten dürften sie auch nicht gleiche Rechte genießen. Die rechtliche Gleichstellung der Juden sei politisch-moralisch nachteilig und staatswirtschaftlich schädlich.

Kortums praktische Leistungen für den von ihm verwalteten rückständigen Raum wurden von seinen Zeitgenossen fast übereinstimmend als positiv herausgestellt. Als eines seiner Hauptverdienste wurde immer wieder sein Entwurf einer neuen Forstordnung für Galizien gewürdigt. Mit ihr konnte der bis dahin planlosen Waldverwüstung ein Ende gesetzt und der notwendige Holzbedarf für die Zukunft gesichert werden. Weitere Aktivitäten betrafen den fiskalischen Sektor, das Bildungswesen und die Verwaltung der Staatsgüter. Im Jahre 1800 wurde Kortum zum k.k. wirklichen Hofrat und ostgalizischen Salzwesen-Direktions-Administrator befördert, 1809 zum Chef des Landes-Präsidiums. In letzterer Funktion zeigte er sich während der russischen Besetzung in der Lage, die schwierige Situation zu bewältigen. Kortum starb am 2.2.1811 in Lemberg, unverheiratet und kinderlos, nachdem er kurz zuvor noch zum Ritter des St. Stephans-Ordens ernannt worden war. Drei Tage später wurde er unter großer Anteilnahme von Adel und Bevölkerung begraben. Ob indes die Subskription unter den Bürgern ihr Ziel, nämlich die Errichtung eines Denkmals für Kortum, noch verwirklichen konnte, läßt sich nicht belegen.

[Ernst Traugott von Kortum], Drey Freymaurer Reden, nicht im freymaurerischen Styl, o. O. 1786.

[Ders.], Magna Charta von Galizien, oder Untersuchungen der Beschwerden des gallizischen Adels polnischer Nation über die österreichische Regierung, Lemberg 1790.

[Ders.], Ueber Judenthum und Juden, hauptsächlich in Rüksicht ihres Einflusses auf bürgerlichen Wohlstand, Nürnberg 1795.

[Samuel] Bredetzky, Nekrolog: Hofrath Kortum in Lemberg, in: Vaterländische Blätter für den österreichischen Kaiserstaat 1811, S. 89–92.

Constant von Wurzbach, Biographisches Lexikon des Kaiserthums Oesterreich, Bd. 12, Wien 1864, S. 471–473

Ryszard W. Woloszynski, Polski Slownik Biograficzny, Bd. 14, Wroclaw, Warszawa, Krakow 1968–1969, S. 120–122.

Christoph Mecking (Essen)

BERICHTE UND DISKUSSIONEN

CHRISTIAN BALDUS, HORST MÜHLEISEN

Der Briefwechsel zwischen Carl Gottlieb Svarez und Johann Georg Schlosser über die Redaktion zum Entwurf eines Allgemeinen Gesetzbuchs für die Preußischen Staaten*

I. Thema und Quellenlage

Nach dem Müller-Arnold-Prozeß, der im Dezember 1779 beendet wurde, verfolgten der neue preußische Großkanzler Johann Heinrich Casimir Freiherr von Carmer und sein engster Mitarbeiter Carl Gottlieb Svarez den Plan, ein allgemeines Gesetzbuch für die preußischen Staaten zu schaffen — das spätere Allgemeine Landrecht[1]. In seiner Kabinettsordre vom 14. April 1780[2] hatte König Friedrich II. zwar einige gängige Kritikpunkte am Corpus Iuris Civilis übernommen: Das Corpus enthalte „größtentheils" Meinungen zu Einzelfällen und beziehe sich „vielfältig" auf Überholtes. Doch könne es „auch künftig nicht ganz außer Acht gelassen" werden, daher müsse „nur das wesentliche mit dem Natur-Gesetz und der heutigen Verfassung übereinstimmende aus demselben abstrahirt werden".

Auf der Suche nach einem Juristen, der die römischen Quellen in diesem Sinne bearbeiten könnte, wandte sich Svarez an den damals vierzigjährigen Juristen und Literaten Johann Georg Schlosser[3] aus Frankfurt am Main, der als Oberamtmann die badische Markgrafschaft Hochberg in Emmendingen verwaltete. Schlosser aber lehnte das Angebot ab.

---

* Die Abschnitte I und III stammen von Christian Baldus; Abschnitt II von Horst Mühleisen; der Kommentar zu den beiden Briefen wurde gemeinsam erarbeitet. Die Anmerkungen der Teile I und III sowie zu den beiden Dokumenten wurden jeweils separat durchnumeriert.

1 Peter Krause, Carl Gottlieb Svarez, in: Die Verwaltung 19 (1986), S. 277—304, hier: 282 f., 299—302; Günter Birtsch, Carl Gottlieb Svarez, in: Peter Alter (Hg.), Geschichte und politisches Handeln. Studien zu europäischen Denkern der Neuzeit. Theodor Schieder zum Gedächtnis, Stuttgart 1985, S. 85—101, hier: 91 f.

2 Alexander von Daniels, Lehrbuch des gemeinen preussischen Privatrechtes, Bd. 1, Berlin 1851, S. 21 f. (Nachdruck Frankfurt/Main 1985); Walther Gose, Peter Krause, Aufklärung und Gesetzgebung. 200 Jahre Entwurf eines Allgemeinen Gesetzbuchs für die Preußischen Staaten. Eine Dokumentation (Ausstellungskataloge Trierer Bibliotheken, Nr. 17), Trier 1988, S. 40, 75 (künftig zit.: Aufklärung und Gesetzgebung).

3 Aus der älteren Schlosser-Literatur sei genannt: Alfred Nicolovius, Johann Georg Schlosser's Leben und literarisches Wirken, Bonn 1844; Eberhard Gothein, Johann Georg Schlosser als badischer Beamter (Neujahrsblätter der Badischen Historischen Kommission, Neue Folge, 2), Heidelberg 1899. — Aus der neueren Literatur: Detlev W. Schumann, Einführung: Johann Georg Schlosser und seine Welt, in: ders. (Hg.), Johann Georg Schlosser. Kleine Schriften, Theil I, Basel ²1787, S. I — CXXI (Neuausgabe New York, London 1972); Helen P. Liebel, Enlightened Bureaucracy versus Enlightened Despotism, 1750—1792 (Transactions of the American Philosophical Society,

Aufklärung 7/2   © Felix Meiner Verlag, 1994, ISSN 0178-7128

Der in dieser Angelegenheit geführte Briefwechsel soll an dieser Stelle dokumentiert und erörtert werden. In seiner Svarez-Biographie hat allerdings schon Adolf Stölzel[4] über die Korrespondenz referiert und sie auszugsweise veröffentlicht, seine Darstellung enthält aber nicht alle rechtsgeschichtlich wichtigen Passagen. Andererseits fehlen Briefe, auf die sich Stölzel bezieht, in den erhaltenen Archivbeständen: Svarez' erstes Angebot an Schlosser wie auch dessen erste Antwort sind weder in den Akten der Gesetzkommission noch in denen zum Allgemeinen Landrecht enthalten[5]. Stölzel vermutet, Svarez' die Korrespondenz einleitender Brief sei im Mai 1780 in Breslau abgesandt worden[6], und zitiert sodann aus der nicht auffindbaren Antwort Schlossers, die, wie sich aus Svarez' folgendem Schreiben ergibt, auf den 13. Mai 1780 datiert war. Die Richtigkeit seiner Darstellung kann also in diesen Punkten nicht mehr überprüft werden; wegen der Postlaufzeit[7] erscheint es allerdings zweifelhaft, daß Svarez Schlosser wirklich erst im

New Series, Volume 55, Part 5), Philadelphia 1965; Reiner Schulze, Johann Georg Schlosser und der Entwurf eines reinen Vernunft-Gesetzbuches. Zur Privatrechtsentwicklung zwischen Vernunftrecht und Historischer Rechtsschule, in: Zeitschrift für historische Forschung 6 (1979), S. 317–344; Klaus Gerteis, Bürgerliche Absolutismuskritik im Südwesten des Alten Reiches vor der Französischen Revolution (Trierer Historische Forschungen, Bd. 6), Trier 1983; Johan van der Zande, Bürger und Beamter. Johann Georg Schlosser 1739–1799 (Veröffentlichung des Instituts für Europäische Geschichte Mainz, Bd. 119), Stuttgart 1986 (künftig zit.: Bürger und Beamter); ders., Kurzbiographie: Johann Georg Schlosser (1739–1799), in: Aufklärung 6 (1991), S.125–127; Badische Landesbibliothek Karlsruhe (Hg.), Johann Georg Schlosser (1739–1799). Eine Ausstellung der Badischen Landesbibliothek und des Generallandesarchivs Karlsruhe, Karlsruhe 1989 (Ausstellungskatalog) (künftig zit.: Schlosser-Ausstellung). — S. auch: Barbara Dölemeyer, Frankfurter Juristen im 17. und 18. Jahrhundert (Ius Commune. Veröffentlichungen des Max-Planck-Instituts für Europäische Rechtsgeschichte, Frankfurt am Main. Sonderhefte. Studien zur Europäischen Rechtsgeschichte, 60), Frankfurt a. M. 1993, S. XXXVIIf. („Die Juristen"); S.174f. [Nr.] 563: Schlosser, Iohann Georg; S.396 (künftig zit.: Dölemeyer, Frankfurter Juristen).

[4] Adolf Stölzel, Carl Gottlieb Svarez. Ein Zeitbild aus der zweiten Hälfte des achtzehnten Jahrhunderts, Berlin 1885.

[5] Geheimes Staatsarchiv Preußischer Kulturbesitz Berlin. Rep. 84, Abt. XVI, Nr. 3. Akten betr. das Allgemeine Landrecht. Bd. I: 1780–1784. — Kammergerichtsassessor Simon, der 1810/11 die Akten und Materialien des Allgemeinen Landrechts ordnete, schrieb am 20. April 1811 eine 'Vorerinnerung' über seine Ordnungsarbeiten und hielt fest: „Schon von Breslau aus, trat der dasige Ober Amts Regierungs Rath Suarez, welchen sich der Groß Kanzler zum Gehülfen ausersehen hatte, mit dem Hofrath Schlosser zu sammen in Correspondenz, um ihn zu bewegen, die Anfertigung eines systematischen Auszugs aus den Römischen Gesetzbüchern zu übernehmen. Wir haben noch zwei Briefe über diesen Gegenstand, den einen von Suarez, den andern von Schlosser, unter den vermischten Suarezschen Papieren gefunden, und dieselben den Acten des Allgemeinen Landrechts Band I fol. 5 sequ[entes] gebracht." — Vgl. Horst Mühleisen, Zur Ordnung der Akten und Materialien des Allgemeinen Landrechts. Eine Aufzeichnung des Kammergerichtsassessors August Heinrich Simon aus dem Frühjahr 1811, in: Zeitschrift der Savigny-Stiftung für Rechtsgeschichte, Germ. Abteilung 108 (1991), S. 194–210, hier: 204f. — S. auch: [August Heinrich] Simon, Bericht über die szientivische Redaktion der Materialien der preußischen Gesetzgebung, in: Allgemeine juristische Monatsschrift für die Preußischen Staaten Bd. 11, H. 3, Berlin 1811, S. 191–286 g, hier: 198. — Aus der 'Vorerinnerung' Simons geht hervor, daß bereits im Frühjahr 1811 nur diese beiden Schriftstücke vorhanden waren (Abschnitt II). Woher Stölzel (S. 165, 169) seine Kenntnisse hatte, bleibt gänzlich unerfindlich.

[6] Stölzel, S. 165.

[7] Das Deutsche Postmuseum in Frankfurt am Main teilte mit Schreiben vom 4. Februar 1993 mit, die Gesamtlaufzeit der Briefpost von Breslau nach Emmendingen habe etwa 15–19 Tage betragen. Schlossers nicht erhaltener Brief an Svarez ist datiert: 13. Mai 1780. Svarez hatte daher an Schlosser bereits Ende April und nicht erst „im Mai 1780", wie Stölzel, S. 165 behauptet, geschrieben. Auch hatte sich Svarez Ende April in Berlin aufgehalten. — S. auch Anm. 12 zu Dok. 1 (Svarez an Schlosser vom 30. Mai 1780).

Mai geschrieben hat. Vielmehr dürfte dies im April gewesen sein. Der nach Stölzels Zählung dritte[8] und vierte[9] Brief sind nachstehend abgedruckt. Der fünfte[10] Brief ist wiederum nicht erhalten. Auch zur Ergänzung und kritischen Würdigung der Darstellung Stölzels, auf die in der wissenschaftlichen Literatur teilweise unkritisch Bezug genommen wird[11], werden zunächst die Schreiben vom 30. Mai und 20. Juni 1780 wiedergegeben.

Die Edition (Text und Kommentar) folgt den Richtlinien, die Johannes Schultze empfohlen hat[12], wobei die sachlichen Anmerkungen bewußt knapp gehalten sind. Die Erläuterungen sollen keineswegs immer vollständig sein. Weiterführende Literaturhinweise wurden aufgenommen. Der Abdruck erfolgt wortgetreu. Unterstreichungen, so in der Vorlage ausgewiesen, sind *kursiv* gesetzt.

II. Dokumentation

Dokument 1. Schreiben des Rats Carl Gottlieb Svarez an Oberamtmann Johann Georg Schlosser zu Emmendingen

Eigenhändiges Konzept. Keine Paraphe. Keine Unterschrift
Geheimes Staatsarchiv Preußischer Kulturbesitz Berlin. Rep. 84, Abt. XVI. Nr. 3. Akten betr. das Allgemeine Landrecht. Bd. I: 1780–1784, fol. 5^r–6^v

Breslau d[en] 30ten May 1780[a]

An
d[en] Herrn Hofrath Schloßer[a] [1].

So schätzbar mir der übrige Innhalt Ihres Schreibens vom

a Datum und Empfängerangabe links am Rand der Kolumne

8 S. Abschnitt II dieser Dokumentation: Svarez an Schlosser. Breslau, 30. Mai 1780 (Dok. 1).
9 S. Abschnitt II dieser Dokumentation: Schlosser an Svarez. Emmendingen, 20. Juni 1780 (Dok. 2).
10 S. Anm. 5.
11 So bei Gothein, S. 80 f. mit Fn 1; Ingegrete Kreienbrink, Johann Georg Schlosser und die geistigen Strömungen des 18. Jahrhunderts, Diss. phil. Greifswald 1948, S. 162.
12 Letzte Fassung der von Johannes Schultze erarbeiteten „Richtlinien für die äußere Textgestaltung bei Herausgabe von Quellen zur neueren deutschen Geschichte", in: Blätter für deutsche Landesgeschichte 102 (1966), S. 1–10; wieder abgedr. in: Richtlinien für die Edition landesgeschichtlicher Quellen, hg. von Walter Heinemeyer (Gesamtverein der deutschen Geschichts- und Altertumsvereine), Marburg, Köln 1978, S. 25–36, hier: 30 (Ziff. 13); Politisches Archiv des Landgrafen Philipp des Großmütigen von Hessen. Inventar des Bestandes, hg. von Friedrich Küch (Publikationen aus den K. Preußischen Staatsarchiven, Bd. 78), Bd. I, Osnabrück 1965, S. XXX–XXXVI, bes. XXXII f. (Neudruck der Ausgabe 1904).

1 Revers Schlossers über seine Bestallung zum wirklichen Hof- und Regierungsrat beim Markgrafen Karl Friedrich von Baden vom 27. September 1773. — Schlosser-Ausstellung: B 22, S. 190–192. Farbfaksimile dieser Urkunde, S.194–195. — S. auch: Teil C der Ausstellung „Schlosser in Emmendingen 1774–1787", S. 193–252 (68 Nummern). Petra Maisak, Johann Georg Schlosser, Goethes Schwester Cornelia und ihre Freunde in Emmendingen (Spuren, 20), Marbach a. N. 1992, S. 4 (künftig zit.: Maisak, Schlosser).

5   13ten dieses[2] ist, so wenig entspricht Ihre Erklärung
in der Haupt-Sache den Erwartungen des Herrn
Groß-Cantzlers[3] und meinen patriotischen Wünschen.
Der Vorschlag, daß Sie den Extract des Römischen Gesetzbuches[4] an Ihrem dermaligen Aufenthalts-Orte[5]
10   ausarbeiten wollen, kan hauptsächlich um deß-
willen nicht angenommen werden, weil sich nach
selbigem die Ausführungen des Plans zu sehr in
die Länge ziehen würde.

Unser großer König[6] ist nicht geneiget, Sachen von
15   solcher Wichtigkeit zu übereilen. Er will aber auch,
daß solche so schleunig als möglich zu Stande gebracht, und aller nicht unumgänglich nothwendiger
Aufenthalt[b] vermieden werden solle, weil

---

[b] Folgt, gestr.: „sobald"

Schlosser heiratete Cornelia Goethe am 1. November 1773 zu Frankfurt am Main. Aus dieser
Ehe gingen zwei Kinder hervor, Louisa (*1774) und Julia (*1777, verstorben am 5. Juli 1793). —
S. Schlosser-Ausstellung, S. 9−13 („Zeittafel"). Zu diesem Zeitpunkt (1780) befand sich Schlosser in badischen Diensten (s. u. Anm. 5). Sein Wohn- und zugleich Amtshaus war die „Landvogtei". Er blieb in Emmendingen bis 1787; in Diensten des Markgrafen bis zum 23. Juli 1794. —
Schlosser-Ausstellung, S. 13 und: Ernst Hetzel, Johann Georg Schlosser und die Stadt Emmendingen, in: ebenda, S. 103−113 (künftig zit.: Hetzel). Am 15. November 1778 erwarb Schlosser von
seinem Dienstherrn, dem Markgrafen, das Amtshaus in der Landvogtei (Schlosser-Ausstellung, S.
11, 119) und Mitteilungen des Stadtarchivs Emmendingen vom 31. Oktober 1991. Seit 1985 wird
das ehemalige „Schlosserhaus", dessen Anschrift „Landvogteistraße 6" lautet, als Stadtbibliothek
genutzt. — Maisak, Schlosser, S. 2, 5.
[2] Schreiben Schlossers an Svarez. [Emmendingen,] 13. Mai 1780. Nicht enthalten im Geheimen
Staatsarchiv Preußischer Kulturbesitz Berlin. Rep. 84, Abt. XVI, Nr. 3. Akten betr. das Allgemeine
Landrecht. Bd. I: 1780 − 1784 (s. u. auch Anm. 12). — Auch Stölzel, der daraus zitiert (S. 165),
dürfte es kaum gekannt haben. — Zu diesem Problem: S. 104 f. mit Anm. 5.
[3] Johann Heinrich Casimir Frhr. von Carmer (1721 − 1801), seit Dezember 1779 in diesem Amt
(bis 1798). — Zur Biographie: Erwin Pätzold, Johann Heinrich Casimir von Carmer, in: Franz Gürtner
(Hg.), 200 Jahre Dienst am Recht. Gedenkschrift aus Anlaß des 200jährigen Gründungstages des
Preußischen Justizministeriums, Berlin 1938, S. 367−396. — Erich Döhring, [Artikel:] Johann Heinrich Casimir v. Carmer, in: Neue Deutsche Biographie, Bd. 3, Berlin 1957, S. 150. — Aufklärung
und Gesetzgebung, S. 38 f.
[4] Einführend zur Struktur, Redaktions- und Wirkungsgeschichte des Corpus Iuris Civilis: Alfred
Söllner, Einführung in die römische Rechtsgeschichte, München 41989, S. 134− 151; Gottfried Härtel,
Einleitung, in: Codex Justinianus, ausgewählt und hg. von Gottfried Härtel und Frank-Michael Kaufmann, Leipzig 1991, S. 5−27. — Vgl. zur Rezeption weiterhin Franz Wieacker, Privatrechtsgeschichte
der Neuzeit, Göttingen 21967, S. 97−248. — Die Anlehnung der Wissenschaft an das Corpus Iuris
Civilis hat zu einer tiefgreifenden Beeinflussung insb. der kontinentaleuropäischen Rechtsordnungen
durch römisches Rechtsdenken geführt. — Vgl. dazu Reinhard Zimmermann, Das römischkanonische
ius commune als Grundlage europäischer Rechtseinheit, in: Juristenzeitung 47 (1992), S. 8−20.
[5] Gemeint ist Emmendingen, wo Schlosser seit dem 6. Juni 1774 Oberamtsverweser, ab November Oberamtmann der badischen Markgrafschaft Hochberg war (bis 1787). — S. Hetzel, S. 103−113.
Maisak, Schlosser (wie Anm. 1), S. 1, 5. — [Beitrag:] Emmendingen, in: Max Miller und Gerhard
Taddey (Hg.), Baden-Württemberg (Handbuch der Historischen Stätten Deutschlands, Bd. 6), 2.
verb. und erw. Aufl. Stuttgart 1980, S. 178.
[6] Gemeint ist Friedrich II., der Große, König (seit 1772) von Preußen (1712−1786).

ihm daran gelegen ist, daß seine Unterthanen das
20   Glück einer vernünftigen Gesetzgebung u[nd] Rechts-
Pflege *bald* genußbar werden.
Nun erwägen Sie, bester Herr Hofrath, daß Sie selbst
6 Jahre zur Anfertigung des Auszuges verlangen, daß[c] Sie nicht weniger fordern können, so
25   lange Ihnen diese Arbeit ein bloßes Neben-Ge-
schäfte ist; daß[d] der Auszug[e] noch[f]
nicht das Gesetz selbst, sondern bloß Materialien
dazu enthalte; daß diese Materialien, wenn sie
da sind, nun erst mit den Verordnungen unsrer
30   über verschiedne Materien ergangnen neuern
Landes-Gesetze, mit unsern [g] Staats- und
Landes-Verfaßungen, mit der Analogie des Natur-
Rechts und der Billigkeit verglichen, Satz für
Satz aufs genaueste geprüft, und erst nach dieser
35   Prüfung bestimmt werden solle: was eigentlich[h] von den gesammelten Römischen Gesetzen,
[i]was den bey zu behalten, was
davon weg zu laßen, anders zu bestimmen oder
zu ergäntzen seyn werde. Kostet nun der Aus-
40   zug allein 6 Jahre Zeit, so muß man auf die
übrige Arbeit wenigstens eben so viel rechnen.
Das jetzige Jahrhundert dürfe also wohl zu Ende
laufen, ehe und bevor auch nur ein Theil des
neuen Gesetzbuches öfentlich bekannt gemacht
45   werden könnte; und dieser lange Verzug dürfe
allein Ansehn nach dem gegenwärtigen Entwurfe
das Schicksaal so mancher andern gemeinnützigen
Pläne zu ziehen, welche bloß wegen allzu großer
Langsamkeit in der Ausführung verunglückt
50   sind.

<fol. 5ᵛ>

Ich bin daher von meines Herrn Chefs Excellenz[3] befehlegt, Ihnen nochmals den Antrag
zu machen, nach Berlin zu kommen, und
daselbst bey der Gesetz-Commission[7] zu ar-

---

[c] Folgt, gestr.: „sie"
[d] Folgt, gestr.: „den"
[e] Folgt, gestr.: „selbst"
[f] Folgt, gestr.: „gar"
[g] Folgt, gestr.: „Landes-"
[h] Verbessert aus: „eigentlichen"
[i] Folgt, gestr.: „abge" und „ beybehalten"

[7] Svarez erwähnt den Auftrag, eine Gesetzkommission zu bilden, die durch Allerhöchste Kabinettsordre (A.K.O.) vom 14. April 1780 für die gesamte Gesetzgebungsarbeit befohlen worden war.
— S. Aufklärung und Gesetzgebung, S. 40, 58. Diese Kommission ist eingerichtet worden: Patent,

55   beiten. Um sich nach Ihren geäußerten
      Gesinnungen so viel als möglich zu richten,
      geschehen folgende Vorschläge:
      1) Sie kommen künftigen Herbst, eben gegen En-
         de des Septembers nach Berlin.
60   2) Sie machen Sich verbindlich, zwey Jahre da-
         selbst bey der Gesetz-Commission zu arbei-
         ten.
      3) Sie erhalten dafür ein jährliches Gehalt
         von 3000 Gulden, mit od[er] ohne Charakter[8],
65   wie Sie es selbst verlangen.
      4) Der Amanuensis[9], den Sie nöthig haben, wird
         Ihnen unentgeltlich[j] zu gegeben; die Bücher,
         die Sie brauchen, werden Ihnen entweder
         [k]aus den dasigen öfentlichen
70   u[nd] Privat-Bibliothequen zum Gebrauch versehen
         od[er] ohne Ihre Kosten neu angekauft.
      5) Während dieser zwey Jahre arbeiten Sie, ohne
         sonst im geringsten gebunden od[er] zer-
         streut zu seyn, an dem Auszuge,
75   nach einem Plan, von welchem unten
         ein mehreres.
      6) Es steht Ihnen frey, Ihr gegenwärtiges Amt
         und übrige Verhältniße in dasigen Landen
         bey zu behalten; in so fern ersteres denn durch
80   jemand andern interemissive versehen
         werden könnte.
      7) Nach Ablauf der zwey Jahre hängt es lediglich
         von Ihnen ab, ob[m] Sie wieder nach Hause
         gehn od[er] in Preußischen Diensten bleiben
85   wollen; in welchem letztern Falle Ihnen

[j] Folgt, gestr.: „verrechnet"
[k] Folgt, gestr.: „auf zwey Jahr"
[l] Folgt, gestr.: „von welchem unten"
[m] Folgt, gestr.: „sie"

wodurch eine Gesetz-Commißion errichtet, und mit der nöthigen Instruction wegen der ihr oblie-
genden Geschäfte versehen wird. De Dato Berlin, den 29. May 1781, in: Novum Corpus Constitutionum, Bd. 6, Berlin 1781, Sp. 337–350. — Aufklärung und Gesetzgebung, S. 58 f. — Carmers
engste Mitarbeiter bildeten die „Gesetzkommission" ab Juni 1780 (Aufklärung und Gesetzgebung,
S. 78 f.). Auffallend ist, daß dieses Kollegium erst im Mai 1781 amtlich eingerichtet worden ist
(s. u. auch Anm. 22).
    [8] Gemeint ist geprägtes Goldgeld (mit Charakter) bzw. in Barrenform (ohne Charakter). Mit die-
ser Bezeichnung sollte die Gewähr gegeben werden, daß Schlosser die Bezahlung im Werte von
3000 Goldmünzen erhält — sei es in kurranter Münze oder aus dem Rohmaterial der Münze in Bar-
renform. — S. Friedrich Frhr. v. Schrötter (Hg.), Wörterbuch der Münzkunde [...], 2., unveränd.
Aufl. Berlin 1970, S. 100 sowie wertvolle Hinweise von Dr. Klaus Petry, Geschichtliche Landeskunde, Sonderforschungsbereich 235 der Universität Trier, dem an dieser Stelle gedankt sei.
    [9] Gemeint ist der Gehilfe, Sekretär eines Gelehrten. — S. Brockhaus/Wahrig, Deutsches Wör-
terbuch in sechs Bänden, [...], Bd. 1, Wiesbaden, Suttgart 1980, S. 189.

ein[n] anständiges Amt mit wenigstens 1200 [Talern] Besoldung angewiesen wird.
[o]8) Man hoft allerdings, daß Sie in zwey
Jahren den Auszug, welchem Sie als-
90 dann Ihre gantze Zeit widmen werden, zu Stande bringen können. Sollte
aber auch solches nicht möglich seyn,
so wird man als dann von neuem
mit Ihnen contrahiren, u[nd] Ihnen allen-
95 falls[p] gestatten, daß Sie den Rückstand
zu Hause u[nd] abwesend nachholen können.

Ich sollte glauben, diese Vorschläge wären von
der Art, daß[q] sie mit dem Plan Ihres Lebens,
so wie Sie Sich solchen gemacht zu haben schei-
100 nen, nicht übel stimmten. Sie werden dadurch nicht auf immer, sondern nur auf
die kurtze Zeit von zwey Jahren aus Ihrem
Vaterlande entfernt; sind auf längere Zeit
durch nichts gebunden; und können nach deren
105 Ablauf völlig in Ihre alte Lage zurück keh-
ren.

Ihr Fürst[10], dessen große menschen freundliche Gesinnungen die Verehrung von gantz Deutsch-

<fol. 6[r]>

land auf sich ziehen, wird Ihnen einen zwey jährigen
110 Urlaub zu einem so edlen Behuf nicht versagen;
und nach Ablauf dieser Frist einen Mann mit
ofnen Armen wieder aufnehmen, welchen Fri-
drich der Große als ein Haupt-Werckzeug zur
Beferderung des Glücks seiner Millionen Un-
115 terthanen[11] gebraucht hat.
Sie wollen Sich weder durch Titel, Rang noch Geld

---

[n] Folgt, gestr.: „Amte"
[o] Svarez fügte die Ziffer 8 ergänzend am linken Rand hinzu
[p] Folgt, gestr. als ursprüngliches Verbum: „aufgeben"
[q] Folgt, gestr.: „S"

10 Gemeint ist Markgraf Karl Friedrich (ab 1803 Kurfürst, ab 1806 Großherzog) von Baden (1728–1811). – S. Klaus Gerteis, [Artikel:] Karl Friedrich Markgraf von Baden, in: Neue Deutsche Biographie, Bd. 11, Berlin 1977, S. 221–222.
11 Im Jahre 1782 zählte Preußen außer Schlesien 4 026 403 Einwohner. Die Gesamtzahl Ende 1786, im Todesjahr des Königs, betrug 5 868 203 Einwohner. – S. Reinhold Koser, Zur Bevölkerungsstatistik des preußischen Staates von 1756–1786, in: Forschungen zur Brandenburgischen und Preußischen Geschichte 16 (1903), S. 238–245, hier: 244. Ders., Zur Bevölkerungsstatistik des preußischen Staats von 1740–1756, in: ebenda 7 (1894), S. 242–250.

aus Ihrem Zirckel herauszaubern laßen[12]. Allein
Sie vergeßen, daß es noch einen andern Zauber
giebt, der auf Leute wie Sie mächtiger zu würck-
120   en pflegt, als jene gemeine Beschwörungs-For-
meln; nehmlich eine rechtmäßige, von der Vor-
sehung gelenckte Aufforderung, zur Wohlfahrth
des menschlichen Geschlechts auf eine besonder
ausgezeichnete Art mit zu würcken. Dieß ist
125   der Zauber, welcher mich selbst aus einer Lage,
die ich nie zu verändern wünschte, noch dazu für
immer, herausgelockt hat, und der mir bey
Ihnen, so Gott will, um so weniger fehlschlagen
soll, da Ihnen der Weg, in diesen Zirckel zu-
130   rück zu treten, immer ofen bleibt.

Nun noch etwas von dem Plan,[r] über den man
sich mit Ihnen zu einigen wünscht:
1) Man dispensirt Sie gäntzlich von[s] dem Auszuge
derjenigen Titel, welche bloß
135   a) Die Religions-Verfaßung
b) Den Prozeß.
c) Den Concurs.
d) Das peinliche[13]
e) Das Soldaten-Recht betrefen[14].

[r]   Folgt, gestr.: „dem"
[s]   Folgt, gestr.: „derje"

[12] Im April 1780, nicht erst im Mai, wie Stölzel, S. 165 schreibt, hatte Svarez von Berlin und nicht von Breslau aus, wie Stölzel angibt (S. 165), brieflich bei Schlosser angefragt, ob er die Anfertigung eines systematischen Auszugs aus den römischen Quellen übernähme. Auch dieses Schreiben ist nicht überliefert. Schlosser hatte sich in seinem (nicht erhaltenen) Brief vom 13. Mai wohl bereit erklärt, die Arbeit auszuführen, aber nur an seinem Wohnort Emmendingen. Das Zitat, das Stölzel anführt (s. o.), ist nicht belegt. — Hierzu: S. 104 f. Zutreffend ist, daß Schlosser diese Formulierung, die Svarez in seinem Konzept vom 30. Mai aufgriff, verwendete. — Wegen der Postlaufzeit: Berlin-Emmendingen, die Stölzel, S. 165 nennt, s. die Mitteilungen des Deutschen Postmuseums Frankfurt am Main vom 4. Februar 1993. Danach betrug die Gesamtlaufzeit 15−17 Tage für die Briefpost von Berlin nach Emmendingen. Die Gesamtlaufzeit für die Briefpost von Breslau nach Emmendingen etwa 15−19 Tage. Zu berücksichtigen sind die Jahreszeit und die Witterung sowie die Wegeverhältnisse. — S. auch: Klaus Gerteis, Das „Postkutschenzeitalter", in: Aufklärung 4 (1989), S. 55−77 (S. 74−77: Übersichten von Postrouten und Postlaufzeiten).
[13] Gemeint sind die Strafbestimmungen. — Ob Ernst Ferdinand Klein das Strafrecht zum Entwurf eines Allgemeinen Gesetzbuches für die Preußischen Staaten ausgearbeitet hat, wie Hinrich Rüping, Grundriß der deutschen Strafrechtsgeschichte (Schriftenreihe der Juristischen Schulung, H. 73), 2., völlig überarb. Aufl. München 1991, S. 70 f. behauptet, läßt sich durch die Archivalien nicht belegen. — Ferner: Günter Birtsch, Der preußische Staat unter dem Reformabsolutismus Friedrichs II., seine Verwaltung und Rechtsverfassung, in: Friedrich der Große. Herrscher zwischen Tradition und Fortschritt [...], München 1991, S. 131−138, hier: 136.
[14] Gesetzliche Bestimmungen über Soldaten sind in das Allgemeine Gesetzbuch wie Allgemeine Landrecht für die Preußischen Staaten nicht aufgenommen worden. Man sparte dieses Rechtsgebiet aus; es fand in anderen Sammlungen Eingang. — S. George Friedrich Müller, Königliches Preußisches Kriegs-Recht. Oder: Vollständiger Begriff aller derjenigen Gesetze, Observanzen und Gewohnheiten, welche bey Sr. Koenigl. Maj. von Preussen Armeen zu beobachten, um ein ieder Officir

140 2) Die Ordnung der übrigen Materien,[t] wor-
nach der Auszug zu fertigen, wird lediglich Ihrer
Wahl überlaßen. Sie können z[um] E[xempel], wenn Sie wollen,
mit der Materie von Contracten anfangen, da Sie
vielleicht hierauf das meiste vorgearbeitet haben.
145 3) Man verlangt von Ihnen,[u] daß Sie
genau auf eben die Art, wie in Ihrem Versuche[15] geschehen,[v]
die eintzlen[w] Leges des Corpus Ju-
ris[16] über jede Materie, so wie solche, in den ver-
schiednen Büchern u[nd] Titeln zerstreut sind, zu-
150 sammen suchen; solche auf gewiße allgemeine
Gesetze reduciren; und[x] am Ende die nöthigen
Remissiones[17] bey fügen.
4) Der Auszug wird Materie für Materie gefertigt;
dergestalt, daß, wenn eine Lehre, die für sich
155 gewißermaßen ein Gantzes ausmacht, z[um] E[xempel]
die Lehre von Contracten, vom Eigenthum, von
der Erbfolge ab intestato[18] etc. fertig ist, solche der

---

[t] Folgt, gestr.: „in welche"
[u] Folgt, gestr.: „weiter nichts, als"
[v] Folgt, gestr.: „heraus ziehen"
[w] Folgt, gestr.: „Gesetze"
[x] Folgt, gestr.: „über"

und Soldat, auch saemttliche Auditeurs, nicht weniger ein ieder Rath, Richter und Advocat zu wissen noethig hat, Berlin 1760. — G[eorg] W[ilhelm] C. Cavan, Das Krieges- oder Militär-Recht, wie solches jetzt bei der Königlich Preußischen Armee besteht, 2 Bde, Berlin 1801 (Photomechanischer Nachdruck Bad Honnef 1982). — Carl Friedrich Friccius, Das Preussische Militair-Strafrecht, Berlin, Elbing 1835. Ders., Preussische Militair-Gesetz-Sammlung, Berlin, Elbing 1836–1844. — Eduard Fleck, Erläuterungen zu den Kriegs-Artikeln vom 3. August 1808, Berlin 1839. Ders., Strafverfahren der Preuss[ischen] Militair-Gerichte, Berlin 1840. Ders., Erläuterungen zu den Kriegs-Artikeln vom 27. Juni 1844 und zur Verordnung über die Disciplinar-Bestrafung in der Preussischen Armee, Berlin 1844.

[15] Gemeint ist: Johann Georg Schlosser, Vorschlag und Versuch einer Verbesserung des deutschen bürgerlichen Rechts ohne Abschaffung des römischen Gesetzbuchs [...], Leipzig, 1777 in der Weygandschen Buchhandlung (Photomechanischer Nachdruck Glashütten i. Ts. 1973). — Aufklärung und Gesetzgebung, S. 30.

[16] Gemeint sind die einzelnen Fragmente aus den Digesten und die entsprechenden Untergliederungen der anderen Teile des Corpus Iuris, also jeweils die systematische Ebene unter dem Titel. Zu beachten ist, daß Schlosser nicht der modernen „philologischen" Zitierweise folgt. Zum leichten Auffinden der von Schlosser bearbeiteten Textstellen wird in dieser Arbeit die moderne Zitierweise angewandt und jeweils die Seite im ‘Vorschlag' angegeben, auf der sich Schlossers Version findet.

[17] Gemeint ist die Zurücksendung der erbetenen Ausarbeitungen. — S. Alfred Bruns (Hg.), Die Amtssprache. Verdeutschung von Fremdwörtern bei Gerichts- und Verwaltungsbehörden in der Bearbeitung von Karl Bruns (Nachdrucke zur westfälischen Archivpflege, 2). Münster 1980, S. 143. — Brockhaus/Wahrig, Deutsches Wörterbuch in sechs Bänden, [...], Bd. 5, Wiesbaden, Stuttgart 1983, S. 357.

[18] Die Erbfolge *ab intestato* meint den Fall, daß kein wirksames Testament vorliegt. — Dazu: Max Kaser, Das römische Privatrecht. Erster Abschnitt, München ²1971, S. 677, 695–703. Vgl. Inst. 3. 1. — S. Okko Behrends, Rolf Knütel, Berthold Kupisch, Hans Hermann Seiler, Corpus Iuris Civilis. Text und Übersetzung, Bd. I, Institutionen, Heidelberg 1990, S. 127–135.

Commission zur weitern Bearbeitung ausgeliefert
wird.

<fol. 6ᵛ>

160 5) Man fordert von Ihnen weiter nichts als ein
purum putum ius Romanum[19], getreuʸ u[nd] vollständig aus gezogen, und auf allgemeine Regeln richtig
reducirt. Wollen Sie gelegentlich Anmerck-
ungen beyfügen, ob u[nd] warum eins od[er] das
165 andre dieser Gesetze aufᶻ unsre heutigen Zeiten u[nd] Sitten nicht mehr anwendbar
sey, so wird man solches mit Danck erkennen; aber man wird Ihnen dergleichen
Bemerckungen nicht zur Pflicht, noch deren Un-
170 terlaßung zum Vorwurf machen.

Unter diesen Umständen hält man es für
möglich, daß der Auszug, wenigstens größtentheils u[nd] in Ansehung der wichtigsten Materien binnen zwey Jahrenᵃᵃ fertig seyn
175 soll; zumalen es Ihnen an keiner Art von
Hülfe, die Sie nur irgend wünschen u[nd] verlangen können, ermangeln wird.

Und nun, mein werther und hochgeschätzterᵇᵇ
Herr, den ich im Voraus schon meinen Freund
180 zu nennen wage, nun erlauben Sie mir,
Sie nochmals um eine reifliche Erwegung
obiger Vorschläge u[nd] um eine baldige ge-

ʸ Svarez setzte „u. vollständig" ergänzend am linken Rand hinzu
ᶻ Folgt, gestr.: „das"
ᵃᵃ Folgt, gestr.: „zu"
ᵇᵇ Folgt, gestr.: „Mann"

[19] Mit diesem Ausdruck will Svarez wohl nicht eine textkritische „Reinigung" des Corpus Iuris
Civilis bezeichnen, wie sie erstmals von humanistischen Juristen versucht und um 1900 in großem
Stile unternommen worden ist („Interpolationenjagd"). Eher ist an zeitgenössische Vorstellungen
zu denken, (auch) das gemeine Recht könne durch Vereinfachung und Herausarbeitung systematischer Strukturen „verbessert" werden. — Vgl. zu solchen Erwägungen: bei Leibniz: Adriano Cavanna,
Storia del diritto moderno in Europa, vol. 1: Le fonti e il pensiero giuridico, Milano 1982, S. 345
— 347; bei Adolf D. Weber (1753—1817): Paolo Cappellini, Systema Iuris, vol. I: Genesi del sistema
e nascita della 'scienza' delle pandette, Milano 1984, S. 119. — Auf dieser Vorstellung beruht wohl
auch Schlossers Idee, die „allgemeinen Grundsätze" (s. Anm. 15: Vorschlag [...], Photomechanischer Nachdruck Glashütten i. Ts. 1973, S. 29) aus dem Corpus Iuris herauszupräparieren. Svarez'
Wendung spricht dafür, daß er diese Vorstellung teilte. Wie Schlossers 'Versuch' sich dann konkret mit den Quellen auseinandersetzt, soll unten an einigen Beispielen erläutert werden. — S.
auch: John C. Rolfe, The Attic Nights of Aulus Gellius, [vol.] II, Cambridge/Mass., London 1982,
S. 104.

wierige[20] Antwort zu ersuchen. Mein hiesiger Aufenthalt[21] wird wahrscheinlich von
185 keiner langer Dauer seyn[22]. Ich bitte also,
Ihren Brief nach Berlin zu addressiren, u[nd]
auf den Umschlag zu setzen, daß solcher
im du Trousselschen Hause[23] bey d[em] Herrn Secre-
tair Grattenauer[24] abgegeben werden solle.
190 Leben Sie wohl u[nd] gönnen Sie mir die Hof-
nung Ihrer baldigen persönlichen Bekanntschaft.

Post-Scriptum[cc]

Unsre neue Prozeß-Ordnung ist schon größtentheils fertig, u[nd] wird noch dieses Jahr im
195 Druck erscheinen[25]. Der Grundsatz d[es] Herrn Groß-Cantzlers [dd]

cc Vorlage „PS[t]"
dd Vorlage: „Gr. C."

20 S. dazu das Stichwort „wierig", in: Jacob Grimm, Wilhelm Grimm, Deutsches Wörterbuch, Bd. 14, I. Abteilung 2. Teil: Wenig-Wiking, Leipzig 1960, Sp. 1573–1574 mit ausdrücklicher Betonung von „gewierigkeit" (Sp. 1574). — Das Adjektiv „wierig" im Sinne von „beständig", „langandauernd".

21 Svarez gehörte der Oberamtsregierung Breslau seit dem 10. Mai 1771 als Rat an. Nachdem der schlesische Justizminister Frhr. von Carmer im Dezember 1779 Großkanzler geworden war (s. Anm. 3), nahm er Svarez nach Berlin mit. Dies war im Januar 1780. Doch im Mai desselben Jahres, gegen Ende des Monats, hielt sich Svarez in Breslau auf. Die Vermutung liegt nahe, daß er dienstliche Belange bei der Oberamtsregierung abschloß. Stölzels Angaben über Svarez' Aufenthalt in Breslau (Ende Mai 1780) sind zutreffend (S. 153). — Aufklärung und Gesetzgebung, S. 42.

22 Im Juni 1780 befand sich Svarez in Berlin; er gehörte der „Gesetzkommission" unter der Leitung des Großkanzlers von Carmer an. Erst im Mai 1781 etablierte sich die amtliche Gesetzkommission in der Hauptstadt, und Svarez erhielt seine Ernennung zum Geheimen Justizrat. — Stölzel, S. 153. Aufklärung und Gesetzgebung, S. 42. — S. auch Anm. 7.

23 Das du Trousselsche Haus befand sich linker Hand an der Ecke der Bernauer- und Landsbergerstraße. König Friedrich II. hatte es 1752 zu einer Seidenmanufaktur für den Kaufmann Treitschke bauen lassen. Später, als der geschäftliche Erfolg ausblieb, erwarb es der Oberstlieutenant [Jakob Ludwig] du Troussel. — S. Beschreibung der Königlichen Residenzstädte Berlin und Potsdam, aller daselbst befindlichen Merkwürdigkeiten, und der umliegenden Gegend, Bd. 1, 3., völlig umgearb. Aufl. Berlin 1786 (Reprint Berlin 1980), S. 30. — Stölzel, S. 153 beschreibt auch „das stattliche du Trossel'sche Haus vor dem Königsthore", das „'an der Contrescarpe nach der Königsbrücke' lag". — In diesem Hause wohnten Carmer und Svarez fünfzehn Jahre. Im Jahre 1786 stieß Klein hinzu, doch nur vorübergehend (Stölzel, S. 153). Zur Familie du Troussel: S. Neues Preussisches Adels-Lexicon oder genealogische und diplomatische Nachrichten [...] unter dem Vorstande des Freiherrn L[eopold] v. Zedlitz-Neukirch, Bd. 4, Leipzig 1837, S. 275 f. (hier die Schreibweise du Trossel). Ferner: Theodor Fontane, Sämtliche Werke, Bd. IX: Wanderungen durch die Mark Brandenburg. Die Grafschaft Ruppin, Bd. 1, München ³1969, S. 195 Fn. (hier die Schreibweise du Trossel). H[ans] Bleckwenn, Die Dessauer Spezifikation von 1729. Textband: Der Stammlistenkommentar von C[urt] Jany. Neudruck der Ausgabe von 1905. Mit einer Einl. von H[ans] Bleckwenn (Das altpreußische Heer. Erscheinungsbild und Wesen 1713–1807. Teil III, Bd. 1), Osnabrück 1970, S. 40, 111 (Generalmajor Etienne du Trossel).

24 Wilhelm Emanuel Grattenauer. Sekretär und Kanzlist der „Gesetzkommission" zu Berlin. — S. auch Anm. 7 und 22.

25 Gemeint ist das Corpus Juris Fridericianum. Erstes Buch der Prozeß-Ordnung. [...], Berlin 1781. — Aufklärung und Gesetzgebung, S. 50–52.

ist: Nur erst das Factum recht aus
einander gesetzt, so ^ee ist nicht ein Fall
unter zehn, wo die Anwendung des Ge-
setzes Schwierigkeiten haben kan. Unsre Lan-
200 des-Justiz-Collegia[26] sind größten theils sehr gut
mit redlichen u[nd] geschickten Leuten, die ein
ausgebildetes Judicium practicorum haben,
besetzt. Man fängt also die Reforme bey
der Prozeß-Ordnung an, weil dazu am
205 meisten vorgearbeitet war.

Dokument 2. Oberamtmann Johann Georg Schlosser an den Rat Carl Gottlieb Svarez
zu Berlin

Eigenhändiges Schreiben (Ausfertigung)
Geheimes Staatsarchiv Preußischer Kulturbesitz Berlin. Rep. 84, Abt. XVI. Nr. 3.
Akten betr. das Allgemeine Landrecht. Bd. I: 1780−1784, fol. 7^r−9^v

Wohlgebohrner Herr
Jasonders HochzuEhrender Herr Rath.

Ich habe gestern erst Ihr Schreiben vom 30^t[en] V[origen] M[onats] erhalten. Ich
       beant-
worte es aber gleich; weil der Antrag, den Sie mir nun zu machen be-
5 fehligt worden, mir nicht viel Bedenken macht, und weil ich, wegen eines
andern mir ungleich angenehmern, obgleich nicht so wichtigen Auftrags[1], mich
langstens zu Ende August erklären muß, folglich mir darauf ankommt,
der itzt zwischen uns verhandelten Sachen wegen bald in Richtigkeit zu kommen,
um mich nachher determiniren zu können.
10 Wenn Ihnen meine hiesige Umstände bekant wären, würden Sie mir nie die
proposition gethan haben, die Ihr Brief enthält. Das O[ber] Amt, das mir anvertraut ist, besteht aus etc und dreysig flecken und Dorfern, jedes von 300 biß
200 Familien[2]. Ich habe zwar mit Receptum [3] und Geldsachen mich nicht zu
bemengen, aber alle Justiz, alle Polizey, alle Consistorial und Regierungs
15 Sachen habe ich zu besorgen, und da ich an allen Ecken die Oestreicher zu Nach-

---

^ee Folgt, gestr.: „ist fern"

[26] Gemeint sind die Justizkollegien, die bei den einzelnen Regierungen in den Provinzen bestanden, wie Kriminal-Kollegium, Landgerichte, Pupillen-Kollegien sowie Justiz-Direktoren und Richter.

[1] Nähere Hinweise konnten nicht ermittelt werden.

[2] Nach Hetzel, S.105 umfaßte die Markgrafschaft Hochberg 29 Ortschaften mit etwa 20000 Einwohnern. Diese Angaben beziehen sich wohl auf das Jahr 1774, nachdem Schlosser Oberamtmann
mit Sitz in Emmendingen geworden war. — S. auch „Vermögensstand der Gemeinden im Oberamt
Hochberg im Jahre 1756": Schlosser-Ausstellung: C 13, S. 205−206. Danach waren es 31 Ortschaften. — Eine Karte der Markgrafschaft Hochberg im 18. Jahrhundert: Schlosser-Ausstellung:
C4, S. 196−197. Farbfaksimile dieser Karte, S. 298. Maisak, Schlosser, S. 4.

[3] Gemeint sind „die einem zur Verwahrung anvertraute oder aufzuheben gegebene Sachen". —
S. Johann Heinrich Zedler, Grosses vollständiges Universal-Lexicon, Bd. 30, Graz 1961, Sp.1273
(Photomechanischer Nachdruck).

bahrn habe[4], so wimmelts von Nachbahrhn [sic!] Streitigkeit, und die Besorgung
der Landesherrlichen Rechte macht ein Drittel meiner Geschefte aus. Ich habe
das ganz allein ober mir, und nur ein Assessor, ein junger Mann, den ich
in allem dirigiren muß, besorgt unter mir die Currenzia, und hilft mir,
20 8 biß neun Schreiber in Ordnung halten, die in meiner Canzeley und auf
dem Land arbeiten. Ein Amt von solchem Umfang kan ich nicht zwey Jahre
lang verlassen und wieder eintreten, wie ich will. Ich möchte das meinem
Herrn[5] nicht zu muten; und habe ers Ihrem Monarchen zu gefallen, so würde
ich bald empfinden, das ers ungern häte, und[a] der Mann, der in
25 meiner Abwesenheit hier arbeitete, würde nach meiner Wiederkunft mir

< fol. 7 ᵛ >

Lebenslang zur last fallen. Auser dem erfordert meine Familie[6] und die
Aufsicht auf mein geringes Landgütchen[7] auch meine Gegenwart, und
da ich meine Besoldung, die sich hier schon auf 2500 f.[8] beläuft, nicht
fordern könte, wenn ich nicht dafür arbeitete, so würden 3000 f. in
30 Berlin mich nicht schadlos halten. Ich konte meine Frau und Kinder
nicht mit nehmen, und 2. Haushaltungen mit dieser Besoldung nicht
erhalten, ohne mich mehr einzuschränken, als ich gewohnt bin.
Dieses sind die Ursachen, warum ich Ihren neuen Antrag auf
keine Weise annehmen kan. Das Badische Land ist zwar mein

---

[a] Folgt, gestr.: „auch"

4 Gemeint ist Vorderösterreich (Haus Habsburg-Lothringen). Seit den Friedensschlüssen von Rys-
wyck (1697) und Rastatt (1714) gehörten Freiburg und der Breisgau zu Österreich, zuletzt bestätigt
im Frieden von Aachen. Die Markgrafschaft Hochberg befand sich als Enklave im vorderösterrei-
chischen Gebiet. — Eine Karte „Territorium um 1790 und die neuen Staaten des 19. Jahrhunderts":
Schlosser-Ausstellung: D2, S. 203.
5 Gemeint ist Markgraf Karl Friedrich von Baden (s. Anm.10 zu Dok. 1). — „Ihrem Monarchen": gemeint ist Friedrich II., der Große (s. Anm. 6 zu Dok.1).
6 Cornelia Schlosser, geb. Goethe (*7. Dezember 1750 zu Frankfurt am Main) verstarb am 8.
Juni 1777 zu Emmendingen, nachdem sie am 16. Mai ihre zweite Tochter, Julia, geboren hatte.
— Im Oktober desselben Jahres verlobte sich Schlosser mit Johanna Fahlmer (1744–1821) aus Düs-
seldorf. Die Eheschließung fand am 24. September 1778 zu Frankfurt am Main statt. Aus dieser
Ehe gingen zwei Kinder, Cornelia Henriette (*1781) und Georg Eduard (*1784), hervor. — Schlosser-
Ausstellung. S. 9–13 („Zeittafel") und 109. Ausführlich: Maisak, Schlosser, S. 2–8.
7 Im Jahre 1779 erwarb Schlosser das zwischen Stadtmauer, Bretten und Mühlenbach gelegene
Mattengelände, „das er zu einem Park mit Sommerhäuschen umgestaltete" (Hetzel, S. 109). Ein
Jahr zuvor, 1778, hatte Schlosser das Wohn- und Amtshaus in der „Landvogtei" für 6500 Gulden
von seinem Diensttherrn, dem badischen Markgrafen Karl Friedrich, erworben. Schlosser hatte dieses Haus 1774 bezogen und bewohnte es bis zu seinem Weggang aus Emmendingen im Jahre 1787.
— Schlosser-Ausstellung, S. 12 („Zeittafel"), 104, 109, 111, 235 (C45). Eine Aufnahme des ehe-
maligen Wohn- und Amtshauses im heutigen Zustand: Hetzel, S. 110. — S. auch S. 235 (C45):
Treppenaufgang des „Schlosserhauses". Eine Abbildung ferner bei Maisak, Schlosser, S. 5 und weiterführende Angaben (S. 5f.). — S. auch Anm. 1 zu Dok. 1, S. 105.
8 Im Sommer 1774 kam Schlosser nach Emmendingen und erhielt 500 Gulden: Ernennung Schlossers zum Verwalter des Oberamts und der Landschreiberei Hochberg. Karlsruhe, den 6. Juni 1774
(Schlosser-Ausstellung: C 10, S. 202). Im selben Jahr wurden ihm nochmals 2000 Gulden bewil-
ligt: „Gehaltserhöhung für den Landschreiber der Markgrafschaft Hochberg, Hofrat Schlosser".
Karlsruhe, 29. Dezember 1774. Diese Erhöhung erfolgte rückwirkend ab dem 23. Oktober 1774
(Schlosser-Ausstellung: C 12, S. 202–205, hier: 204). Maisak, Schlosser, S. 4.
f. bzw. fl. = Floren(us) ist die Abkürzung für Gulden.

35   Vaterland nicht, sondern ich bin aus Frankfurt am Mayn[9]; allein
     ich habe mich, ob ich gleich erst fünf Jahr hier bin[10], hier so natura-
     lisirt, daß ichs anders wo nicht gerne gewohnen könte; und
     wenn man einmahl, wie ich, 40 Jahre erreicht, ein Weib genommen
     und Kinder gezeugt hat[11]: so muß man sehr leichtsinnig, oder
40   die Anerbietungen müssen sehr brillant seyn[b] (dergleichen die Ihrige[n]
     eben nicht sind), wenn man eine Veränderung denkt.
     Sehr natürlich ist es nun zwar freylich, daß Ihr Monarch sein
     Gesezbuch gern geschwind im Stand *häte;* aber das es geschwind
     in den Stand gebracht *werde*, ist nicht sehr natürlich: der
45   Preusische Codex[12] und selbst das Corpus Juris zeigen, was das
     eilen nutzt; und wenn Sie vor 10. Jahren ein gesez buch geben,
     so werden Sie in dreymahl 10. Jahren wieder eins brauchen.
     Das Geschäft häte sich, dacht ich, gar wohl so ordiniren lassen, daß
     während der Zeit, in welcher ich hier am römischen Recht arbeitete, Sie
50   dort an Colligirung und Extrahirung und Rangirung Ihrer
     schon existirenden besondern Statuten, Landrechte, Observanzen,

     <fol. 8ʳ>

     ius Civile einschlagenden Polizey-Ordnungen etc arbeiten lassen. Würde
     an beyden in gleicher Ordnung gearbeitet, so würde nach 6. Jahren
     — (und so viel brauchen Sie, wenn auch 2. bey Ihnen arbeiten, blos da zu ganz
55   gewiß) die Zusammenhaltung der romischen und Ihrer preusischen, Branden-
     burgischen, pommerischen etc Jurisprudenz, das Gesez buch in 2. Jahren zu Stand
     bringen. Das wären 8. Jahre. Ich wollte nach Endigung meiner Arbeit,
     wenn mir die Dortige Arbeit communicirt würde, mich selbst mit Vergnügen
     zu deren Revision zu Hause beschäftigen, und dann, wenn ich meine Anmerkungen
60   und Gedanken gesammelt häte, mich auf 3 oder 4. Monate in Berlin
     einfinden, wo [c] das collegium oder die Commission bey täglicher Sitzung
     ein so vorgearbeitetes Gesez buch, sehr solid zu Stand bringen
     könte. Wäre dann ich Meister und Herr von den Stimmen, so würde
     ich darauf antragen, daß alsdann dieses Gesez buch von den sammtlichen

---

[b] Vorlage: „seyt"
[c] Folgt, gestr.: „wen"

9 Johann Georg Schlosser wurde am 7. Dezember 1739 zu Frankfurt am Main geboren. Seine
Eltern waren Erasmus Carl Schlosser und Susanne Maria, geb. Orth. — Schlosser-Ausstellung, S.
7–12 („Zeittafel"). Maisak, Schlosser, S. 3.
10 Diese Angabe trifft nicht zu. Tatsächlich sind es sechs Jahre. Schlosser erhielt am 6. Juni 1774
seine Ernennung zum Oberamtsverweser, ab November Oberamtmann, der badischen Markgrafschaft Hochberg in Emmendingen. — Schlosser-Ausstellung, S. 9 („Zeittafel") und 104. Maisak,
Schlosser, S. 4.
11 Gemeint sind die Töchter Schlossers aus seiner ersten Ehe mit Cornelia, geb. Goethe (vgl.
Anm. 6): Maria Anna Louisa (Lulu) und Elisabeth Katharina Julia (Julie). — S. Hetzel, S. 109.
Maisak, S. 8.
12 Gemeint ist [Samuel von Cocceji:] Project des Corporis Juris Fridericiani das ist Sr. Königl.
Majestät in Preussen in der Vernunft und Landes-Verfassungen gegründeten Land-Recht, worinn
das Römische Recht in eine natürliche Ordnung [...] gebracht [...]. Halle, In Verlegung des Way-
senhauses. Anno 1749. [...]. — Zum Gesamtzusammenhang: Aufklärung und Gesetzgebung, S. 25.
— Zum Corpus Iuris Civilis: s. Anm. 16 zu Dok. 1.

65 Justiz Collegiis noch 4. Jahre zur Probe gegeben und ihnen dabey
iniungirt würde, bey allen Vorfallenheiten die Prozeße zwar
noch immer nach den gemeinen Rechten zu entscheiden: überall aber
anzumerken, ob sie^d in dem neuen Codex die Sache auch^e klar
entschieden gefunden. In diesen 4. Jahren würde ich, oder wem sonst
70 der Auftrag geschehe, die Consilien und Responsen Sammler durch-
gangen, und die vorkommenden Fälle gegen das neue gesez buch gehalten
haben. Da würde denn nach zwelf Jahren etwas vollständiges
und solides gethan worden seyn.

Sie haben darinn Recht, daß viele grose Projecte durch Verzögerungen
75 gescheitert haben; aber, gewis sind zwey mahl so viele durch
Ubereilung abortirt. Schon sehe ich sehr ungern, daß mit der
prozeßform^13 so geeilt worden ist. Es ist wahr, und ich fühle

<fol. 8^v>

es uberall, daß die meisten Sachen propter factum, die wenigsten
propter jus schwierig sind; allein diejenige, welche nun in facto
80 et Jure arbeiten, haben meist einen so schiefen Sinn durch das Studium
der jetzigen Jurisprudenz erhalten, daß sie auch in den factis
sich selten helfen können. — Ich gesteh Ihnen, daß mir die beste prozes
Ordnung sehr unzweckmäsig scheint. Man will dadurch den
Richter und den Advocaten zwingen, gescheid und ehrlich zu seyn. Das
85 ist meist, als wenn einer, um nicht zu fallen, in einem Gängelwagen
durch Klippen und Heken klettern wollte. Der brave, sinnige Mann
braucht nur eine ganz plane, simple prozeßform; das beste
muß sein Herz u[nd] sein Sinn thun. Es geht uns wie dem Göz von
Berlichingen. In dem Cabinet kan man so wenig nach dem Zettel
90 arbeiten, als man im feld^f danach reiten kan. Je ängstlicher
eine prozeß-form ist, desto mehr giebt sie dem Chicaneur
Schlupfwinkel. Mein principium ist: dem Richter wenig Vorschriften in der form gegeben, aber eine deutliche leichte Jurisprudenz festgesezt, damit^g man desto mehr ehrliche
95 und verständige Leute findet, die man zu Richtern wählen kan.
Ich weis noch wohl, daß ich in einem kleinen, Ihrem König gehörigen
Städtchen einmahl eine Liste der im Jahr entschiedenen prozesse gesehen habe. Es waren deren sehr viele, und dem Richter wird
ohne Zweifel das höchste Wohlgefallen darüber bezeigt worden seyn.
100 Ich hate aber einige prozesse darunter erkant, dergleichen ich ohne
alle Mühe in einer O[ber]amts-Session von 8 biß 12. wohl zehn
entscheide. Ich habe keine vorgeschriebene Zeit, worin ich meine

---

^d Folgt, gestr.: „aus"
^e Folgt, gestr.: „gu"
^f Folgt, gestr.: „na"
^g Folgt, gestr.: „der Rich"

13 Gemeint ist das Corpus Juris Fridericianum. Erstes Buch von der Prozeß-Ordnung. [...] Berlin 1781. — S. Aufklärung und Gesetzgebung, S. 50—52. — S. auch Anm. 25 zu Dok. 1.

prozesse erledigen muß, aber meine Methode erledigt sie von selbst.
Doch ich gehe von der Hauptsache ab. — Ich wollte nur sagen, daß ich
105 wünschte, in einer Sache, wie die vorliegende, würde weniger geeilt; doch ich
weis, daß bei den Hofen der geschwinde Diener immer dem soliden Diener
vorge-
zogen wird. Es geht bey uns nicht besser!

Um jedoch nicht das Ansehen zu haben, als ob ich mich in gar nichts der
Absicht des Herrn GrosCanzlers Excellenz nähern wollte, so thue ich Ihnen
110 noch einen weitern Vorschlag: lassen Sie, um Zeit zu gewinnen, mehrere
Hände zugleich arbeiten. Ich habe 6 Jahre zu dem ganzen C[orpus] J[uris] erfordert und
600 Louisd'orʰ verlangt[14]; ich will nun übernehmen einen Theil des C[orpus]
J[uris], z[um] E[xempel]
die ganze Materie der Contracte und quasi Contracte mit Einschluß der
tit[uli] de actionibus, der materia de iure dotium, de pignore als ius reale[15], de
115 usuris et redhibitione atque evictione[16], als welche materien alle zusammen
gehören; ingleichen die ganze Tutel materie[17] in 2 biß drey Jahren zu extra-
hiren, wogegen ich 2000 Reichsthaler^i, halb zu Anfang der Arbeit und halb
am Ende, verlange. Ich will dabey^j mit denen, die die übrigen

---

ʰ Vorlage: „Ldor"
ⁱ Vorlage: „Rthaler"
ʲ Folgt, gestr.: „wenn es"

14 Gemeint ist die französische Hauptgoldmünze, im Jahre 1640 unter Ludwig XIII. eingeführt;
sie war etwas weniger wert als der preußische Friedrichsd'or, die Goldmünze, auch Pistole genannt,
seit 1770 mit 6,032 g Gold. — S. Gunther Hahn, Alfred Kernd'l, Friedrich der Große im Münzbild-
nis seiner Zeit, Berlin 1986, S. 130 f., 134 f., 136 f., 140 f., 142 f., 144 f., 150 f., 156 f., 162 f., 166 f.,
168 f., 172 f., 188 f., 196 f., 234 f.
15 Gemeint sind Quasikontrakte: möglicherweise nicht klassischer Ausdruck für Geschäftsfüh-
rung ohne Auftrag, ungerechtfertigte Bereicherung, Bruchteilsgemeinschaft, Legat und Vormund-
schaft. — Vgl. Herbert Hausmaninger, Walter Selb, Römisches Privatrecht, Wien, Köln ⁵1989, S.
334 ff.; Kaser, Das römische Privatrecht, S. 586 ff. (wie Anm. 18 zu Dok. 1). — Vgl. Inst. 3.27
(etwa bei Behrends u. a., S. 193–196) (wie Anm. 18 zu Dok. 1).
de actionibus: die actio ist eine Klagemöglichkeit bzw. Klageart. Überblick über die älteren Formen bei Söllner 9 (wie Anm. 16 zu Dok. 1). Detlef Liebs, Römisches Recht, Göttingen ³1987, S.
28, 37. — Zu Besonderheiten des aktionenrechtlichen Denkens im Vergleich zum heutigen Prozeß-
recht: s. Horst Kaufmann, Zur Geschichte des aktionenrechtlichen Denkens, in: Juristenzeitung 19
(1964), S. 482–489. — Vgl. Inst. 4. 6 (etwa bei Behrends u. a., S. 219–233).
materia de iure dotium: gemeint ist das Recht der Mitgift. — Vgl. einführend: Hausmaninger,
Selb, S. 157 f.
de pignore als ius reale: pignus ist das Pfandrecht. — Vgl. etwa: Hausmaninger, Selb, S. 242 ff.
— *Ius reale*: gemeint ist das Sachenrecht. Möglicherweise ist der Begriff nicht klassisch.
16 *de usuris et redhibitione atque evictione*: usurae sind die Zinsen. — Vgl. Kaser, S. 496 ff.
(wie Anm. 18 zu Dok. 1).
redhibitio: die *actio redhibitoria* ist der Wandelung des heutigen Sachmängelrechts vergleichbar.
— S. Kaser, S. 559 f.
evictio: gemeint ist die römische Rechtsmängelhaftung. — S. Kaser, S. 553 f.
17 Gemeint sind Vormundschaftsangelegenheiten.

titel übernehmen, communiciren, damit wir uns einander die leges vagantes
120 mittheilen, und so viel möglich mit gleichem Zwek arbeiten. Diese Arbeit
aber darf mich nicht von hier weg ziehen, und erlauben Sie mir zu sagen,
es darf deß wegen nichts abgedungen werden; denn ich suche die Arbeit nicht,
sondern ich nehme sie nur an, um etwas gutes zu stiften. — Ich
bite mir aber bald, Ihre[k] letze Erklärung aus; doch gestehe ich,
125 daß mir, nicht meinetwegen, sondern der Sache, der oben geäußerte
plan und das festina lente[18] besser gefiel. Auch kan ich schließlich nicht
unbemerkt lassen, daß kein titel und keine Materie unextrahirt

<fol. 9ᵛ>

bleiben darf, denn Sie wissen, daß die sterilsten titel oft unerwartet
durch die ganze Jurisprudenz sich extendirende Grundsätze
130 enthalten.
Nehmen Sie diese meine lezte Erklerung gütig auf und glauben
Sie, daß, wenn auch aus der Hauptsache nichts wurde, mir doch diese
Gelegenheit, Ihre Bekantschaft gemacht zu haben, jederzeit sehr
lieb, und alle die doppelt angenehm seyn werden, bey welchen
135 ich Ihren Proben der wahren Hochachtung geben kan, womit ich unaus-
gesezt verharre

> Euer Wohlgebohren
> gehorsamer Diener
> Schlosser

140 Emmend[ingen] den 20ᵗᵉⁿ Juni 1780.

III. Rechtsgeschichtliche Bemerkungen

Eine erste Lektüre erweckt den Eindruck, Svarez sei Schlosser weit entgegengekommen.
Schlossers Vorarbeiten im 'Vorschlag und Versuch einer Verbesserung des deutschen
bürgerlichen Rechts ohne Abschaffung des römischen Gesezbuchs'[1] erscheinen als
Modell weiterer Tätigkeit, methodische Vorschriften werden nicht gemacht, Unterstützung wird angeboten. Schlosser aber bleibt bei seiner Ablehnung. Bevor die Gründe dieses Beharrens erörtert werden, ist zunächst Svarez' Angebot zu besprechen: Warum fiel
die Wahl auf Schlosser? Weshalb bezog Svarez sich gerade auf den 'Vorschlag', und welche
Rolle war Schlosser im Redaktionsprozeß zugedacht?

---

[k] Folgt, gestr.: „Meine"

[18] Das heißt: mit eilender Geduld.

[1] Erschienen: Leipzig, 1777 in der Weygandschen Buchhandlung (Photomechanischer Nachdruck Glashütten i. Ts. 1973) (künftig zit.: Vorschlag).

1. Das Anforderungsprofil. Schlosser und sein 'Vorschlag' im zeitgenössischen Kontext

Schon vor dem Jahre 1777 hatte Schlosser veröffentlicht, so seine familienrechtliche Dissertation[2] und den 'Katechismus der Sittenlehre für das Landvolk'.[3] Der 'Vorschlag' aber machte ihn auf juristischem Gebiet bekannt.[4] Zwar gibt es reichlich Schriften zur Justizreform,[5] und Schlossers Justizkritik ist vergleichsweise milde (er verteidigte sogar den Rückgriff vieler Praktiker auf die Konsiliarjurisprudenz[6]), er fand aber vorwiegend wegen seines methodischen Vorgehens besondere Beachtung:[7] Er hatte das Corpus Iuris[8] auf einzelne leges mit mehr oder minder engem Bezug zu bestimmten schuldrechtlichen Materien[9] durchgesehen, diese Stellen in die deutsche Sprache übertragen und in der Reihenfolge ihres Erscheinens in den Digesten (teilweise auch im Codex und in den Novellen) mit Fundstellen aufgeführt. Diese Übertragung stellt eher eine kommentierende Zusammenfassung dar und verfolgt den Nachweis,[10] daß alle wichtigen normativen Aussagen

---

[2] Dissertatio inauguralis juridica de officio tutorum et curatorum circa lites pupillorum et minorum ad illustrandam reformationem Francofurtensem (Altdorf 1762). — Schlosser-Ausstellung, S. 66, Anm. 1. — Dölemeyer, Frankfurter Juristen, S. 303 [Nr.] 477 (ergänzende Angaben zur Dissertation).

[3] Erschienen: Frankfurt am Mayn 1771 (Schlosser-Ausstellung, S. 55; B 7: S. 178 f.).

[4] Vgl. Stölzel, S. 163; Gothein, S. 80; Kreienbrink, S. 161; Liebel, S. 109.

[5] Biedermann, in: Allgemeine deutsche Bibliothek, Bd. 51, erstes Stück, Berlin und Stettin 1782, S. 139−141, 155 f.; Adriano Cavanna, Storia del diritto moderno in Europa, Bd. 1, Milano 1982, S. 237−247, 302−318; Hans Thieme, Die Zeit des späten Naturrechts, in: ders., Ideengeschichte und Rechtsgeschichte, Bd. 2, Köln, Wien 1986, S. 633−692, hier: 650−652, 672−692.

[6] Vorschlag, S. 22, 24 f.

[7] Vgl. die Rezensionen in: Göttingische Anzeigen von Gelehrten Sachen 1778, Bd. 2, S. 742−744, paraphrasiert bei Nicolovius, S. 61; auch in: Frankfurter gelehrte Anzeigen, 13. Februar 1778, Nr. XIII, S. 100 f., wo stärker — und zwar positiv — gewertet wird als in der erstgenannten Rezension; zu bedenken ist hier freilich, daß Schlosser im Jahre 1772 selbst Mitarbeiter des Blattes gewesen war. Die Kritik bei J[ohnann] E[berhard] F[riedrich] Schall, Ueber die Justiz auf deutsche Art und zum deutschen Gebrauch. Nebst einem Anhange über Herrn Hofrath Schlossers Vorschlag und Versuch einer Verbesserung des deutschen bürgerlichen Rechts, Berlin, Leipzig 1780; ihm folgend: Biedermann, in: Allgemeine deutsche Bibliothek, Bd. 51, erstes Stück, Berlin, Stettin 1782, S. 155−157, wonach Schlossers Ansatz richtig sei, das Werk aber nicht deutlich und umfassend genug.

[8] Davon sind die Institutionen ausgenommen. Warum Schlosser sie im Gegensatz zu vielen Zeitgenossen weder inhaltlich noch als systematischen Leitfaden verwertet, ist unklar. Keine zureichende Erklärung bietet seine Abneigung gegen ein „Schulsystem" (Vorschlag, S. 18 f.); dieser Begriff bedeutet bei Schlosser nämlich nicht-normative Passagen, die seiner Meinung nach nicht in ein Gesetzbuch gehören (S. 18 f.), nicht aber ordnende Strukturen. — Vgl. Lars Björne, Deutsche Rechtssysteme im 18. und 19. Jahrhundert (Abhandlungen zur rechtswissenschaftlichen Grundlagenforschung, 59), Ebelsbach 1984, S. 172−176.

[9] Allgemeines Vertragsrecht, Schenkung, Kauf, Pacht/Miete: also stark römisch-rechtlich geprägte und praxisrelevante Materien, die daher bereits relativ weit strukturiert waren und sich für methodische Demonstrationen eigneten.

[10] Schlosser folgt hier einer begrenzten Zahl von Argumentationsfiguren: Die Stelle sei obsolet geworden (z. B. Vorschlag, S. 153 zu C. 8. 55. 8) oder nicht normativ (z. B. Vorschlag, S. 128 f. zu Iul. D. 39. 5. 1 pr) oder begrifflich selbstverständlich (z. B. Vorschlag, S. 151 zu C. 8. 54. 37; S. 141 zu C. 8. 54. 25); eine gesetzliche Regelung sei untunlich (z. B. Vorschlag, S. 152 zu C. 8. 54. 5); die lex sei systematisch falsch eingeordnet (z. B. Vorschlag, S. 136 zu Ulp. D. 39. 5. 19. 3). Liegt all dies nicht vor, so behauptet Schlosser inhaltliche Identität der entsprechenden lex mit einem der von ihm exzerpierten allgemeinen Grundsätze. Deren Vorhandensein wird bei aller Kritik am Corpus Iuris und den Kompilatoren nicht in Frage gestellt (vgl. Vorschlag, S. 10, 17−27).

dieser leges in den „Gesezen" enthalten seien, die Schlosser den einzelnen Abschnitten vorangestellt hatte. Diese allgemeinen Grundsätze stellten nach Schlosser eine normative Grundstruktur des Corpus Iuris dar. „Ich gieng diejenige Titel der Pandekten und des Codex durch, welche namentlich von diesen Materien handeln, zog die Grundsätze aus, auf die jedes Gesez gebauet ist, und hielte dann die Geseze dagegen. Am Ende dieser Arbeit fand ich, daß ich über sieben hundert Geseze auf nicht gar achtzig heruntergebracht."[11]

Dieses Verfahren, dem der Autor potentielle Vollständigkeit zuschrieb,[12] fand große Beachtung, weil die Kürzungen erheblich waren und weil die Quellennachweise den Vergleich mit dem Corpus Iuris ermöglichten.[13] Dieser Eindruck methodischer Transparenz war keine Selbstverständlichkeit: Wo ein Verfasser einer rechtssystematischen Programmschrift die Arbeit an den Quellen betonte, fand dies besondere Beachtung.[14] Auch Volckmar, der schließlich an Schlossers Stelle berufen wurde, war nicht nur – wie Schlosser und anders als die leitenden Mitarbeiter der Gesetzkommission – promoviert,[15] von seiner Arbeit wird vor allem mitgeteilt, sie habe „einen wörtlichen Auszug der den Gegenstand betreffenden Quellentexte, mit den Meinungen der Rechtslehrer"[16] zusammengestellt. Wurde ein solches Vorgehen also schon in den Rechtslehre als ungewöhnlich hilfreich empfunden, so mußte es sich für einen Gesetzentwurf um so mehr empfehlen. Auch ein anderer zeitgenössischer „Auszug" aus dem Corpus Iuris von Lucas Fenderlin[17] hatte „allgemein ungünstige Beurtheilung gefunden"[18], das Niveau der Romanistik des späten 18. Jahrhunderts soll ansonsten eher mäßig gewesen sein.[19] Somit kann davon ausgegangen werden, daß der 'Vorschlag' seinem Autor einen bedeutenden Ruf verschafft hatte.

---

[11] Vorschlag, S. 29. Schlossers Gesetzesbegriff ist mehrdeutig; vgl. weiter Vorschlag, S. 20; Vorschlag, S. 139 zu Pap. D. 39. 5. 28. pr.

[12] Vorschlag, S. 32. Nicht aktuelle: Vorschlag, S. 30, 122.

[13] Vgl. die Rezensionen (wie Anm. 7).

[14] Habernikkel soll 1757 verlangt haben, sich in Lehrbüchern auf praktische wichtige Distinktionen zu beschränken, neue, ausnahmefreie Regelsätze zu bilden und jeweils die „exakten Quellenstellen" anzugeben. Er habe dies selbst aber „lediglich fragmentarisch" verwirklicht. – Ernst von Landsberg, R[oderich] Stintzing, Geschichte der Deutschen Rechtswissenschaft, Dritte Abtheilung, Erster Halbband, München und Leipzig 1898, S. 358 f. (Unveränd. Nachdruck Aalen 1957). – Ludwig Gottfried Madihn schrieb zu seinen: Principia Juris Romani in usum praelectionum disposita. Tom. III, Frankfurt 1787/1791, er sei „der erste gewesen, welcher ein systematisches Pandektenrecht mit untergedruckten Beweisstellen herausgegeben und darüber Vorlesungen gehalten hat" (zit. nach Landsberg/Stintzing, S. 440). – Zu Madihn: Opusculum I. Vicissitudines substitutionis exemplaris eiusque veram indolem continens, Halle 1775, wird betont, Madihn habe in seinem Werk seine Thesen „aus den Gesetzen selbst, aus der richtigen Quelle derselben, aus der Analogie so schön und gründlich ausgeführt" (Hoepfner, in: Allgemeine deutsche Bibliothek, Bd. 32, erstes Stück, Berlin, Stettin 1777, S. 90–95, Zit.: 92).

[15] De condictionum indole atque natura. Diss. iur. Halle 1777. Vgl. Stölzel, S. 170. – Zurückhaltende Würdigung Volckmars mit Übersicht seiner Veröffentlichungen bei Friedrich Carl von Savigny, Vom Beruf unserer Zeit für Gesetzgebung und Rechtswissenschaft, Heidelberg 1840, S. 86 f. (mit Fn 1 zu S. 87) (reprographischer Nachdruck Hildesheim 1967) (künftig zit.: Vom Beruf unserer Zeit).

[16] Daniels, S. 24.

[17] Versuch eines Auszuges der römischen Gesetze in einer freien Uebersetzung zum Behufe der Abfassung eines Volk-Codex, Breslau 1783–1787.

[18] So Landsberg/Stintzing, S. 466.

[19] Vgl. Paul Koschaker, Europa und das römische Recht, München, Berlin [4]1966, S. 247; Peter Bender, Die Rezeption des römischen Rechts im Urteil der deutschen Rechtswissenschaft (Rechtshistorische Reihe, 8), Frankfurt a. M. [u. a.], S. 37, 46.

2. Die Eignung der im 'Vorschlag' befolgten Methode für die Ausarbeitung des preußischen Kodifikationsentwurfes

In der Literatur wird teilweise in Frage gestellt, ob Schlossers rechtspolitischer Ansatz sich mit dem preußischen vertrug, wobei nicht immer Beachtung findet, daß Schlossers Positionen sich zwischen den Jahren 1777 und 1789 in manchen Fragen gewandelt haben.[20] Eine Erörterung der technischen Details des 'Vorschlags' liegt hingegen nicht vor. Vielmehr geht insbesondere das ältere Schrifttum von dessen hoher Qualität aus.[21] Hier können insoweit nur einige Bemerkungen zu Schlossers Quellenexegese Platz finden; systematische Aspekte sollen unerörtert bleiben, auch weil die Verfasser des Entwurfs bei der Suche nach Mitarbeitern von vornherein zwischen exegetischen und systematischen Aufgaben trennten.[22]

Auffällig ist zunächst, daß Schlossers „Auszug" die Standardprobleme des gemeinen Rechts vorzugsweise nicht löst, sondern umgeht. Dies beginnt mit der Ablehnung erklärender dogmatischer Passagen im Gesetz:[23] „Begriff"[24] und „Natur der Sache"[25] sollen für sich sprechen und geben der Interpretation weiten Raum. Der Richter, dem Schlosser aus eigener Berufserfahrung und wegen seines konservativen Empirismus vertraute,[26] kann gemeinrechtliche Streitfragen auch mit einem Gesetz im Stile des 'Vorschlags' so oder so entscheiden, freilich im Gewande der Begriffsauslegung. Im Unterschied zum Corpus Iuris aber hätte ein solches Gesetz, der absolutistischen Rechtsquellenlehre folgend,[27] auf dem Willen des Souveräns beruht. Die römische Kasuistik[28] hätte die richterliche Auslegung also nicht einmal mehr durch argumentationsleitende Topoi beschränken können.

Um sich nicht dem Vorwurf einer solchen Ersetzung des usus modernus durch eine reine Billigkeitsrechtsprechung auszusetzen, tritt Schlosser dann für eine Gesetzkommission

---

[20] Diese Entwicklung und ihre Gründe bedürften gesonderter Erläuterung; allgemeine Hinweise bei Schumann, S. CVII—CXV. Interessant sind Schlossers Ansichten über lehrbuchhafte Gesetzespassagen, Interpretationsmethoden, den Wert des référé législatif, den Umgang mit dem Gewohnheitsrecht.

[21] So Nicolovius, S. 59 („jenes gediegene Werk"); Stölzel, S. 165 („die veröffentlichte Probe war eine so wohl gelungene"). Auch: Kreienbrink, S. 161.

[22] Vgl. Hans Charmatz, Zur Geschichte und Konstruktion der Vertragstypen im Schuldrecht. Mit besonderer Berücksichtigung der gemischten Verträge, Brünn, Wien 1937, S. 79—85, hier: 82 (Neudruck Frankfurt a. M. 1968). — Daniels, S. 23—35.

[23] Vgl. Vorschlag, S. 18 f., 28: bisherige Versuche, die nicht näher identifiziert werden, seien zu „räsonirt" und praxisfern gewesen, „höchstens ein compendium iuris".

[24] Vgl. Vorschlag, S. 147 zu C. 8. 54. 25.

[25] Vgl. das 16. „Gesez" (Vorschlag, S. 41). Der Topos ist durchaus zeittypisch; vgl. Jan Schröder, Justus Möser als Jurist. Zur Staats- und Rechtslehre in den Patriotischen Phantasien und in der Osnabrückischen Geschichte, Köln, Berlin [u. a.] 1986, S. 75 f. (mit Anm. 87) (künftig zit.: Justus Möser als Jurist).

[26] Vgl. Schumann, S. XCVI f.; Schlosser, Fragment über die Aufklärung (zit. nach Schumann [Hg.], Kleine Schriften, Theil IV, Basel 1785, Kap. IX). — Ganz andere Einschätzung des Prozeßrechts bei Svarez: Über den Einfluß der Gesetzgebung in die Aufklärung, in: Vorträge über Recht und Staat von Carl Gottlieb Svarez (1746—1798), hg. von Hermann Conrad und Gerd Kleinheyer, Köln, Opladen 1960, S. 634—638, hier: 637 f.

[27] Vgl. Vorschlag, S. 33—35; Cavanna, S. 257 f., 297 f.

[28] Der römischen Kasuistik soll Schlosser ein gutes Zeugnis ausgestellt haben. — Vgl. Landsberg/Stintzing, S. 467.

und den référé législatif ein; inwieweit dieser Gedanke mit den entsprechenden Entwicklungen in Preußen[29] vergleichbar ist, wird noch zu erörtern sein.

Interessenkonflikte und Argumente aus dem Corpus Iuris verbannt Schlosser nicht nur aus seinen „Gesezen", sondern auch aus der Wiedergabe der Quellen. Hierzu zwei Beispiele, an denen weniger das Rechtsproblem als solches, vielmehr Schlossers Bearbeitungstechnik dargestellt werden soll:

a) 'Vorschlag' S. 131 zu Iul. D. 39. 5.2.7[30]

Schlosser übersetzt Julians Lösungsansatz „facti magis quam iuris quaestio est" mit „aus der Erklärung der Worte des Kontrakts zu entscheiden". Er erwähnt nicht, daß die rechtliche Qualifizierung der Schenkung als Verpflichtungsvertrag weder klassisches noch justinianisches römisches Recht wiedergibt.[31] Weiterhin suggeriert der Begriff „Worte" eine ausschließlich grammatikalische Auslegung, wie sie seinerzeit von manchen als der Rechtssicherheit dienlich gefordert wurde. Aber Schlosser nimmt weder auf das grundsätzliche Problem der Auslegungsmethoden Bezug, das für eine Kodifikation doch von zentraler Bedeutung war,[32] noch läßt sich seine eigene Auslegung als sonderlich überzeugend bezeichnen: Julians Fallvarianten werden (in sprachlich etwas unklarer Weise) wiedergegeben, nicht aber die diesen Varianten zugrundeliegende Differenzierung nach condicio[33] und causa donationis. Wo Julian angibt, ob und gegebenenfalls wie ein Rückforderungsanspruch geltend gemacht werden kann, spricht Schlosser vom „Aufhören" der Schenkung und liefert nur für die erste Variante eine — überraschende — Begründung: Die Zuwendung eines Geldbetrages unter der Bedingung, daß davon eine bestimmte

---

29 Vgl. Vorschlag, S. 32 f. einerseits; Aufklärung und Gesetzgebung, S. 56–59 andererseits. — Zur Tradition solcher Maßnahmen: s. Cavanna, S. 287–291. — Zur preußischen Gesetzkommission und zu ihrem zeitgenössischen Kontext s. jüngst Andreas Schwennicke, Die Entstehung der Einleitung des Preußischen Allgemeinen Landrechts von 1794 (Ius Commune. Veröffentlichungen des Max-Planck-Instituts für Europäische Rechtsgeschichte Frankfurt am Main. Sonderhefte. Studien zur Europäischen Rechtsgeschichte, 61), Frankfurt a. M. 1993, S. 177–189.

30 Schlosser überträgt: „ 7. Ich schenke einem zehn Gulden, den Stichus einen Knecht zu kaufen, der stirbt, ist die Schenkung noch richtig? Das ist, sagt Julian sehr vernünftig, eine Frage, die nicht aus den Gesezen, sondern aus der Erklärung der Worte des Kontrakts zu entscheiden ist. Sind die zehn Gulden bestimmt dazu gegeben worden, den Knecht Stichus zu kaufen, so hört die Schenkung auf, sind sie nur gegeben, daß er den kaufen könne, so hört sie nicht mehr auf. Das braucht also kein Gesez. Denn im ersten Fall ist eigentlich der Stichus geschenkt worden, und die Sache nach dem ein und dreyßigsten Gesez zu entscheiden."

31 Zur dogmatischen Entwicklung in dieser Frage: vgl. Max Kaser, Römisches Privatrecht, in: Handbuch der Altertumswissenschaft. Zehnte Abteilung. Dritter Teil. Dritter Band. Erster Abschnitt: Das altrömische, das vorklassische und klassische Recht, München ²1971, S. 259 f., 580 f., 601–604; Zweiter Abschnitt: Die nachklassischen Entwicklungen, München ²1975, S. 280–282, 394–400. — Ein bloßes Schenkungsversprechen, das auch nach Justinian verpflichtenden Charakter aufwies, meint die Stelle nicht („donavi", „dedi"); vgl. Kaser, Zweiter Abschnitt: Die nachklassischen Entwicklungen, S. 394–400. — Schlosser orientierte sich sicher nicht am Rechtszustand der konstantinischen Zeit — er suchte eben die „allgemeinen Verordnungen" Justinians. Vgl. Vorschlag, S. 16, 18, 22, 27.

32 Dazu: Pablo S. Coderch, Die logische Auslegung, in: Hans Hattenhauer, Götz Landwehr (Hg.), Das nachfriderizianische Preußen 1786–1806, Heidelberg 1988, S. 245–257 mit näheren Ausführungen zu Schlossers später aufgestellten Thesen (S. 248–250) und zu Svarez' Sicht der Dinge (S. 250–253).

33 Zu Bedingung und verwandten Rechtsinstituten vgl. Kaser, Zweiter Abschnitt: Die nachklassischen Entwicklungen, S. 95–98.

Sache gekauft wurde, sei im Falle des Untergangs der Sache nach Sachmängelrecht (!) zu beurteilen — das 31. „Gesez" lautet nämlich: „Der Schenker braucht keine Gewär zu leisten."[34] Denn in der Zuwendung des Geldes liege „eigentlich" die Zuwendung der Sache. Selbst wenn man diese Gleichsetzung akzeptieren wollte, mit der Schlosser ohne dogmatische Rücksicht verschiedene Rechtsgeschäfte und -institute zusammennimmt, bliebe immer noch unerfindlich, was eine Haftungsprivilegierung des Schenkers mit dessen eventuellen Rückerstattungsansprüchen zu tun haben soll. Mit einem in der lex verborgenen „allgemeinen Grundsatz" hat diese Art der Fallösung wenig zu tun, eher mit unausgesprochenen Billigkeitserwägungen. Das läßt Schlosser selbst mit der nicht nur hier erscheinenden Wendung „Das braucht also kein Gesez" erkennen. Wie auch immer Schlosser die Begriffe 'factum' und 'ius' verwendet (vgl. Z.77−82 und die darauf aufbauenden Ausführungen ab Z.83−103, Dok. 2): Der Bezug auf das so verstandene factum dient vorwiegend dazu, das ius zu umgehen.

b) 'Vorschlag' S. 151 f. zu C. 8. 55. 3. pr/1[35]

Diese Stelle wirft zwei traditionelle, hier nicht näher zu erörternde Probleme auf: das der Person des Klagebefugten und das der Klageart.[36] Beide erwähnt Schlosser nicht — wohl aber zwei Selbstverständlichkeiten, von denen eine überdies aus dem Grundsatz *pacta sunt servanda* „abgeleitet" wird. Wie der Richter zur richtigen Vertragsauslegung kommen soll, wird weder erklärt noch dargestellt; der Schluß liegt nahe, daß servandum vorwiegend das Ergebnis des richterlichen arbitrium ist. Aber welche Berechtigung hat ein (ausdrücklich oder nur faktisch eingeräumtes) arbitrium noch in einem Gesetz, das Transparenz und Rechtssicherheit verspricht?[37]

Wieder wird deutlich, daß der Richter mehr Spielraum erhält, als ihm auch die hochentwickelte gemeinrechtliche Interpretationstechnik einräumte, und erst recht mehr, als die Justizreformer zu Berlin für gut befanden. Auslegungsfragen werden durch verkürzendes Exzerpieren aus ihrem Detailkontext gelöst und in allgemeinste Grundsätze verlagert, was eine Überprüfung der Ergebnisse fast ausschließt. Dieses Vorgehen wird nicht offen betrieben[38] und ist auch nicht auf Überzeugung des wissenschaftlichen oder Prozeßgegners gerichtet: Schlossers Richter bezieht seine Autorität aus dem richtigen Ergebnis der Entscheidung, die Deduktion zählt wenig.[39] Die Funktion einer Gesetzkommission,

---

[34] Vorschlag, S. 127.

[35] Schlosser überträgt: „L. 3. Du hast geschenkt, daß das Geschenk nach gewisser Zeit deiner Schwester zugestellt werden soll, dann kannst dus fodern, wenn die Schwester nicht mehr lebt. In der Voraussezung, daß du ihr Erbe bist, oder daß sie noch kein Recht darauf hätte. Ja! sonst könnens ihre Erben fodern. Daß du dem geschenkt worden, das Geschenk nicht behalten kannst, ist nach dem zweyten Gesez des Versuchs zu beurtheilen."

[36] Hierzu: Helmut Coing, Europäisches Privatrecht, Bd. 1: Älteres gemeines Recht (1500 bis 1800), München 1985, S. 486 f.; Friedrich Karl von Savigny, System des heutigen römischen Rechts, Bd. 4, Berlin 1841, S. 284−286 (Neudruck Aalen 1973).

[37] Vorschlag, S. 26, 31; zur Problematik und Rechtfertigung des arbitrium im gemeinen Recht: Cavanna, S. 226−235.

[38] Vgl. Anm. 10. Nur bei solchen Reduktionen, die gar nicht mehr als Interpretationen ausgegeben werden können, spricht Schlosser von der *Aufhebung* römischrechtlicher Normen. — Vgl. Vorschlag, S. 122−125, 155.

[39] Insoweit mögen Landsberg/Stintzing, S. 467 im Ergebnis recht haben, wenn sie in dem Vorschlag eine „rücksichtslos brutale Vergewaltigung der römischen Quellen, aus welchen nur einige allgemeine Regeln abstrahirt werden, unter Beseitigung des wahren stofflichen Inhalts" sehen und

wie Schlosser sie sich vorstellt, ist demnach sehr begrenzt. Ein Richter, der im Stile des 'Vorschlags' auslegt und judiziert, braucht das Gesetz nie als „zweifelhaft oder nicht entscheidend"[40] anzusehen und folglich auch nichts vorzulegen, wenn er nicht will. Darum ist diese Gesetzkommission mit der preußischen, die Schlosser später scharf kritisiert hat,[41] kaum zu vergleichen. Nur auf der Grundlage des Schlosserschen Richterbildes ist es auch möglich, daß der 'Vorschlag' die beschriebene Ausdünnung der Gesetzessubstanz zumindest billigend in Kauf nimmt.[42] Damit stellt sich die Frage, was ausgerechnet Svarez mit Material aus Schlossers Feder hätte anfangen können — war doch die preußische Kodifikation insbesondere in der Entwurfsphase von dem Versuch geprägt, den richterlichen Handlungsspielraum durch kasuistisches Vorgehen einzuschränken.[43] Sah man in Berlin nicht die Gefahr, mit fehlerhaften bzw. dem eigenen rechtspolitischen Ansatz[44] ungünstigen Auszügen beliefert zu werden? Schließlich mußte der Müller-Arnold-Prozeß den leitenden Justizbeamten deutlich vor Augen geführt haben, daß ein allzu selbstbewußtes Handeln der Richterschaft im Extremfall Folgen selbst für den Chef de justice haben konnte.

Es kann davon ausgegangen werden, daß die Mängel des 'Vorschlags', die Schall und Biedermann[45] aufgefallen waren, auch Carmer und seinen Mitarbeitern auffallen mußten. Dazu befähigte sie die Universitätsausbildung allemal (mag römisches Recht in Schlesien möglicherweise auch eine geringere Rolle gespielt haben als andernorts.[46] So war es auch Pachaly, der am Ende an Schlossers bzw. Volckmars Stelle trat[47]).

Die Suche nach einem Quellenbearbeiter fand unter großem Zeitdruck statt. Zwischen der Allerhöchsten Kabinettsordre und Svarez' erstem Schreiben an Schlosser liegen höchstens zwei Wochen. Auch wenn bereits früher Überlegungen angestellt worden sein mögen, wer für die Aufgabe in Frage komme, bleibt der zur Verfügung stehende Zeitraum in Anbetracht des gesamten Arbeitsanfalls seit Dezember 1779 doch knapp. Wie bereits ausgeführt, stand der 'Vorschlag' im übrigen nahezu konkurrenzlos da.

---

dieses Vorgehen für geeignet halten, das römische Recht zu „vernichten". Denkbar ist freilich auch, daß Schlosser bewußt mit einer Weiterführung alter Kontroversen in neuem normativen Rahmen rechnete; hier gerät man aber in den Bereich der Spekulation. Die relevanten Quellen, sein Tagebuch und seine Materialien zur badischen Rechtsreform, sind verlorengegangen. — Vgl. Nicolovius, Vorwort, S. III f.; Gothein, S. 82. — Zur badischen Rechtsreform: vgl. Hermann Conrad, Deutsche Rechtsgeschichte, Bd. II. Neuzeit bis 1806, Karlsruhe 1966, S. 400 f., 405 ([Ziff.] 8. Baden: weitere Nachweise). — S. auch Schwennicke (wie Anm. 29), S. 289 f.

[40] Vgl. Vorschlag, S. 32.

[41] Vgl. Johann Georg Schlosser, Briefe über die Gesezgebung überhaupt, und den Entwurf des preusischen Gesezbuchs insbesondere, Frankfurt 1789, S. 198–212 (Neudruck Glashütten i. Ts. 1970).

[42] Vgl. Anm. 26. Ungeklärt ist, ob Schlossers Beschäftigung mit England, einem jurisprudentiell strukturierten Rechtssystem, das aber oft besser arbeitete als das kontinentaleuropäisch-gemeinrechtliche Modell, Spuren in seinem Rechtsdenken hinterlassen hat. — Vgl. Cavanna, S. 479–610, hier: 544, 551–553.

[43] Vgl. Savigny, Vom Beruf unserer Zeit, S. 88 f.; Franz Wieacker, Privatrechtsgeschichte der Neuzeit, Göttingen ²1967, S. 331 f.

[44] Zur zeitgenössischen Rechtsquellenlehre, insbesondere zur Position des Richters, vgl. Jan Schröder, Justus Möser als Jurist, S. 65–80; Wilfried Küper, Die Richteridee der Strafprozeßordnung und ihre geschichtlichen Grundlagen, Berlin 1967, S. 60–64.

[45] Vgl. Anm. 7.

[46] Vgl. zu Schlesien und dem Rechtszug an das Reichskammergericht: Ulrich Eisenhardt, Deutsche Rechtsgeschichte, München 1984, S. 105 f.

[47] Vgl. Stölzel, S. 170; Charmatz, S. 85. — Landsberg/Stintzing, S. 468 sprechen von der „den Redaktoren innewohnenden naturrechtlich-romanistischen Bildung".

Dennoch fragt sich, ob allein der Zwang der Lage genügte, Schlosser einen so umfangreichen Auftrag anzuvertrauen. Ein solcher Entschluß dürfte Svarez gewiß leichter gefallen sein, wenn eine gründliche kritische Durchsicht des Gelieferten gesichert
war. Fraglich ist also, wie groß der Einfluß war, den Schlosser auf das Arbeitsergeb-
nis gehabt hätte.

3. Die Einbindung des Quellenbearbeiters in den Geschäftsgang der Gesetzkommission

Svarez hatte seinen Entwurf — „Vorläufige Instruction für die zu etablirende Gesetz-
Commission" — einem weiteren Mitarbeiter Carmers, Kammergerichtsrat Otto Nathanael
Baumgarten, zur Beurteilung übersandt, der am 22. Mai 1780 eine ausführliche Stellungnahme[48] verfaßte, acht Tage bevor Svarez die an Schlosser gerichtete Anfrage kon-
zipierte. Die „Vorläufige Instruction" bestimmt in § 15: „Was das Allgemeine Gesetzbuch betrift, so muß zuförderst ein Schema, wie die Materien darinn hinter einander folgen sollen, entworfen werden." Und § 16 legt fest: „Hiernächst soll einem Mitgliede der
Commission der Auftrag geschehen, Auszüge aus dem Corpore Juris mit Beobachtung
der Vorschriften 4 et 5 [der Instruction] anzufertigen." Sodann regelt § 17 den vorgese-
henen Arbeitsablauf: „Je nachdem diese Auszüge zu Stande kommen, müßen sie unter
die übrigen Mitglieder der Commission vertheilt, und jedem eine gemäße Materie zur
Speciellen Bearbeitung angewiesen werden." Es folgen die Bestimmungen für das weitere Verfahren: Referat, Korreferat, Gutachten des Obertribunals, zwei Lesungen in der
Kommission und die Ausarbeitung der Schlußfassung durch den Erstgutachter, die in den
Vorschriften 18 bis 27 enthalten sind.

Zwar geht die Instruction nicht ausdrücklich auf die Gefahr einer faktischen Präjudi-
zierung durch Inhalt und Anordnung der Exzerpte ein, aber es wird deutlich, daß man
bereits Mitte Mai 1780 entschlossen war, individuelle Eigenmächtigkeiten durch ein geord-
netes Verfahren auszuschließen. Auch für Schlosser war dies erkennbar, als Svarez am
30. Mai 1780 verlangte, daß fertige Exzerpte „der Commission zur weiter Bearbeitung
ausgeliefert" würden, und hervorhob, daß man auf weitere Anmerkungen verzichtete.
In der Folgezeit wurden auch die inhaltlichen Anforderungen an die Auszüge verschärft,
wie die Instruktion für Friedrich Nathanael Volckmar, den Sekretär der Gesetzkommission, vom 19. Juli 1780 belegt.[49] Ihre Grundtendenz, verglichen mit dem Brief an Schlosser, war: Der Bearbeiter wird stärker auf systematische Vorgaben der Gesetzkommission festgelegt, und es wird mehr Wert auf überprüfbare Methodik der Exzerpte und
Einordnung in das gesamte Redaktionsverfahren gelegt. Hier ist eine Vorverlegung der
Kontrolle in den Prozeß der Quellenexegese selbst zu beobachten; dem korrespondiert
eine — im Vergleich zu Svarez' zitiertem Entwurf — geringere Regelungsdichte des Redak-
tionsverfahrens insgesamt, wie die „Grundsätze des Verfahrens bei Sammlung und Verbesserung der Gesetze" vom 27. Juli 1780 festlegen.[50] Inwieweit einzelne Punkte der
Volckmar-Instruktion auf die Verhandlungen mit Schlosser zurückgehen, bliebe zu klä-

---

[48] Geheimes Staatsarchiv Preußischer Kulturbesitz Berlin. Rep. 84, Abt. XVI, Nr. 1. Akten betr.
die Etablierung der Gesetz-Kommission und deren Unterhaltung. Bd. I: 1780−1781, fol. 17ʳ−23ᵛ.
Svarez' Entwurf der „Vorläufige[n] Instruction [...]" findet sich in demselben Band: fol. 13ʳ−16ᵛ.
Das Zitat aus dem Konzept: fol. 14ᵛ.

[49] Abgedruckt bei Daniels, Bd. 2, Anlage II, S. 9−11.

[50] Abgedruckt bei Daniels, Bd. 2, Anlage I, S. 3−9.

ren; jedenfalls hätte der 'Vorschlag' einigen Bestimmungen dieser Instruktion nicht genügt.[51]
Demnach dürfte es der Ruf des 'Vorschlags' gewesen sein, der zu dem Angebot an Schlosser führte — man wollte sich aber von Schlosser nicht beeinflussen lassen, sondern erwartete von ihm lediglich die beste verfügbare Materialquelle.[52]

4. Schlossers Ablehnung

Größeres Interesse als das bisher Erörterte haben im Schrifttum die Gründe gefunden, weshalb Schlosser in Baden blieb. Nach einer Auffassung ging es ihm wirklich um die in seinem Brief erwähnten persönlichen Nachteile einer Übersiedlung nach Berlin.[53] Es wird auf mögliche Schwierigkeiten im Umgang mit Carmer und seinen Mitarbeitern hingewiesen,[54] zumal Schlosser als konfliktfreudig beschrieben wird.[55] Der bei Nicolovius wiedergegebene amtliche 'Bericht über die szientivische Redaktion der Materialien der preußischen Gesetzgebung' formuliert, man habe sich „über die Bedingungen nicht vereinigen" können.[56] Die Gegenmeinung legt Savignys Vermutung,[57] „in dem Mechanismus des ganzen Geschäfts" habe ein Grund gelegen, „warum dieser Auftrag für einen Mann von Bedeutung und Selbständigkeit nicht passend gewesen wäre", (rechts-)politisch aus: Schlosser sei ein Liberaler gewesen, er habe die Feudalstruktur auf eine bloße Eigentumsordnung reduzieren, der Disposition des Gesetzgebers unterstellen und so langfristig unterminieren wollen. Darum habe er eine Kodifikation erst für eine politisch liberalere Zeit angestrebt und sich am absolutistisch geprägten Allgemeinen Gesetzbuch nicht beteiligen wollen.[58] Ande-

---

51 Vgl. insbesondere die Nummern 3. b (verschiedene Kategorien exzerpierter Sätze), 4. 1 mit 7., 4. 3, 4. 4, 4. 5, 5. a, 5. b. Daß hier ebenso wie bei den Verfahrensgrundsätzen der Gedanke zugrundeliegt, es gebe die allgemeinen Grundsätze im Corpus Iuris, ist lediglich zeittypisch und besagt nicht, daß man Schlossers spezifischer Vorstellung von solchen Grundsätzen gefolgt wäre. — Zu den Verfahrensgrundsätzen: s. Anm. 50.

52 Die von Gothein, S. 80 und Kreienbrink, S. 162 geäußerte Vermutung, das Allgemeine Gesetzbuch hätte sich bei einer Mitarbeit Schlossers sehr verändert, kann an dieser Stelle nicht erörtert werden. Stölzel, S. 163 ist vorsichtiger. Ob der Vorschlag die erste Phase des Entwurfs zum Allgemeinen Gesetzbuch tatsächlich beeinflußt hat (so Gothein, S. 80 f.; Stölzel, S. 165, stark einschränkend Landsberg/Stintzing, S. 468), kann gleichfalls dahinstehen. Im Ergebnis prägte nicht der (dann von Volckmar, Pachaly und Klein bearbeitete) Quellenauszug den Entwurf, sondern zeitgenössische gemeinrechtliche Literatur. — Vgl. Charmatz, S. 81; Daniels, S. 29–42: hier: 33; Conrad, S. 300 vermutet einen Einfluß der „Briefe" auf das Allgemeine Landrecht. — Anders anscheinend Savigny, S. 86. Nur mit einem Übersetzungsversehen zu erklären ist die Aussage von Liebel, S. 109, Schlosser habe die preußischen Justizreformer nach 1780 sechs Jahre lang beraten und so indirekt mitgearbeitet. — Vgl. Liebel, S. 109, Anm. 84 und Kreienbrink, S. 162.

53 Vgl. Stölzel, S. 163; Charmatz, S. 80, Anm. 15; sekundäres Motiv nach van der Zande, Bürger und Beamter, S. 106.

54 Vgl. Gothein, S. 80 f.; Kreienbrink, S. 162 f.

55 Vgl. Schumann, S. XII f.; Lansberg/Stintzing, S. 466 f.

56 Nicolovius, S. 155. — S. auch Anm. 5 (in der Abteilung I). Deutlicher spricht Erik Wolf, Große Rechtsdenker der deutschen Geistesgeschichte, Tübingen [4]1963, S. 449 davon, Schlosser habe „unerfüllbare Forderungen" gestellt.

57 Savigny, Vom Beruf unserer Zeit, S. 87.

58 So vor allem Schulze, S. 330–344, hier: 342 f.; ders., Der nexus feudalis in Vernunftrecht und Historischer Rechtsschule, in: Zeitschrift der Savigny-Stiftung für Rechtsgeschichte, Germ. Abteilung 106 (1989), S. 68–114, hier: 99–101; ihm grundsätzlich folgend van der Zande, Bür-

re Autoren äußern sich zurückhaltend zum Thema[59] oder verbinden beide Aspekte.[60] Die politische These stützt sich weitgehend auf die 'Briefe' von 1789/90, die an dieser Stelle nicht näher erörtert werden können. Gefragt sei jedoch, wieviel bei einem Pragmatiker und „systemskeptischen Konservativen"[61] wie Schlosser eine zehn Jahre später erschienene, polemisch gehaltene Schrift[62] über seine Motivation im Jahre 1780 auszusagen vermag. Im übrigen weisen die 'Briefe' auch einige wenig liberal klingende Passagen auf.[63] Weiterhin hätte Schlosser möglicherweise erkennen können, daß die Redak-

ger und Beamter, S. 106; ders., Die Tugend der Selbstachtung: Schlossers Verhältnis zu Karl Friedrich von Baden, in: Schlosser-Ausstellung, S. 47 f. — Nur hingewiesen werden kann an dieser Stelle auf die bekannte Streitfrage, ob Schlosser als Vorläufer der Historischen Rechtsschule einzuordnen sei. — Vgl. Schulze, S. 335–343; van der Zande, Bürger und Beamter, S. 111 ff.

[59] Liebel, S. 109. Landsberg/Stintzing, S. 466.

[60] Daniels, Bd. 1, S. 24. — Vgl. auch Schwennicke (wie Anm. 29), S. 86 f., 290.

[61] Schumann, S. CVII.

[62] Vgl. Schlosser, Briefe, S. 187 (über das Verbot der Schlüsse im Entwurf). Ders., Fünfter Brief über den Entwurf des Preussischen Gesetzbuchs insbesondere über dessen Apologie in den Annalen der preussischen Gesetzgebung. [...], Frankfurt am Main 1790, S. 124 f. (über die eitlen preußischen „Nomographen"). Fünfter Brief, S. 183 (über die Vertreibung der Vernunft aus Preußen). Ähnlich übrigens Schlossers Kontrahent Klein. — Vgl. Fünfter Brief, S. 95–97 („Inhaltsangabe" der ersten vier Schreiben Schlossers). — Zu diesem polemischen Ton hatte vielleicht Schlossers Streichung von dem Zirkularschreiben Carmers vom 21. April 1784 beigetragen. In Svarez' Konzept über die Versendung des Ersten Teils zum Entwurf des Allgemeinen Gesetzbuchs erscheint sein Name noch, daneben ist aber vermerkt: „ist nicht abgegangen, da S[ein]ᵉ hochfreyherrliche Excell[enz] [Carmer] es cassirt haben". — Geheimes Staatsarchiv Preußischer Kulturbesitz Berlin. Rep. 84, Abt. XVI, Nr. 3. Akten betr. das Allgemeine Landrecht. Bd. I: 1780–1784, fol. 165ʳ. — Kreienbrink, S. 163 verlegt den Vorgang in das Jahr 1783 und deutet ihn als Racheakt Carmers für Schlossers mangelnde Bereitschaft zur Mitarbeit im Jahre 1780. — Ähnlich Hans Hattenhauer, Einführung, in: ders., Günther Bernert (Hg.), Allgemeines Landrecht, Frankfurt/Main, Berlin 1970, S. 11–39, hier: 21. Zusätzlich mag Schlossers gespanntes Verhältnis zu führenden Vertretern der Berliner Aufklärung eine Rolle gespielt haben. — Vgl. Krause, S. 302 f.; Aufklärung und Gesetzgebung, S. 74 f.

[63] Auch hier bedürfte es gesonderter Erörterung. Einige Hinweise: Schlossers staatstheoretischer Exkurs (Briefe, S. 245–253) weist zumindest deutliche Affinitäten zu rein absolutistischen Konzeptionen auf. Sein Ansatz, Rechtssicherheit durch Erhaltung des ständischen Gegengewichts gegen den Monarchen anzustreben, spricht eher für einen politischen Realismus als für liberale Fernziele. — Vgl. vor allem: Fünfter Brief, S. 120; Schumann, S. CI–CX, hier: CVII–CX. Die naturrechtliche Ur-Gleichheit wird der Ständegliederung ausdrücklich nachgeordnet (Briefe, S. 129 f.). — Warum auch sollte Schlosser die Kodifikation nur vertagt sehen wollen (so Schulze, S. 342) und auf liberalere Zeiten warten, wenn er sich „so wenig als Justinian schämen würde zu sagen: quidquid principi placuit legis habet Vigorem" (Briefe, S. 253 f.)? Dazu paßt, daß Schlosser schon in seinem Nachwort zum 'Vorschlag', S. 314–318, hier: 317 f. bemerkenswert offen sagt, es bedürfe eines Kodex eigentlich in keinem gesellschaftlichen Zustand: Wie er meint, fehlt es entweder an der „Aufklärung der Nation", und der Regent handelt eigennützig. Dann ist es für den Kodex zu früh, und es ist besser, beim — etwa im Stile des 'Vorschlags' richterfreundlich bearbeiteten — römischen Recht zu bleiben. Realisiert sich aber die „Aufklärung der Nation", so braucht man keinen Kodex, weil die Zehn Gebote genügen. Konsequent schreibt Schlosser denn auch seinem Werk nur eine vorbereitende und graduell wirkende Funktion zu (S. 318 f.). — Vgl. zu Schlossers durchaus konservativem Aufklärungsbegriff und seinen politischen Vorstellungen näher das „Fragment, über die Aufklärung", insb. Kap. IV–VI, IX, XIII: Der Dissens zwischen Schlosser und der Berliner Aufklärung wurzelt letztlich wohl darin, daß Aufklärung im Sinne Schlossers kein Prozeß ist, sondern ein Resultat guter Ordnung, vielleicht entfernt Kants „aufgeklärtem Zeitalter" vergleichbar. — An einer liberalen Haltung Schlossers zweifelt auch Schröder, Justus Möser als Jurist, S. 74 f. mit Anm. 82.

toren des Allgemeinen Gesetzbuchs durchaus bemüht waren, im Rahmen des Möglichen Reformen durchzusetzen.[64]

Bleibt man aber bei den edierten Schreiben (Abschnitt II), so fällt auf, daß Schlosser keine sachliche Unabhängigkeit für sich fordert und die Prüfung der Exzerpte durch ein Kollegium billigt; er will sich auf die römisch-rechtlichen Quellen beschränken, wenn er auch (vergeblich) anbietet, eine „Revision" der „Dortigen Arbeit", also der Auszüge aus dem preußischen Recht, zu übernehmen; und wo er — hypothetisch — die Vorstellung erwähnt, er wäre „Meister und Herr von den Stimmen" (des Kollegiums), da fährt er schlicht mit dem Vorschlag fort, das Gesetz praktischer Erprobung zu unterwerfen.

Weiterhin schlägt er von sich aus einen neuen Zeitplan vor, was doch für ein gewisses Interesse an der Aufgabe spricht, und erörtert breit die persönlichen Hindernisse, ohne rechtspolitische Fragen auch nur anzudeuten. Sollte ein so streitbarer Mann wie Schlosser all dies nur aus Höflichkeit geschrieben haben? Er hatte in Emmendingen eine vielseitige und verantwortungsvolle Aufgabe, und es spricht auch nichts dagegen, den angesprochenen praktischen Fragen von Arbeit, Wohnsitz und Gehalt erhebliche Bedeutung zuzumessen.

Demnach läßt sich die Ablehnung zumindest leichter erklären, wenn Schlossers Brief an Svarez wörtlich interpretiert wird. Daß der Oberamtmann der badischen Markgrafschaft Hochberg in Emmendingen seine Argumente nur vorgeschoben hätte, weil er in Berlin keine Chance sah, seine liberalen Ideen zu verwirklichen, läßt sich aus den vorliegenden Briefen dieses Zeitabschnittes nicht belegen.

Christian Baldus, Institut für römisches Recht der
Universität zu Köln, Albertus-Magnus-Platz, D-50923 Köln

Dr. Horst Mühleisen, Universität Trier,
Fachbereich V, D-54286 Trier

[64] Vgl. Birtsch, S. 89−100, hier: 93 f., 99; Aufklärung und Gesetzgebung, S. 4 f., 109.

§. 196. Wer das Oberhaupt des Staats in seiner Würde persönlich beleidigt, ohne daß dabey eine hoch- oder landesverrätherische Absicht erhellete, der begeht das Verbrechen der beleidigten Majestät.

§. 199. Wer sich des Verbrechens der beleidigten Majestät durch ehrenrührige Schmähungen des Oberhaupts im Staate, mit Worten, Schriften, oder andern sinnlichen Darstellungen schuldig macht; der hat Zwey- bis Vierjährige Zuchthaus- oder Festungsstrafe verwirkt.

§. 200. Auch schon andre dergleichen boshafte, die Ehrfurcht gegen den Landesherrn verletzende Aeußerungen, über die Person und Handlungen desselben, sollen mit Gefängniß- oder Festungsstrafe auf Sechs Monathe bis zu Einem Jahre geahndet werden.

§. 201. Alle über dies Verbrechen der beleidigten Majestät (§. 197—200.) abgefaßte Straferkenntnisse müssen dem Landesherrn besonders vorgelegt, und ihm anheim gestellt werden: in wie fern er dabey von seinem Begnadigungsrechte Gebrauch machen wollte.

§. 207. Wer einen der ersten Staatsbedienten, in und bey Ausübung seines Amts, mit Worten oder Thätlichkeiten beschimpft, gegen den soll die durch die Injurie selbst verwirkte Gefängniß-, Zuchthaus- oder Festungsstrafe, in Rücksicht der zugleich verletzten Ehrfurcht gegen den Staat, verdoppelt werden.

§. 208. Ist die Beleidigung Mitgliedern der Landescollegien, oder andern Staatsbedienten und obrigkeitlichen Personen, in oder bey Ausübung ihres Amts widerfahren: so wird die Dauer der durch die Injurie an sich verwirkten Strafe um die Hälfte verlängert.

§. 209. Eine Verlängerung auf den Dritten Theil der Zeit findet statt, wenn Unterbediente des Staats in ihrem Amte beschimpft werden.

ALR II 20

(zitiert nach: *Allgemeines Landrecht für die Preußischen Staaten von 1794*, mit einer Einführung v. Hans Hattenhauer und einer Bibliographie v. Günther Bernert, Frankfurt/M.-Berlin 1970, S. 674f.)

REZENSIONEN

RAFFAELE CIAFARDONE (Hg.), Die Philosophie der deutschen Aufklärung. Texte und Darstellung, deutsche Bearbeitung von Norbert Hinske und Rainer Specht (Universal Bibliothek, 8667) Philipp Reclam jun. Stuttgart 1990, 458 S., 18,00 DM.

Vor gut zehn Jahren in Turin erschienen, ist die Textsammlung und kommentierende Darstellung von Raffaele Ciafardone in der Tat wichtig genug, um auch in dem Lande, aus dem die Texte ja stammen, verlegt zu werden, so daß sie nun in deutscher Übersetzung und Rückübersetzung vorliegt; ihre Bedeutung aber gründet sich auf die kluge Auswahl und nicht zuletzt darauf, daß durch sie auch der Untergrund sichtbar gemacht wird, auf dem entsteht und gedeiht, was wir von Leibniz und Thomasius bis zu Lessing, Möser und Kant als die deutsche Aufklärung, also: die deutsche Form der Aufklärung, noch immer nicht in ausreichendem Maße kennen.

Nach wesentlichen Fragestellungen gegliedert, wird hier die deutsche Aufklärung in fünf repräsentativen Kapiteln vermittelt; sie beziehen sich auf die Bestimmung des Menschen, das philosophische Wissen, Religion und Philosophie, Mensch und Gesellschaft wie schließlich auf die Aufklärung in ihrem eigenen Verständnis. Moses Mendelssohn hat es programmatisch formuliert: „Ich setze allzeit die Bestimmung des Menschen als Maß und Ziel aller unserer Bestrebungen und Bemühungen, als einen Punkt, worauf wir unsere Augen richten müssen, wenn wir uns nicht verlieren wollen." (S. 14) Das ist aufschlußreich noch in dieser Allgemeinheit, denn es gilt zu bedenken, daß Theologie und Metaphysik in den Hintergrund getreten, die Kenntnisse vom Menschen oder doch die Frage nach seinem Wesen, seiner Bestimmung in den Vordergrund 'geraten' sind. Verbindlicher als die Heiligen-Gestalten von einst steht dann z. B. die Gestalt des Sokrates im Zentrum der denkenden Bemühung, er wird gewissermaßen zum säkularisierten Heiligen der Aufklärung wie Konfutse bei Voltaire. Denken soll eben nicht mehr nur im akademischen Bezirk und in lateinischer Sprache geschehen, sondern einwirken auf die Lebenszusammenhänge, soll praktisch verbindlich werden, Haus und Straße nicht scheuen, so daß sich mit Nicolaus Cusanus sagen ließe, daß die Weisheit auf den Gassen ruft. Aufklärerische Parolen sind eben älter als das, was wir mit Aufklärung (im Sinn einer epochal bestimmten Entwicklung) zu bezeichnen gewöhnt sind. In diesen Zusammenhang gehören dann auch die bis auf wenige Ausnahmen wie Garve oder Engel vergessenen oder unterschätzten Vertreter der sog. Popularphilosophie, die in diesem Bande nicht eben sehr ausführlich dokumentiert wird.

Die Reaktionen im Sturm und Drang darf man gewiß als Kritik an der Unzulänglichkeit mancher der geltenden Vernunftkonzepte verstehen, dann aber ist es bedauerlich, daß R. Ciafardone diese literarisch so interessante Phase nur als Einspruch und kritische Abwendung, nicht aber als Ergänzung, Korrektur und sozusagen als Vervollständigung der 'herrschenden' Aufklärung zu sehen bereit ist, obschon sich doch die oft radikale soziale Kritik im Sturm und Drang als Indiz geradezu aufdrängt — zu schweigen von Hamann und Herder.

Eben die Feststellung von Christian Thomasius, „daß die insgemein so genannte *sinnliche Begierde* nichts anders als der verderbte Verstand und Wille des Menschen sei" (S. 52), fordert den Widerspruch heraus, denn was hier als 'sinnliche Begierde' abgewertet wird, ist natürlich mehr als das: das Geringfügige, Dubiose, ja Animalische unterhalb des Wirkens von Wille und Verstand — es ist eben die nicht rational bestimmte Welt der

Leidenschaften und Empfindungen. Der Verstand des Menschen ist nun einmal nicht seine wahre, weil nicht seine ganze Natur. So fragt Hamann einmal spöttisch, ob nur der Verstand getauft sei, seien denn die Leidenschaften Heiden? Wir sind, sagt etwas vorsichtiger Friedrich Christian Lasser, „natürliche Menschen, ehe wir geistliche Christen wurden". (S. 221)

Der Herausgeber hat also auf die sozusagen inneraufklärerische Kritik wie auf die Außenseiter wie noch auf die Dokumentation der Einwirkung aus England und Frankreich verzichtet, unter der sich das Selbstverständnis der deutschen Aufklärung entwickelt, aber auch Differenzen entfaltet, doch dieses 'Selbstverständnis' wird, wie nicht anders zu erwarten, im Zusammenhang mit der berühmten Diskussion von 1784 in der „Berlinischen Monatsschrift" dokumentiert. Es ist höchst reizvoll, Abschnitte der vielzitierten „Beantwortung" Kants im Kontext der zeitgenössischen Stellungnahmen zu lesen, genau fünf Jahre vor Ausbruch der Französischen Revolution, die der Diskussion über Möglichkeit, Eigenart und Wert der Aufklärung bald eine neue, nun stärker ideologisch-politische Wendung verleihen sollte: So schien es den einen, die Aufklärung habe den Umsturz hervorgebracht, anderen schien es, daß nur eine halbherzige und unvollkommene Aufklärung zu revolutionären Exzessen hatte führen können, während wieder andere in ihr — positiv, wie später auch Hegel — das Werk der Philosophie, das aber hieß: der Aufklärung erblickten. So fragt Andreas Riem ein Jahr vor Ausbruch der Revolution: „Regenten, die ihre Staaten wie Väter beherrschen, waren diesen ihre Völker weniger untertan als jene der Despoten? Hatten ihnen ihre aufgeklärten Prinzipien von Staatskunst nicht die Liebe ihrer Untertanen erworben, nicht die Treue ihrer Völker geschützt, haben für sie zu sterben ihre Untertanen nicht für Pflicht gehalten?" (S. 356)

So ist die Debatte um Wesen, Funktion und Sinn der Aufklärung mit Kants Beantwortung der Frage noch keineswegs beendet. Sie ist es wohl auch für uns noch nicht. Das wird dem Leser, auch wenn manche Fragen sozusagen als erledigt gelten können, bei der Lektüre dieser aufschlußreichen Textsammlung immer wieder deutlich. Das letzte Wort in ihr hat der Herausgeber Christoph Meiners mit einem Beitrag von 1794 überlassen, der nunmehr feststellt: „Man müßte die ganze Geschichte verwerfen, wenn man leugnen wollte, daß die Vermehrung und Ausbreitung nützlicher Kenntnisse die heftigsten Revolutionen veranlaßt habe, und veranlassen könne." (S. 367) Aber selbst er bleibt bei dieser Feststellung nicht stehen und gibt dann zu, daß, was man von aufgeklärten Personen sagt, sich auch von ganzen Völkern behaupten lasse, nämlich: „Je aufgeklärter Nationen sind, desto weniger sind sie zu gewaltsamen Revolutionen geneigt und verführbar; je unwissender hingegen, desto eher brechen sie von selbst in Empörungen aus, oder lassen sich von andern dazu aufhetzen." (S. 370) Es war eine bedeutende Veränderung in Frankreich wohl nötig, aber nur eine falsche oder halbe Aufklärung hat das Land in eine unheilvolle Anarchie gestürzt. So betrachtet, führt halbe Aufklärung zur Revolution, die ganze aber wieder zur Ordnung zurück ... Meiners vertraut auf einen mäßigen Vernunftgebrauch und auf die Nachsicht der Regierenden: „Es ist Pflicht aller guten Bürger, und also auch gutgesinnter Schriftsteller, kein schädliches Ärgernis zu geben, und die öffentliche Ruhe nicht zu stören: es ist aber auch ihre Pflicht, das von der Gottheit empfangene Pfund nicht zu vergraben, ihre Kräfte und Kenntnisse nicht ungebraucht zu lassen, sondern zur Verminderung aller Arten von Irrtümern und Mißbräuchen treulich anzuwenden. Es ist Pflicht der Regierungen, für die öffentliche Ruhe zu sorgen. Allein eine nicht weniger heilige Pflicht derselben ist es, so viel als möglich danach zu streben, daß die Mängel in der Verfassung und Verwaltung, auf welche man sie aufmerksam macht, so bald als möglich abgeschafft oder vermindert werden." (S. 374 f.) Kann dieser Beitrag wirklich noch als Zeugnis für das Selbstverständnis der deutschen Aufklärung stehen? Leider ja, wird mancher sagen; ich denke nicht, so möchte ich dagegen halten.

Das eigentliche Schlußwort aber hat Norbert Hinske mit seinen Ausführungen über „Die tragenden Grundideen der deutschen Aufklärung", die er als „Versuch einer Typologie" verstanden wissen möchte. Er macht dabei auf den Bedeutungswandel aufmerksam, dem die Ideen der Aufklärung schon im Lauf des 18. Jahrhunderts unterliegen, Ideen, die nicht selten damals schon zu Schlagworten verkamen und verschlissen wurden; es gilt dies schließlich sogar für die Idee der Aufklärung selbst. So müssen wir uns immer wieder neu vergewissern und uns an die — unterschiedliche — Überzeugungskraft des Geschriebenen halten, nicht zuletzt an die von Kant getroffene unverändert gültige Unterscheidung, der dem Selbstdenken die Qualität einer Erscheinung der Vernunft zuspricht, demgegenüber das bloß historisch wie philosophisch Aufgenommene und Gelernte ein bloßes Werk des Verstandes bleibt. In der Tat: Vielwisserei belehrt und belebt den Geist nicht, und in einer von Informationen und Meinungen überfluteten Welt ist es wieder schwieriger geworden, sich des eigenen Verstandes zu bedienen, also sich zu erheben zum Vernunftdenken. Mit dem Mut allein ist es zweifellos nicht getan ...

Ralph-Rainer Wuthenow (Frankfurt/Main)

MARKUS MATTHIAS, Johann Wilhelm und Johanna Eleonora Petersen. Eine Biographie bis zur Amtsenthebung Petersens im Jahre 1692 (Arbeiten zur Geschichte des Pietismus, Bd. 30) Vandenhoeck & Ruprecht Göttingen 1993, 404 S., 128,00 DM.

Die Frage nach dem Verhältnis von Pietismus und Aufklärung wird gegenwärtig zwar mit Vorliebe gestellt, in der Regel jedoch undifferenziert beantwortet, weil es an soliden historischen Vorarbeiten mangelt. Matthias' Dissertation ist aber weit mehr als ein neohistoristischer Lückenbüßer, den andere bequem für geistes- und sozialgeschichtliche Höhenflüge verwenden könnten. Denn ihre Qualität bestätigt sich auch da, wo sie die quellenkritisch zuverlässig abgestützten Befunde für engagierte Stellungnahmen zu umstrittenen historischen, philosophischen und vor allem zu theologischen Grundsatzfragen nutzt. Mit Wallmanns Spenerbiographie teilt sie das Interesse für die Zeit des frühen Werdegangs ihrer Bezugsperson. Matthias zeigt, wie Petersen nach Abschluß seiner Universitätsstudien Sprosse um Sprosse die Leiter der kirchlichen Hierarchie bis zum Amt des Lüneburger Superintendenten erklomm und sich nolens volens, wie es scheint, auf dem Weg einer offiziellen kirchlichen Karriere zum radikalen Pietisten heranbildete. Denn Petersen hat das Bewußtsein seiner Erwähltheit aus einer intellektuellen Tätigkeit, der mit wissenschaftlicher Ambition betriebenen Bibelexegese, und aus der Gewißheit seiner Erleuchtung gewonnen. Zusammen mit Gottfried Arnold ist er ein Hauptrepräsentant des gelehrten radikalen Pietismus, dessen ambivalente Beziehung zur Aufklärung erforscht und umfassend dargestellt werden müßte.

Auf das Vorwort und die Einleitung folgt in fünf Hauptkapiteln die Beschreibung der einzelnen Lebensabschnitte Petersens bis zur Entlassung aus dem hohen Kirchenamt: (I) Herkunft und Bildung, (II) Begegnung mit dem Pietismus, (III) Abschluß des Studiums und erste Berufstätigkeit, (IV) Superintendent und Hofprediger in Eutin und schließlich (V) Superintendent in Lüneburg. Der sechste Hauptabschnitt, 'Petersen als Theologe — Eine unhistorische Nachschrift', verabschiedet, mit Odo Marquard übereinstimmend, die Geschichtsphilosophie, insbesondere auch die innerweltlich-chiliastischen Fortschrittskonzepte, ohne diesen allerdings ihre propädeutische Funktion für eine theologische Ethik nach den Grundsätzen der dialektischen Theologie Karl Barths ganz abzusprechen: In der bunten Fülle dargestellter historischer Erscheinungen wie in der Auffassung von deren Kontingenz, Indizien einer dem Historismus maßgeblich verpflichteten Geschichtsschreibung, wird das für den Menschen unergründbare Wesen und Wirken Gottes offenbar. Petersen dagegen habe, so lautet das Fazit, am chiliastischen Denken festgehalten (S. 332). Der bibliographische Anhang der Arbeit verzeichnet u.a. auch nicht benützte handschriftliche Quellen sowie, in einem besonderen Teil, Petersens Werke in Auswahl. Hier vermißt man Standortnachweise, obwohl eine vollständige Bibliographie als Separatdruck angekündigt wird. Dank dem angefügten Personen- und Bibelstellenregister erfüllt die Dissertation auch als Nachschlagewerk ihren Zweck.

Eine verkürzte Wiedergabe des Lebensganges, wie ihn Matthias ausführlich schildert, wird weder den vielen dort vermittelten Einzelinformationen über die am Geschehen beteiligten Personen noch dem anschaulich gemachten Geflecht persönlicher Beziehungen und dem dargestellten Zusammenwirken verschiedener Faktoren geistlicher und weltlicher Macht gerecht. Die folgende Skizze möge daher zur aufmerksamen Lektüre der ganzen Arbeit anregen. In Matthias' Dissertation wird Johann Wilhelm Petersen aus dem oft überbewerteten enthusiastischen Einflußbereich seiner Frau herausgeholt, als eigenständige Persönlichkeit ernst genommen, ja als solche erst entdeckt.

Am 1. Juli 1649 in Osnabrück geboren, verbrachte Petersen seine Kindheit in Lübeck, wo er das Katharineum, eine im 17. Jahrhundert recht bekannte protestantische Hohe Schule, besuchte. Anschließend absolvierte er in Gießen, in dieser Zeit Zentrum der lutherischen Orthodoxie, ein philosophisches Grundstudium. Dann wechselte er nach Rostock und kehrte als Schabbelstipendiat und Theologiestudent bald wieder an den ursprünglichen Studienort zurück. In einer Habilitationsdisputation (1673), die ihn zum philosophischen Unterricht berechtigte, befaßte er sich mit der Freiheits- und Vorsehungsthematik. 1676 nahm er in der Dissertation 'De osculo legis naturae' eine stärker den neueren philosophischen Strömungen zuneigende Zwischenposition ein, die der Verfasser, wohl etwas unbestimmt, auf Petersens 'Lebensgefühl' (S.45) zurückführt. In der Gießener Zeit kam Petersen mit den Frankfurter Pietisten Philipp Jakob Spener, Johann Jakob Schütz und Johanna Eleonora von Merlau in Kontakt. Spener hat mit seinem auf die Erfahrung rekurrierenden Biblizismus Petersen den Zugang zur Heiligen Schrift, zum 'Sinn des Geistes' (S.59), eröffnet. Der beiden gemeinsame exegetische Ansatz beweist, daß die Grenzen zwischen dem kirchlich-gemäßigten und dem radikalen Flügel des Pietismus fließend sind.

Nach dem theologischen Studienabschluß kehrte Petersen zunächst nach Lübeck zurück, nahm aber bald eine Stelle als Poesieprofessor in Rostock an. Obwohl dem Katholizismus eher feindlich gesinnt und schon in Lübeck an polemischen Auseinandersetzungen mit Katholiken beteiligt, las er an seinem neuen Wirkungsort, für die interkonfessionellen geistigen Beziehungen zwischen Pietisten und Jesuiten bemerkenswert, über Hermann Hugos 'Pia desideria'. Nachdem Petersen schon 1677 eine Pastorenstelle in Hannover angetreten hatte, trugen ihm die guten Beziehungen zum Konvertiten Niels Stensen den Vorwurf des Kryptokatholizismus ein. 1678 konnte er das Amt des Superintendenten und Hofpredigers in Eutin antreten. Am 7.9.1690 heiratete Petersen in Frankfurt — Spener hielt die Traupredigt — Johanna Eleonora von Merlau. Während seiner zehnjährigen Wirkungszeit in Eutin kann nicht von einer pietistischen Aktivität gesprochen werden (S.130), obwohl er sich in den späteren Eutiner Jahren dem Chiliasmus zugewandt hat. Mit dem Spruchkatechismus, der sich von Luther distanziert, konnte Petersen sich nicht durchsetzen. In der Doktordissertation, die er 1686 vor der theologischen Fakultät Rostock erfolgreich verteidigte, lehnt er wie schon früher die Prädestinationslehre ab; er spricht sich darin klar für ein universales Heilswirken Gottes aus (S.167). In seiner Exegese des siebten Römerbriefkapitels hebt er den Einfluß des Heiligen Geistes im Innern des Menschen hervor und stärkt mit dieser Erfahrungserkenntnis den Glauben an die eigene Erwähltheit. Im Versuch einer Gesamtinterpretation der Offenbarung des Johannes (1696) endlich bringt er, ohne den Anbruch der Endzeit chronologisch genau bestimmen zu wollen, sein Bewußtsein, in der vorletzten, der sogenannten philadelphischen Zeit zu leben, zum Ausdruck. Er verwirft zwar den innerweltlichen geistlichen Fortschritt vor der ersten Auferstehung, an den Spener glaubt, erwartet jedoch, wie eben angedeutet, im Gegensatz zur Orthodoxie, die Ankunft des Tausendjährigen Reichs auf Erden, das er anderseits aber nicht mit dem endgültigen Gericht gleichsetzt (S.193).

Am 22.12.1688 übernahm Petersen, unter erschwerten Bedingungen, das Amt des Lüneburger Superintendenten. Im Laufe der Zeit wiederholten und mehrten sich die Konflikte mit dem Geistlichen Ministerium und mit dem städtischen Rat, bis Petersen dann am 3.2.1692 von der fürstlichen Regierung in Celle von seinem hohen geistlichen Amt suspendiert wurde. Unter den zahlreichen detailliert geschilderten Vorkommnissen, welche den Gegnern des Superintendenten das Spiel erleichterten, ist vor allem der Einzug der Visionärin Rosamunde Juliane von der Asseburg im Hause Petersens zu erwähnen, deren Person und Offenbarungen Matthias verschiedene Unterabschnitte widmet. Für ihn ist Petersen, im Gegensatz zu Gottfried Arnold in seiner radikalen Lebensphase, kein Separatist 'im eigentlichen Sinn' (S.330), sondern bloß ein Individualist, den die Kirche, von der er sich nie trennte, nicht in Frieden habe leben und wirken lassen. Daher könne man ihn, den unpolitisch Handelnden, auch nicht als Sozialrevolutionär bezeichnen. Wohl hatte, anders ausgedrückt, Petersen keine politischen Absichten, sein Handeln aber durchaus politische Folgen. Ihm wurden der moralische Rigorismus, das eschatologische Sendungsbewußtsein und die damit verbundene Kompromißlosigkeit zum Verhängnis. Er gleicht den von der 'constantia' und der 'fortitudo' geprägten Märtyrerhelden barocker Tragödien. ('Er ist darin noch ein Kind des voraufklärerischen Jahrhunderts', S.216.) Johann Wilhelm Petersen, einem 'testis veritatis', fehlt es an politischer Klugheit, d.h. *strategischer* Rationalität, sowie am damit verbundenen Selbstvertrauen. An diesen Anforderungen gemessen, erscheint Petersen als defiziente Persönlichkeit, denn für ihn 'gab es genug Gelegenheiten, den Konflikt zu entschärfen' (S.330). Allein, mit dem in Christo Wiedergeborenen ist das neuzeitliche, seiner Autonomie und seinem eigenen Können vertrauende Subjekt noch nicht geboren ...

Damit kehre ich zum eingangs erwähnten Verhältnis von Pietismus und Aufklärung zurück. In Petersens Dissertation 'De osculo legis naturae' (1676) ist von Descartes zwar explizit, aber doch recht distanziert, in der Form einer Litotes, die Rede ('Hunc processum ex Cartesio improbare non possumus', S.45 von Matthias' Arbeit). Taktische Rücksichten mochten solche Formulierungen nahelegen. Mir scheint, daß der Verfasser an manchen anderen Stellen (so S.66; 156; 178) die Nähe Petersens, einmal gar Speners (S.73) zu Descartes zu stark betont, dagegen den näher zu bestimmenden Einfluß der mystischen Tradition, vor allem des Quietismus, zuwenig hervorhebt, ja, außer acht läßt. Diese rekurriert nämlich, auf andere Weise freilich als einzelne frühneuzeitliche Bewußtseinsphilosophien, ebenfalls auf das Subjekt und dessen Erfahrungen. Wie auch das Beispiel Pierre Poirets (Mystikbegeisterung; Descarteskritik) zeigt, schließt die Nähe zur Mystik den besonderen Typus von Rationalität, der Petersen zugeschrieben wird (S.146), keineswegs aus. Matthias fordert mit Recht, daß die Einflußquellen von Petersens Eschatologie aufgrund seiner 'Nubes testium veritatis' (1696) sowie des Bibliothekskatalogs erst noch genauer zu bestimmen sind (S.189). Auch wird sich die rhetorikgeschichtliche Forschung noch vermehrt mit den Offenbarungstexten Rosamundes von der Asseburg und anderer Visionärinnen beschäftigen müssen. Welche Bedeutung kommt z.B. der 'memoria' zu, wenn man an die von den frommen Frauen zitierten bzw. paraphrasierten Bibelstellen denkt?

Die Pietismusforschung bewegt sich, was auch aus den Implikationen des rezensierten Werks hervorgeht, im methodischen Spannungsfeld von Mentalitätsgeschichte, Sozialgeschichte und historistisch angelegter Biographie. Es fragt sich, ob, und, wenn ja, wie

nach dem (vermeintlichen?) Ende der (unvermeidlichen?) Geschichtsphilosophie allenfalls strukturgeschichtliche Ansätze, wie sie die beiden erstgenannten historiographischen
Richtungen vertreten, noch vermehrt zur Geltung gebracht werden könnten.

Schade, daß sich bei der durchwegs gefälligen Präsentation dieses Bandes ein druck-
technisches Versehen (Textfortsetzungen S.293 und 294 oben) eingeschlichen hat.

Die mit großer quellenkritischer Sorgfalt, mit fachlicher Kompetenz und wachem Pro-
blembewußtsein geschriebene Petersenbiographie möge weitere ebenso gehaltreiche Arbeiten über das pietistische Ehepaar anregen.   Hanspeter Marti (Engi/Schweiz)

THOMAS MÜLLER, Rhetorik und bürgerliche Identität. Studien zur Rolle der Psycho-
    logie in der Frühaufklärung (Rhetorik-Forschungen, 3) Niemeyer Tübingen 1990, V
    u. 156 S., 64,00 DM.
URSULA GEITNER, Die Sprache der Verstellung. Studien zum rhetorischen und anthro-
    pologischen Wissen im 17. und 18. Jahrhundert (Communicatio, 1) Niemeyer Tübin-
    gen 1992, VII u. 374 S., 112,00 DM.

Die Einleitung dieser Arbeit, die in die Reihe der Rhetorik-Forschungen Eingang gefunden hat, verspricht viel. Es heißt dort: „Die vorliegende Abhandlung untersucht die ant-
agonistischen Formen und Inhalte der psychischen Identitätsbildung des Bürgertums im
gesellschaftlichen Kontext um 1700. Anhand der zeitgenössischen psychologischen Quellen
schildert sie den ideen- und rezeptionsgeschichtlichen Hintergrund eines von tiefgreifenden Widersprüchen beherrschten Zeitabschnittes im ‚Prozeß der Zivilisation' (Norbert
Elias)" (S. 1). Müller will sich bei seiner Untersuchung eines sozialpsychologischen Ansat-
zes bedienen, der „mit der Geschichtstheorie des historisch-dialektischen Materialismus
und der speziellen Methode der Psychoanalyse die Dialektik von individueller und
historisch-gesellschaftlicher Ebene aufzuhellen versucht" (S. 1 f.). So sollen die psycho-
historische Ausbildung des ‚bürgerlichen Individuums' durch eine Analyse der psychologischen Schriften erkennbar gemacht und sogar Gesetzmäßigkeiten bei der Differenzierung des historischen Individualismus sichtbar gemacht werden. Nach diesen wortgewaltigen Versprechungen nimmt Müller auch gleich schon in der Einleitung die Ergebnisse
seiner Arbeit vorweg: „Die wissenschaftliche Psychologie zu Beginn des Jahrhunderts
wird zum revolutionären Ort der Erforschung, Dokumentation, Kultivierung und Legitimation der Identität der bürgerlichen Individuen, der Selbstreflexion der Psychogenese
des aufstrebenden Bürgertums in der konjugalen Kleinfamilie schlechthin." (S. 5)

Damit nicht genug, dies nachweisen zu wollen, ist die Arbeit, nimmt man ihren Haupt-
titel beim Wort, eigentlich der Versuch, das eben angeführte Ergebnis dadurch nachzu-
weisen, daß der Einfluß der Rhetorik (direkt oder vermittelt über die Rezeption der anthropologischen und psychologischen Literatur vorausgegangener Zeitalter) auf die Psychologie
der Frühaufklärung herausgearbeitet wird (S. 2). Wer sich nun nach so vielen Versprechungen darauf gefaßt macht, daß ihm in einem sehr komplexen und komplizierten Gedan-
kengang anhand der Rezeption der Rhetorik in der psychologischen Literatur der Frühaufklärung der Identitäsbildungsprozeß bürgerlicher Individuen um 1700 vor Augen geführt
wird, muß sich allerdings weitgehend enttäuscht sehen.

Von Rhetorik ist reichlich wenig die Rede, ihre Erwähnung findet sich allenfalls am
Ende der Einzelkapitel. Und auch da gehen Müllers Feststellungen nicht darüber hinaus,
daß die für die Rhetorik seit der Antike wichtigen Gesichtspunkte, wie simulatio, dissimulatio, pathos- und ethos-Kategorie, in der psychologischen Literatur der Zeit wieder
auftauchen. Müller bleibt jedoch den Nachweis schuldig, daß von einem maßgeblichen

Einfluß der rhetorischen Affektpsychologie (Zuhörerpsychologie, ethos/pathos-Schema, imaginatio und Stillehre) auf die psychologischen und anthropologischen Theorien seit der Renaissance gesprochen werden könne.

Müllers Arbeit wurde als Bd. 3 in die Reihe der Rhetorik-Forschungen aufgenommen. Kurioserweise erschien im selben Verlag zwei Jahre später, ohne daß von der Arbeit Müllers Notiz genommen worden wäre, eine Arbeit von Ursula Geitner 'Die Sprache der Verstellung', die in ihrem Untertitel 'Studien zum rhetorischen und anthropologischen Wissen im 17. und 18. Jahrhundert' ihre Verwandtschaft zu Müllers Forschungsgegenstand aufdeckt, aber im Gegensatz zur Arbeit von Müller einlöst, was Müller einzulösen nicht in der Lage war. Geitner untersucht nämlich in detaillierten Studien am Leitfaden der Verstellung bzw. Verstellungskunst, einem zentralen Aspekt des rhetorischen und anthropologischen Schrifttums des 17. und 18. Jahrhunderts, den historischen Umbau bzw. Umbruchsprozeß, in welchem die rhetorisch und politisch bestimmten Interaktions- und Kommunikationsformen durch die aufklärerische Vision vollkommener Verständigung ersetzt werden. Katalysatorische Wirkung zu diesem für die Moderne so entscheidenden Prozeß kommt dabei dem anthropologischen Wissen zu, dem eine in den ersten Dezennien des 18. Jahrhunderts sich radikalisierende Entwertung nun als vormodern begriffener Verhältnisse gelingt, welche in den Institutionen und Konventionen der Ständegesellschaft zum einen, in den Techniken der Rhetorik zum anderen vor Augen stehen. Insbesondere an den kritischen Diskussionen der actio-Lehre liest Geitner Entstehung und Etablierung der anthropologisch begründeten Identitäts-, Ausdrucks- und Verstehenskonzepte ab. So kann sie die für das 18. Jahrhundert bislang angenommene Entrhetorisierung nicht nur — wie es weitgehend bislang geschah — als Verfallsgeschichte der Rhetorik darstellen, sondern mit Hilfe der Vorgaben von Begriffsgeschichte und historischer Semantik, strukturalistischer Sprach- und poststrukturalistischer Schrifttheorie sowie systemtheoretischer Analysen zum Verhältnis von Bewußtsein und Kommunikation können die Leistungen rhetorischer Beschreibungen neu zur Geltung gebracht werden, so daß sich die Entrhetorisierung als Reaktion auf die anthropologische Neubesinnung erklärt.

Geitners Studie kommt, wenn auch ihr Schwerpunkt im deutschsprachigen Schrifttum liegt, ohne Ausgriffe auf europäische, hier vor allem auf romanische Kontexte nicht aus. So ist ihre Arbeit zu Recht in die neu begründete Reihe 'Communicatio' des Niemeyer Verlages aufgenommen und bildet dort als Eröffnungsband einen markanten Ausgangspunkt, an dem weitere Arbeiten dieser von Fritz Nies und Wilhelm Vosskamp herausgegebenen Reihe gemessen werden müßten.

Die Reihe will Arbeiten vereinen, die es sich zur Aufgabe machten, literarische Kommunikationsprozesse in ihren historischen und interkulturellen Zusammenhängen zu untersuchen. Bewußt soll also die Beschränkung auf Nationalphilologien aufgehoben werden, um so Phänomene in den Blick zu nehmen, die weder politisch begrenzbar noch zureichend mit einem Konzept der Nationalliteratur beschreibbar sind. Die Reihe begrenzt sich überdies nicht auf kanonisierte literarische Texte allein. Literatur nach dem Verständnis der Herausgeber umfaßt deshalb auch solche Texte, die Dichtung zum Gegenstand haben, ohne dabei selbst Bestandteil des Kunstsystems zu sein. Auf diese Weise soll die Beziehung von Literatur und Kultur faßbar werden, verstanden als Schnittpunkt unterschiedlicher, etwa anthropologischer, moralischer, religiöser und bildungspolitischer Diskurse.

In solche Diskurse des 17. und 18. Jahrhunderts kann sich Geitner mit ihrer Arbeit einblenden, denn sie wählt mit dem Aspekt der 'Sprache der Verstellung', so peripher er auch auf den ersten Blick zu sein scheint, ein für die Rhetorik und Anthropologie des 17. und 18. Jahrhunderts zentrales Problem. Geitner zeichnet differenziert in ihrer Studie, die sich in acht Kapitel gliedert und der sie noch einige wichtige, nicht zu überlesende Exkurse beigibt, jene Entwicklung nach, die ihren Ausgang dort nimmt, wo die

Regeln der Klugheit, vor allem der höfischen, ihr Zentrum in dem Vermögen der Verstellung finden. Dies gleich in zweifachem Sinn, denn Verstellung meint die Kunst, sich zu verstellen, und als Komplement, die Kunst, die Verstellung anderer Personen zu erkennen und auf ihre wahren Absichten zu durchschauen. 'Simulatio' und 'Dissimulatio'; Stellen und Verstellen — so die rhetorischen Begriffe — meinen bis zum 18. Jahrhundert positive Verhaltensformen. Meister seines Faches ist, wer sich verstellen kann und dazu auch noch das Verstellen verstellt.

Dieser Vorstellung und Wertung korrespondiert das Modell einer Welt, welche vom Hof abstrahiert und mit den Metaphern potentiellen Krieges und ernsthaft betriebenen Spiels beschrieben wurde. In dem Augenblick, wo dieses Modell von einer Semantik abgelöst wird, die Gesellschaft vorrangig als Gemeinschaft der Tugendhaften konzipiert (wie es die aufklärerische Anthropologie tut), tritt an die Stelle der rhetorisch disziplinierten, verstellten 'eloquentia corporis' die 'eloquentia cordis'. Jenseits aller rhetorisch politischen Verstellungen und Verstellungskünste soll diese neue Artikulationsweise den Blick ins Innere des Menschen freigeben. „An dieser Geschichte der Ablösung der rhetorischen eloquentia corporis durch die Sprache expressiv-körpersprachlicher Unmittelbarkeit lassen sich eine ganze Reihe der Probleme erkennen, die dem 18. Jahrhundert und seiner anthropologischen Beschreibung des Menschen entstehen. Denn auf dem idealen Modell körpersprachlicher, unmittelbarer Expressivität bauen die Beschreibungen von Sprache, Schrift, Verstehen und Kommunikation auf. An die Stelle, wo die älteren rhetorischen Konzepte immer die Mittelbarkeit der Kommunikation, die Polyvalenz der Zeichen und die Opazität der vorausgehenden und zugrundeliegenden Gedanken reflektierten, setzt die Anthropologie des 18. Jahrhunderts den Ausdruck und begründet so die naive Identität von Bewußtsein und Kommunikation. Mit Hilfe des natürlichen Zeichens, das gerade im Modell der eloquentia cordis eine entscheidende Rolle spielt, wird die Sprache als Instanz gedeutet, welche unverzerrte Übermittlung ermöglicht. An dieser Deutung sind neben der Anthropologie im engeren Sinne auch Ästhetik und Poetik, Pädagogik, Physiognomik und Hermeneutik beteiligt." (s. S. 5) Es ist das Verdienst von Geitner, diese Auswirkungen minuziös und dennoch spannend nachgezeichnet zu haben.

Wilhelm Große (Trier)

THORSTEN ROELCKE, Die Terminologie der Erkenntnisvermögen. Wörterbuch und lexikosemantische Untersuchung zu Kants 'Kritik der reinen Vernunft' (Reihe Germanistische Linguistik, Bd. 95) Niemeyer Tübingen 1989, VIII u. 203 S., 74,00 DM.

Daß die sogenannte 'Logik der Erkenntnisvermögen' zu den wichtigsten Schwerpunkten der Logik im Zeitalter der Aufklärung zählt, beweisen einige unlängst erschienene Forschungen, wie z.B. J. Buikeroods Aufsatz „The Natural History of the Understanding: Locke and the Rise of Facultative Logic in the Eighteenth Century" (in: *History and Philosophy of Logic*, 6 [1985], S. 157 − 190). Ansätze für ein tiefgreifendes Verständnis der Terminologie der Erkenntnisvermögen in der Philosophie der deutschen Aufklärung stehen seit dem Erscheinen der von N. Hinske im Frommann-Verlag herausgegebenen Indexbände: *Wolff-Index* (1987), *Kant-Index* (1986 ff.), *Lambert-Index* (1983 − 1987) jedermann zur Verfügung. Zu erwähnen sind ferner die von P. Pimpinella und A. Lamarra herausgegebenen *Indici e concordanze degli scritti latini di Immanuel Kant* (Lessico Intellettuale Europeo, Bd. 42, 53) sowie D. von Willes Zitatensammlung, *Lessico filosofico della 'Frühaufklärung'. Christian Thomasius, Christian Wolff, Johann Georg Walch* (Lessico Intellettuale Europeo, Bd. 54). Es sind Arbeiten, die ein recht genaues Bild von Konkordanzen, Bedeutungsunterschieden und Quellennachweisen bis hin zu Häufigkeitskurven in bezug auf das erwähnte Sprachgut ermöglichen.

Was sich der Verfasser des hier besprochenen Bandes vorgenommen hat, ist indes von ganz anderer Art, und zwar insofern, als der Verfasser nicht nur die oben zitierten Arbeiten voll und ganz ignoriert, sondern sich im Grunde auch mit der Philosophie Kants kaum beschäftigt. Sein Anliegen läßt sich vielmehr vom Standpunkt der germanistischen Linguistik aus verstehen. Es besteht nämlich darin, den Gebrauch der von Kant zur Bezeichnung transzendentalphilosophischer (und anderer) Begriffe von Erkenntnisvermögen verwendeten „lexikalischen Ausdrücke in dem Text der 'Kritik der reinen Vernunft' unter semantischen Gesichtspunkten vollständig [sic!] darzustellen und zu erläutern" (S. 1) — was zunächst die Implikation mit sich bringt, daß die für die Philosophiegeschichte unerläßliche Unterscheidung von 'Wort-' und 'Begriffsgeschichte' beiseite gelassen wird. Ferner geht der Verfasser von der Hypothese aus, „daß Termini in einem solchen Fachtext möglichst eineindeutig, d.h. nach Möglichkeit weder polysem noch synonym, verwendet werden sollen"; er versucht deshalb, „jeweils sämtliche [sic!] Bedeutungen der einzelnen Termini zu beschreiben und zu charakterisieren sowie die Bedeutungsrelationen zwischen den Termini systematisch zu erfassen" (ebd.). Diese nicht ganz bescheidenen Absichtserklärungen bezüglich der Realisierbarkeit einer vollständigen Analyse sowohl der Bedeutung als auch des Inhalts sämtlicher Kantschen Begriffsbestimmungen aus dem Bereich der Erkenntnisvermögen scheitern allerdings kläglich an der Tatsache, daß sich die „Bedeutungsrelationen zwischen den [Kantschen] Termini" (S. 160 ff.) keineswegs in — wie z.B. S. 162 und S. 164 — an die undankbaren Jahre des Gymnasialunterrichts erinnernden Tabellen hineinzwingen lassen. Bei Kant geht es nicht bloß um hierarchische Relationsgefüge, wie sie der Verfasser anhand sprachwissenschaftlicher Baumstrukturen (aufgrund der „Poly-" bzw. „Synonymie", der „Hypo-" bzw. „Hyperosemie" der miteinander verglichenen Lexeme) mit echtem „Geist der Gründlichkeit" (B XLI) unermüdlich aufstellt, sondern vor allem um die „dornigen Pfade der Kritik" (B XLII), d.h. um die ständige Auseinandersetzung mit einem hergebrachten philosophischen Hintergrund.

Aus den insgesamt 50 Einträgen zur Terminologie der Erkenntnisvermögen werfen wir einen Blick z.B. auf den Terminus 'Vernunft', von dem der Verfasser zunächst die angeblich sämtlichen 23 verschiedenen Bedeutungen aufzählt (S. 95−107) und sie später unter die vier folgenden „Bedeutungsbereiche" ordnet: a) der Bereich transzendentalphilosophisch-epistemologischer Bedeutungen; b) der Bereich derjenigen Bedeutungen, denen philosophische, jedoch nicht transzendentalphilosophisch-epistemologische Begriffe entsprechen; c) der Bereich derjenigen Fachbedeutungen, die nicht dem (engeren) Bereich der philosophischen Bedeutungen zuzurechnen sind; d) der Bereich der allgemeinsprachlichen Bedeutungen (S. 126). So lesen wir, daß z.B. die vom Verfasser ausgegrenzte elfte Bedeutung (S. 102 f.) des Terminus 'Vernunft' als 'transzendentalphilosophisches Reflexionsvermögen' (in Anschluß an B 767) dem zweiten Bedeutungsbereich angehört, und zwar deswegen, „da es sich bei dem bezeichneten Begriff nicht um ein transzendentalphilosophisch-epistemologisches Konzept handelt, sondern vielmehr um einen metatranszendentalphilosophischen Begriff" (S. 135f.). Der Verfasser gibt sich als vertraut mit der Kantlexikographie (S. 173 ff.). Er hätte also die berühmte Warnung von H. Vaihinger ernst nehmen können, daß Kants Terminologie leider weder statisch noch genau und kaum konsequent ist. Die *Kritik der reinen Vernunft* scheint sich in der Tat nicht als Übungsplatz für Sprachtheoretiker zu eignen.

Riccardo Pozzo (Milano/Trier)

EDOARDO TORTAROLO, La ragione sulla Sprea. Coscienza storica e cultura politica nell'illuminismo berlinese (Annali dell'Istituto Storico Italo-Germanico, Monografia 12), Il Mulino Bologna 1989, 418 S., L. 42.000.

Edoardo Tortarolo, Herausgeber einer Sammlung von Texten, die sich mit den politischen Vorstellungen des 18. Jahrhunderts befassen (Turin 1982), und einer politisch orientierten Biographie des italienischen Aufklärers Filippo Mazzei (Mailand 1985), bietet in diesem Band einen Überblick über die Aufklärung in Preußen in den letzten Jahrzehnten des 18. Jahrhunderts unter dem Gesichtspunkt der Geschichtsschreibung und der Politik. Das Werk füllt im Rahmen der italienischen Forschungen zur deutschen Geschichte des 18. Jahrhunderts eine Lücke, da die bisherigen Studien, mit Ausnahme einiger bedeutender Werke wie des von Schiera (über die Kameralistik), des von Corni (über die Agrarreformen und die Politik im Zeitalter Friedrichs II.) und der von Bussi und Negri (Recht und Politik), bislang die philosophisch-theoretischen und theologisch-religiösen Aspekte der Aufklärung hervorhoben. Die verstärkte Aufmerksamkeit gegenüber den politischen Theorien und Reformbestrebungen der Aufklärung, die in Deutschland in der Veröffentlichung des von H. E. Bödeker und U. Herrmann herausgegebenen und von verschiedenen Autoren (wie Koselleck, Klippel, Dreitzel und vielen anderen) getragenen Sammelbandes „Aufklärung als Politisierung. Politisierung der Aufklärung" (1987) gipfelte, verbindet sich im Werk Tortarolos mit der italienischen Tradition der Geschichtsschreibung, wie sie das Werk Franco Venturis darstellt, dessen Schüler Tortarolo gewesen ist. Es handelt sich hier um ein umfassendes Werk, das sich völlig den politischen Vorstellungen und Reformbestrebungen des 18. Jahrhunderts widmet, die aus einer europäischen Perspektive und in ihrem Verhältnis zur politischen Praxis und öffentlichen Meinung nebst deren Kommunikationsmitteln betrachtet werden.

Die Schrift ist in sechs Kapitel unterteilt, die sich den folgenden Aspekten der Aufklärung in Preußen widmen:

1. „Die Geschichtsschreibung in Deutschland im 18. Jahrhundert und das Vorbild der pragmatischen Geschichte".
2. „Die Praxis der Geschichtsschreibung".
3. „Die Staatstheoretiker".
4. „Die Kulturpolitik in den Zeitschriften der Berliner Aufklärung".
5. „Die Radikalisierung der Aufklärung".
6. „Wege zu einem neuen Verhältnis von Geschichte und Politik".

Die beiden ersten Kapitel befassen sich mit der Geschichtsschreibung unter ihrem vornehmlich politischen Aspekt, unter dem man sie in Berlin während der langen Regierungszeit Friedrichs II. betrachtete und zwar vor allem innerhalb des offiziellen Organs der preußischen Kultur, der Akademie der Wissenschaften. Tortarolo zeigt in diesem Zusammenhang, wie die pragmatische Geschichtsschreibung, die sich an Bolingbroke anlehnte und ihre wichtigsten Vertreter in Büsching und vor allem Wegelin hatte (der letztere war von seinem Heimatort St. Gallen aus im Jahre 1765 nach Berlin gelangt), die Gestalt einer literarischen Gattung annahm, die die absolute Monarchie legitimieren sollte. Die pragmatische Geschichtsschreibung bietet nämlich nicht nur Verhaltensmuster für den Herrscher und seine Untertanen, sondern liefert auch Beispiele aus der Geschichte, die dazu dienen können, die Entwicklung bestimmter politischer Gefüge oder die Ursachen der Existenz einer besonders hervorragenden Regierungsform (der absoluten Monarchie) im Vergleich zu anderen Arten zu erkennen. Besonders bei Wegelin unterliegt das Geschichtsbewußtsein wissenschaftlichen Normen, während die grundsätzlichen theoretischen Prinzipien, die der Herrschaft Friedrichs II. zugrunde liegen, mehr oder weniger unausgestaltet auftreten und als solche im Laufe der allgemeinen Geschichte in Betracht gezogen werden. Während die Geschichtsschreibung Wegelins jedoch anfangs auf der Harmonie zwischen der Gesellschaft und dem Souverän zu bestehen scheint, unterstreicht sie doch letzten Endes ausschließlich die dem Herrscher zugefallene Aufgabe, den Staat zu regieren. Daher rührt auch der entschiedene Angriff von seiten Fichtes, der 1806 in Wegelin den typischen Vertreter der kalten und berechnenden preußischen Aufklärung sieht. Nach Wegelin und Büsching untersucht Tortarolo eine zentrale Persönlichkeit der preußischen Politik in ihrer Eigenschaft als Geschichtsschreiber, den Minister Hertzberg, der gewöhnlich eher als hoher Staatsbeamter denn als Historiker betrachtet wird. Seine Geschichtsschreibung gipfelt in dem Versuch, die Herrschaft Friedrichs II. als die perfekte Regierung und den preußischen Staat als das ideale Staatssystem darzustellen. Was Wegelin damals in unentschlossener Weise vertreten hatte, wird also von Hertzberg zu Ende geführt. Tortarolo zeigt jedenfalls, wie sich bei diesem und einem Kreis von Intellektuellen, die ihn umgeben (unter ihnen befindet sich auch Dohm), die zentrale Figur des Souveräns verliert und einer neuen kulturellen und nationalen Identität Preußens Platz macht, die über eine eigenständige und eigenartige Tradition verfügt und nur zum Teil mit der Dynastie der Hohenzollern in Einklang zu bringen ist. Die Entwicklung der preußischen Geschichtsschreibung wird also, wenn man einmal von Denina absieht, der der erste „professionelle Historiker" in königlichen Diensten war, als Übergang von der pragmatisch-wissenschaftlichen Geschichtsschreibung des frühen 18. Jahrhunderts (die sich als Gegenströmung zum historischen Pyrrhonismus des späten 17. Jahrhunderts versteht) zu einer politischen und patriotischen Geschichtsschreibung mit „nationalistischer" Färbung angesehen, die sich später, wenn auch mit unterschiedlichem Gewicht, im frühen deutschen Historismus wiederfindet, wo sie aufgrund der verschiedensten Aspekte die Negation der pragmatischen und aufklärerischen Geschichtsschreibung darstellt.

Derjenige Teil des Werkes, der sich mit der Geschichtsschreibung befaßt, schließt mit Nicolai, der aufgrund seiner Überlegungen zum Thema der Geschichtsphilosophie in vollem Maße sein Jahrhundert verkörpert, das mit der Vorstellung von sozialem und politischem Fortschritt zu Ende geht, wobei Nicolai den letzteren (z.B. im Gegensatz zu Kant) als untrennbar von der Staatsform Friedrichs II. betrachtet. Der Überblick Tortarolos verbindet aufs vorzüglichste die verschiedenen Perspektiven, die sich entweder aus der Geschichtsphilosophie, der Theorie der Geschichtsschreibung oder ihrer konkreten Anwendung ergeben, indem er den starken Einfluß nicht-deutscher Vorbilder und den kulturellen Kosmopolitismus im Berlin Friedrichs II. aufzeigt. Besonders interessant erscheint die Meinungsverschiedenheit unter den Mitgliedern der Akademie der Wissenschaften hinsichtlich der Geschichtsphilosophie: Die Meinungen teilen sich zwischen dem Providentialismus traditioneller Art eines Formey und dem eudämonistischen Szientismus von Maupertuis sowie dem originellen Standpunkt Eulers.

Die übrigen vier Kapitel des Buches befassen sich mit den eigentlichen politischen Vorstellungen in Preußen gegen Ende des 18. Jahrhunderts. Sie bringen eine umfassende Darstellung der politischen Motivationen, die sich in den Werken der bedeutendsten Vertreter der Aufklärung finden. Die traditionellen Bereiche politischen Denkens in Deutschland wie Kameralistik, Naturrechtsphilosophie, Popularphilosophie und Staatswissenschaft wurden auf der Basis ihrer Beziehung zu der eigenen deutschen Tradition des „Contrat social" (Gesellschaftsvertrag) untersucht (Pufendorf, Wolff, Thomasius) sowie auch aufgrund ihrer Übernahme politischen Gedankenguts aus Frankreich, von der Zeit Rousseaus an bis zur Französischen Revolution.

Das hierdurch entstehende Bild ist sehr gemischt, jedoch bleibt die grundlegende These Tortarolos dieselbe wie bei der Geschichtsschreibung: Das politische Denken in Deutschland weicht nicht oder nur sporadisch und in geringem Umfang (wie im Fall Bahrdts, Eberhards und der Radikalen) von der Legitimation der absoluten Monarchie ab. Wenn überhaupt, so wird das Gleichgewicht zwischen dem Herrscher und seinem Untertan aufgrund der Hervorhebung von Rechten des letzteren neu festgelegt, werden politische Rechte bürgerlichen Rechten untergeordnet und vor allem stellen die Französische Revolution und die radikale Aufklärung einen Anreiz dar, die Geschichtsschreibung zu revidieren und das mechanistische Staatsmodell zu kritisieren, wobei wieder einmal nicht so sehr die eigentliche politische Sphäre, sondern das politische Denken und die Literatur beeinflußt werden.

Tortarolo untersucht hierbei die verschiedenen Vertreter, sei es Dohm (das Vorbild für den „aufgeklärten" Bürokraten) oder Mendelssohn (der als politischer Denker aufgewertet wird), um schließlich zu Gentz zu gelangen, der als Paradigma für die Annäherung der deutschen Intellektuellen an die Französische Revolution gilt, seinem Wesen nach gemäßigt ist und für die konstitutionelle Monarchie plädiert. Das Werk schließt mit Humboldt, einer Persönlichkeit, die durch ihr zweideutiges Verhältnis zur Aufklärung (es liegt hierüber eine beispielhafte Studie von Frau Sauter vor) von den neunziger Jahren des Jahrhunderts an die grundlegenden Kategorien der politischen Interpretation in eine Krise versetzt.

Das Buch Tortarolos bietet folglich eine bemerkenswerte Zusammenfassung dieses Zeitalters. Und wie alle Werke dieser Art opfert es viele Einzelheiten dem allgemeinen Überblick. Die juristische Bedeutung des Allgemeinen Landrechts in Preußen wird z.B. weniger berücksichtigt als sein hervorstechender politischer Wert. Und nicht umsonst befaßt sich eines der Kapitel mit Klein, um aufzuzeigen, wie sich dessen paternalistische Konzeption des Staates zu den rationalistischen Motivationen der Aufklärung gesellt. Aber nur wenig Raum ist Svarez gewidmet, und Hommel bleibt unberücksichtigt: D.h. diejenigen treten in den Hintergrund, die den theoretischen Übergang vom Standpunkt philosophisch-juristischen Denkens der Zeit Friedrichs II. (wie er sich in den vierziger Jahren ausdrückte) zur Kodifizierung mit all ihren Neuerungen bewerkstelligt haben, wie sie sich erst im Anschluß an das Ableben Friedrichs II. vollzogen hat.

Darüber hinaus wäre es vielleicht angebracht gewesen, dem Physiokratismus und seiner Übernahme in Preußen ein Kapitel zu widmen. Diese Übernahme ist unserer Meinung nach ein wichtiger Punkt, wenn man verstehen will, in welchem Maße grundsätzlich konservatives politisches Denken, das nicht an die Negation des naturrechtlich vorgegebenen Gesellschaftsvertrages, sondern an dessen Revision gebunden ist, sich Forderungen zu eigen macht oder verweigert, die von dem weit fortschrittlicheren, antiautoritären politischen Gedankengut Frankreichs herrühren, wo eine größtmögliche Verringerung des staatlichen Einflusses in der wirtschaftlichen und bürgerlichen Sphäre der Gesellschaft in Aussicht gestellt wurde. Der Physiokratismus konnte in einigen besonderen Forderungen bei der deutschen Kameralistik Gehör finden, wurde jedoch im Rahmen der allgemeinen Politik abgelehnt. Das Wesen des auf vorsichtige Weise reformbestrebten deutschen politischen Denkens hätte durch die Untersuchung dieser Übernahme besser analysiert werden können. Ebenso hätte man der Naturrechtsphilosophie Preußens im ausgehenden 18. Jahrhundert mehr Raum einräumen sollen. Auch sie ist Überbringerin relativ gemäßigter Forderungen nach Innovationen.

Und weiterhin lassen einige Hinweise erkennen, daß man bereits auf das Vorhandensein bestimmter Theorien schließen kann, die sich erst im 19. Jh. entwickelt haben, jedoch eine indirekte Form der Kritik an der Konzeption Friedrichs II. vom Staat darstellen, wie die von Klein in seinem am 19. Oktober 1789 an den Herzog von Braunschweig gerichteten Schreiben (S. 198 ff.) ausgedrückte Vorstellung hinsichtlich der Schaffung rechtmäßiger Schiedsgerichte innerhalb der Justiz-Associationen, die aus einer bestimmten Anzahl privater Familien gebildet waren. Es scheint sich hier nicht nur um eine Kritik am Gerichtswesen im Zeitalter Friedrichs II. (das nicht immer konsequent war) zu handeln, sondern es könnte sich darin auch die Vorstellung von einer Gemeinschaft verbergen, die dem Staat entgegengesetzt, jedoch noch in seinem Inneren tätig ist. Diese Vorstellungen beweisen, daß Klein doch zweischneidige Theorien vertreten hat, die ihn, obwohl überzeugter Aufklärer, in die Nähe von Standpunkten proto-organischer Art rücken, wie sie von Möser und Herder bekannt sind.

Es ist jedenfalls ein Verdienst des Werkes von Tortarolo, daß es Perspektiven eröffnet, die die weitere Forschung, die sich mit speziellen Themen, Persönlichkeiten und Ursachen befaßt, begünstigen.   Paolo Bernardini (Florenz)

FRIEDRICH-WILHELM VON HERRMANN

Heideggers Philosophie der Kunst

Eine systematische Interpretation der Holzwege-Abhandlung
„Der Ursprung des Kunstwerkes"

2., überarbeitete und erweiterte Auflage 1994. XL, 428 Seiten
Ln DM 98.– ISBN 3-465-02640-3
Kt DM 78.– ISBN 3-465-02638-1

Die systematische, d.h. *fugenmäßige* Untersuchung der aus der Frage nach dem Wesen des Seins als *Ereignis* vollzogenen *Besinnung Heideggers* auf das *Wesen der Kunst* erscheint in zweiter, überarbeiteter und durch eine umfangreiche Einführung sowie durch eine Schlußbetrachtung erweiterte Auflage. Die neu verfaßte *Einführung* erwies sich als notwendig, nachdem in den zurückliegenden dreizehn Jahren seit Erscheinen der ersten Auflage zahlreiche Texte und Quellen innerhalb und außerhalb der Gesamtausgabe Heideggers erschienen sind, die für die Frage nach dem *Ursprung des Kunstwerkes* von großer Bedeutung sind. Diese neuen Texte und Quellen mußten in der Einführung ausgewertet werden. Der gewichtigste unter diesen Texten sind die 1989 als Band 65 der Gesamtausgabe erschienenen *Beiträge zur Philosophie*. Denn aus dem 247. Abschnitt dieses zweiten Hauptwerkes Heideggers erfahren wir, daß die Frage nach dem „Ursprung des Kunstwerkes" in den vierten Wesungsbereich des Ereignisses, in *Die Gründung*, gehört. Von daher fällt aber ein abschließend klärendes Licht auf die Stellung, die „Der Ursprung des Kunstwerkes" im Denken Heideggers einnimmt. In der neu hinzugefügten *Schlußbetrachtung* werden die Wesensbestimmungen aus dem Bereich der Kunst eigens auf ihren Ereignischarakter hin durchsichtig gemacht.

VITTORIO KLOSTERMANN · FRANKFURT AM MAIN